AF566541

Keyword-Driven Testing

Matthias Daigl ist Product Owner bei der imbus AG. Er ist als Sprecher auf internationalen Konferenzen unterwegs, arbeitet in Arbeitsgruppen des German Testing Board, des ISTQB® und im Normungsausschuss von DIN und ISO mit, war Editor der Norm ISO/IEC/IEEE 29119-5 »Keyword-Driven Testing« und ist Autor des Buches »ISO 29119: Die Softwaretest-Normen verstehen und anwenden«.

René Rohner ist Product Owner des Value Streams Testautomatisierung sowie Senior Berater mit den Spezialgebieten Keyword-Driven Testing und Testautomatisierung bei der imbus AG. Er ist als Softwareentwickler, Trainer und Chairman of the Board der Robot Framework® Foundation international im Bereich des Keyword-Driven Testing tätig.

Matthias Daigl · René Rohner

Keyword-Driven Testing

Grundlage für effiziente Testspezifikation und Automatisierung

Matthias Daigl
KDT@daigl.de

René Rohner
buch@keyword-driven.de

Lektorat: Christa Preisendanz
Lektoratsassistenz: Julia Griebel
Copy-Editing: Ursula Zimpfer, Herrenberg
Satz: Matthias Daigl
Herstellung: Stefanie Weidner, Frank Heidt
Umschlaggestaltung: Helmut Kraus, *www.exclam.de*
Druck und Bindung: mediaprint solutions GmbH, 33100 Paderborn

Bibliografische Information der Deutschen Nationalbibliothek
Die Deutsche Nationalbibliothek verzeichnet diese Publikation in der Deutschen Nationalbibliografie; detaillierte bibliografische Daten sind im Internet über *http://dnb.d-nb.de* abrufbar.

ISBN:
Print 978-3-86490-570-4
PDF 978-3-96088-482-8
ePub 978-3-96088-483-5
mobi 978-3-96088-484-2

Wieblinger Weg 17
69123 Heidelberg

Hinweis:
Dieses Buch wurde auf PEFC-zertifiziertem Papier aus nachhaltiger Waldwirtschaft gedruckt. Der Umwelt zuliebe verzichten wir zusätzlich auf die Einschweißfolie.

Schreiben Sie uns:
Falls Sie Anregungen, Wünsche und Kommentare haben, lassen Sie es uns wissen: *hallo@dpunkt.de*.

5 4 3 2 1 0

Vorwort

In Gesprächen mit anderen Softwaretesterinnen und -testern haben wir die Erfahrung gemacht, dass das Konzept »schlüsselwortbasierter Test« oder »Keyword-Driven Testing« vielen ein Begriff ist. Andererseits ist es uns öfter so gegangen, wenn jemand darüber sprach, dass uns der Gedanke kam – *ja, das ist es auch, aber nicht nur ...*

Im Kern geht es darum, Tests besser zu formulieren, für Mensch und Maschine.

Hinter dem Begriff »Keyword-Driven Testing« verbirgt sich dabei mehr, als es auf den ersten Blick scheint. Auch macht es zunächst den Eindruck, dass es ganz einfach ist. Gleichzeitig hat es viele Facetten und bietet zahlreiche Möglichkeiten, die im Alltag beim Softwaretest helfen können, aber einfach nicht bekannt genug sind.

Vieles davon ließe sich auf die Formel bringen: »Nutzt bewährte Praktiken aus der Softwareentwicklung und nutzt imperative Programmierung, um Tester und Testerinnen sowie Testautomaten die Testanweisungen zu übermitteln. Haltet euch dabei an die allgemeingültigen Best Practices, was Lesbarkeit und Verständlichkeit angeht.«

Natürlich ist es nicht so einfach. Was wir über Keyword-Driven Testing wissen, haben wir über Jahrzehnte gelernt. Inzwischen haben wir das Thema in der Theorie vertreten, auf Ebene von ISO-Normen, und in der Praxis in einer Vielzahl von Beratungsprojekten Teams beim Einstieg in Keyword-Driven Testing unterstützt. Weitere Interessierte können wir jedoch nicht persönlich erreichen und gleichzeitig gibt es einfach noch zu wenig Literatur zum Thema.

Auftrag angenommen: Keyword-Driven Testing muss bekannter und gut aufbereitet zugänglicher werden.

Sie halten nun unseres Wissens das erste Buch in den Händen, das sich ausschließlich mit dem Thema »Keyword-Driven Testing« befasst. Wir hoffen, dass Sie darin viele Anregungen finden, Ihre Tests effizienter und wartbarer zu gestalten. Viel Erfolg damit!

Erlangen, im Februar 2022
Matthias Daigl

Königswinter, im Februar 2022
René Rohner

Dank

Unser Dank gilt an dieser Stelle den Kolleginnen und Kollegen sowie Personen aus dem Freundeskreis, die uns beim Schreiben dieses Buches zur Seite gestanden sind. In vielen Gesprächen haben sie sich Zeit für uns und unser Vorhaben genommen, ihre Erfahrungen und Ideen mit uns geteilt und uns Inspiration geschenkt.

Ganz herzlich danken wollen wir auch dem dpunkt.team und unserer Lektorin, Christa Preisendanz, für die schier unendliche Geduld mit uns. Wir haben es ihnen nicht leicht gemacht.

Am meisten wollen wir aber unseren Familien danken, die uns jederzeit unterstützt haben, oft in den Schreibphasen auf uns verzichten mussten und uns wieder aufgerichtet haben, wenn es nicht vorangehen wollte. Ohne Euch hätten wir das nicht geschafft!

Inhaltsverzeichnis

1 Einführung

Dieses Buch hat das Ziel, das Thema »Keyword-Driven Testing« möglichst umfassend zu beleuchten, unter anderem, damit Keyword-Driven Testing häufiger und intensiver eingesetzt wird. Aber was verstehen wir überhaupt unter Keyword-Driven Testing?

Keyword-Driven Testing ist eine Methode zur Spezifikation von Testfällen im Sinne einer Notation. Es macht Testen effizienter. Es entfaltet seinen Nutzen vor allen Dingen in Teams, hilft aber auch einzelnen Testerinnen und Testern. Und entgegen anderslautender Gerüchte ist »Keyword-Driven Testing« nicht nur für Testautomatisierung hilfreich – aber gerade auch dort.

Das erwartet Sie nun in den einzelnen Kapiteln:

Überblick über das Buch

Einführung – dieses Kapitel: Was »Keyword-Driven Testing« ist, warum man es nutzen sollte, Begriffe und die Einführung eines Beispiels, auf das sich das Buch im weiteren Verlauf bezieht. *Ergebnis: Sie wissen, worum es geht.*

Konzepte: Unterschiedliche (einfache und komplexe) Ansätze, mit denen »Keyword-Driven Testing« genutzt werden kann. *Ergebnis: Sie wissen, was Keyword-Driven Testing ist, und kennen Zusammenhänge.*

Umsetzung: Wie man Keywords auswählt, wie man sie strukturieren kann, was es aus sprachlicher Sicht zu beachten gilt und wie man Qualitätssicherung für Keywords betreiben kann. Und was das wirtschaftlich bedeutet. *Ergebnis: Sie wissen, wie man mit Keywords umgeht.*

Keywords und Normen: Was für Normen es im Testen und speziell zu Keywords gibt und was die Normen zu Keywords und Frameworks sagen. *Ergebnis: Sie wissen, wie Ihnen Normen zu Keyword-Driven Testing helfen können.*

Testautomatisierungsarchitektur: Was so alles gebraucht wird, wenn man Testautomatisierung und Keyword-Driven Testing betreiben möchten, und auch wie ISTQB®dazu steht. *Ergebnis: Sie kennen verschiedene Sichtweisen auf die Testautomatisierungsarchitektur und verfügen über die Grundlagen, sich Ihre Architektur im Hinblick auf Keyword-Driven Testing zu erarbeiten.*

Keyword-Driven Testing Frameworks: Praxisbeispiele, wie Keyword-Driven Testing in Projekten angewendet wird, einschließlich einer Bewertung der eingesetzten Frameworks. *Ergebnis: Sie haben einen Eindruck von unterschiedlichen Einsatzszenarien von Keyword-Driven Testing.*

Praxis mit Robot Framework: Anhand eines konkreten Frameworks zeigen wir, wie eine Umsetzung von Keyword-Driven Testing im Kontext aussehen kann. *Ergebnis: Sie können die Anwendung von Keyword-Driven Testing mit diesem Framework nachvollziehen.*

Brückenschlag: Verbindung von Keyword-Driven Testing mit verbreiteten Ansätzen im Softwaretest, die zwar nicht »Keyword-Driven Testing« im engeren Sinne sind, aber gut damit zusammenwirken. *Ergebnis: Sie können Keyword-Driven Testing im Hinblick auf diese Ansätze einordnen.*

Ausblick: Wie geht es weiter mit Keyword-Driven Testing. *Ergebnis: Sie haben das Buch geschafft und wissen nun, wie Sie mit Keyword-Driven Testing umgehen wollen!*

1.1 Wortwahl

Bevor wir mit dem Inhaltlichen beginnen, gibt es noch zwei Dinge bezüglich der Wortwahl, die uns Autoren am Herzen liegen und die wir daher hier kurz darlegen wollen:

Geschlechtsspezifische Begriffe: In diesem Buch werden wir häufig darüber reden, was eine Person – z.B. ein Tester oder eine Testerin – tut, denkt, tun kann ... Wir sind der festen Überzeugung, dass das Geschlecht einer Person grundsätzlich keine Rolle zu spielen hat. Dennoch leben wir im Bereich der Softwareentwicklung und des Softwaretests in einer stark männerdominierten Branche. Gerade deswegen ist uns eine Geschlechtergleichstellung auch besonders in sprachlicher Form wichtig.

Zugunsten einer besseren Lesbarkeit werden wir nicht jedes Mal beide sprachlichen Geschlechter aufzählen. Auch haben wir uns gegen eine Schreibweise wie »TesterIn« oder »Tester*in« entschieden.

Das generisches Maskulinum, also nur die männliche Form, zu verwenden, schied völlig aus.

Unser Weg ist es nun, für die in diesem Buch wichtigsten sechs Rollen uns jeweils zu gleichen Teilen für die weibliche und die männliche Form zu entscheiden und dann zugunsten der Lesbarkeit dabei zu bleiben – in der Hoffnung, dass jede und jeder sich so ausreichend angesprochen und wertgeschätzt fühlt.

Wir reden also von Testerinnen, Testmanagerinnen und Entwicklerinnen sowie von Testdesignern, Anwendern und Testautomatisierern.

Englisch – Deutsch: Dies ist ein deutschsprachiges Buch und im Allgemeinen streben wir an, Anglizismen zu vermeiden. Ausgerechnet für den Schlüsselbegriff dieses Buches – »Keyword-Driven Testing« – gibt es zwar mit »schlüsselwortbasiertem Test« eine deutsche Entsprechung, diese ist aber nach unserem Empfinden so wenig gebräuchlich, dass wir uns entschieden haben, innerhalb des Buches dennoch den englischen Begriff »Keyword-Driven Testing« zu bevorzugen. Gleiches gilt für die Verwendung von »Keyword« und »Schlüsselwort«. Die Germanisten mögen uns verzeihen.

1.2 Was ist Keyword-Driven Testing

Was verbirgt sich nun hinter dem Begriff »Keyword-Driven Testing«?

Es gibt dazu einige Analogien – ein Favorit: Testfälle werden aus Bausteinen zusammengesetzt. Wir alle erinnern uns gerne an unsere Kindheit. Die Vorstellung, Testfälle spielerisch zusammenzusetzen, ist daher bestimmt attraktiv.

Große Dinge aus kleinen Bausteinen zusammenzusetzen ist aber jenseits vom spielerischen Aspekt eine generell bewährte Vorgehensweise, um Komplexität zu bewältigen. Wir sprechen hier von Modularisierung.

Modularisierung

Während Modularisierung in der Softwareentwicklung im Allgemeinen selbstverständlich ist, und das vielleicht auch noch bei Testautomatisierung zutrifft, so ist sie im Zusammenhang mit Testspezifikation bei Weitem nicht so häufig anzutreffen.

Keyword-Driven Testing (KDT) ist eine Methode, um Modularisierung bei der Spezifikation von Testfällen zu erreichen.

Ein Keyword ist in diesem Sinne ein Baustein, aus dem Testfälle zusammengesetzt werden. Dabei steht das Keyword – typischerweise ein Verb zusammen mit einem Substantiv, beispielsweise `Erzeuge User` – für eine oder mehrere Aktivitäten, die bei der Testausführung später auszuführen sind.

Idealerweise stehen beim Erstellen der Testfälle alle benötigten Keywords fertig definiert zur Verfügung. Dann können alle Testfälle aus Keywords zusammengesetzt werden.

> **Keine Testtechnik**
>
> Unter »Testtechnik« versteht man meist »Testentwurfsverfahren«. Laut ISO/IEC 29119 [48] geht es dabei darum, auf einem definierten Weg Testfälle zu ermitteln (einem Prozess folgend).
>
> Keyword-Driven Testing ist also keine Testtechnik in diesem Sinne. Unabhängig von Keyword-Driven Testing setzen wir für das Ableiten von Testfällen, also das Testdesign, voraus, dass eine Testtechnik (oder mehrere) eingesetzt werden.
>
> Keyword-Driven Testing legt jedoch fest, wie die aus dem Testdesign entstandenen Testfälle aufgeschrieben oder dokumentiert werden.

1.3 Begriffe

Nur die beiden wichtigsten zentralen Begriffe – Keyword und Framework –, die in diesem Buch verwendet werden, sollen hier definiert und erläutert werden. Umfassendere Begriffssammlungen finden sich auf der Webseite von imbus [23] sowie auf der Seite des ISTQB® [32] (als Online-Anwendung), und von IEEE sind die Begriffe von IEEE, ISO, IEC und PMI veröffentlicht und als Norm ISO/IEC/IEEE 2765 [50] käuflich zu erwerben, aber auch im Web legal frei verfügbar [28].

1.3.1 Der Begriff »Keyword«

Der zentrale Begriff dieses Buches ist ohne Zweifel »Keyword« oder zu Deutsch »Schlüsselwort«.

Mehrdeutigkeit

Der Begriff »Keyword« selbst ist eigentlich ein Teekesselchen[1]: Man versteht darunter, je nach Zusammenhang, die Bezeichnung (im Beispiel oben »Erzeuge User«), die dahinter liegenden Aktivitäten (könnte hier das Auswählen eines Menüeintrags sein, dann das Ausfüllen der Felder eines Dialoges ...) oder ein vielleicht vorhandenes zugeordnetes Automatisierungsskript. Oder dies alles gemeinsam.

[1] Ein »Teekesselchen« – das Fachwort wäre Homonym – ist ein Begriff, der mehrere Bedeutungen hat. In einem Kinderspiel lässt man raten: »Mein Teekesselchen kann schwimmen oder man braucht es zum Zelten – was ist das?« – Antwort: ein Hering.

In der Norm ISO 29119-5 [49] ist dieser Begriff folgendermaßen definiert:

Keyword	Schlüsselwort
one or more words used as a reference to a specific set of actions intended to be performed during the execution of one or more test cases	ein oder mehrere Wörter, die als Verweis auf eine festgelegte Menge von Aktivitäten verwendet werden und die während der Durchführung eines oder mehrerer Testfälle ausgeführt werden sollen
(Definition laut [49])	(Übersetzung der Autoren)

Ein Keyword besteht demnach aus ein oder mehreren Wörtern, die beschreiben, was an der Stelle, an der diese Wörter in einem Testfall vorkommen, getan werden soll. Ein Beispiel für ein einzelnes Wort könnte **`Login`** sein, eines für mehrere Wörter **`Datensatz anlegen`**. Meist wird ein Keyword ein Verb enthalten (so fordert es auch die ISO 29119-5), allein schon deswegen, weil ja durch das Keyword eine auszuführende Tätigkeit beschrieben ist.

Auch wenn es rein technisch gesehen nicht notwendig ist, Keywords mit einem Verb zu bilden, so hat es sich doch bewährt. Die Lesbarkeit profitiert davon, und daher ist es empfehlenswert, sich nach dieser Regel zu richten.

Um zu der Begriffsfrage zurückzukehren: Testautomatisierer verstehen unter einem »Keyword« gerne eine aufrufbare Funktion oder ein Skript, die bzw. das im Sourcecode in einem Testautomatisierungswerkzeug implementiert ist. Testerinnen denken dagegen vielleicht eher an eine Zusammenfassung mehrerer Testschritte zu einer fachlichen Tätigkeit.

Ein Keyword kann beides sein.

Ein Keyword kann eine automatisierte Funktion widerspiegeln oder manuelle Testschritte zusammenfassen. Und: Ein Keyword kann sogar eine Zusammenfassung anderer Keywords sein.

Häufig wird unter dem Begriff »Keyword« einfach der Name des Keywords (hier: **`Benutzer anmelden`**) verstanden – der ja im Alltag, beim Spezifizieren von Tests, auch am meisten gebraucht wird. Im Hinterkopf sollte man aber behalten, dass dazu einiges mehr gehört.

In Abschnitt 2.1 »Verschlagwortung« werden wir auf die sprachlichen Aspekte, die hier nur angerissen wurden, noch sehr viel genauer eingehen.

1.3.2 Der Begriff »Framework«

Framework

Den Begriff »Framework« benutzen wir in diesem Buch bezogen auf Keyword-Driven Testing. Alleine stehend ist er ein zu gängiges Wort der natürlichen englischen Sprache, als dass es einer ISO oder IEEE in den Sinn kommen würde, dafür eine Definition anzugeben. Im Zusammenhang mit Testautomatisierung bietet jedoch das ISTQB®eine Definition, dankenswerterweise sowohl auf englisch als auch auf deutsch:

Test automation framework A tool that provides an environment for test automation. It usually includes a test harness and test libraries.	*Testautomatisierungs-framework* Ein Werkzeug, das eine Umgebung zur Testautomatisierung bereitstellt. Es beinhaltet üblicherweise einen Testrahmen und Testbibliotheken.
(Definition laut [32] – englisch)	(Definition laut [32] – deutsch)

Auch in diesem Buch steht der Begriff »Framework« im Zusammenhang mit Testautomatisierung. Allerdings ist der Kontext noch etwas spezifischer. Unter »Keyword-Driven Testing Framework« verstehen wir hier die Gesamtheit der Werkzeuge, Skripte und Bibliotheken, die als Grundlagen für eine bestimmte Variante von Keyword-Driven Testing – meist mit Fokus auf Automatisierung – benötigt und verwendet werden.

Mehr zum Thema Framework, was alles dazugehört und was man davon erwarten kann, findet sich in Abschnitt 4.3 (Sichtweise der Norm ISO 29119-5) und vor allem in Kapitel 6 »Keyword-Driven Testing Frameworks«.

1.4 Keywords unter der Lupe

Elementare Eigenschaften von Keywords

Um uns Keyword-Driven Testing weiter anzunähern, wollen wir uns in den folgenden Abschnitten Keywords genauer ansehen. Erst einmal geht es um die elementaren Eigenschaften – was ist ein Keyword, was gehört auf jeden Fall dazu? Und dann geht es um einen ganz praktischen, wichtigen Aspekt, nämlich die Struktur, die ein Keyword haben kann.

Verschlagwortung: Eines der Grundkonzepte hinter Keyword-Driven Testing ist, dass Tests nicht als Prosatext verfasst werden, sondern in einzelne, klar voneinander abgegrenzte, sehr kurze Testschritte gegliedert werden. Jeder dieser Testschritte soll keine komplette Beschreibung der Tätigkeit sein, sondern nur ein kurzer Befehl, der die entsprechende Tätigkeit zusammenfasst. Daher rührt der Begriff »Keyword«. Meist reicht es nicht aus, sich auf ein einzelnes Wort als Benennung für ein Keyword zu beschränken. Mehrere Wörter sind also in Ordnung. Als Faustformel für die Länge der Keywords kann man von 1-6 Wörtern ausgehen.

Kurze Anweisungen von bis zu sechs Wörtern können von einem Leser schnell erfasst und verstanden werden. Oft reicht einer Testerin ein einziger Blick auf eine solche Anweisung, um zu wissen, was zu tun ist.

1 Keyword ≈ 1-6 Wörter

Einige Beispiele für Keywords:

```
Webbrowser starten
Benutzerverwaltung öffnen
Benutzer an Windows anmelden
Device über WLAN verbinden
Mobilgerät entsperren
```

Beschreibung: Keyword-Driven Testing würde für manuelles Testen nicht funktionieren, wenn man sich ausschließlich auf die sprechenden Namen verlassen würde. Bestenfalls könnte man dann erwarten, dass mit den Keywords sehr vertraute Testerinnen sie mühelos und zuverlässig ausführen.

Neue Kolleginnen oder Testerinnen, die die Testspezifikation nur auszuführen haben, aber die Schritte (in Form von Keywords) vorher nicht kennen, könnten nicht wissen, was der Testdesigner von ihnen genau erwartet, und die Tests demnach auch nicht präzise ausführen. Zu der Definition eines Keywords gehört daher obligatorisch auch ein beschreibender Text.

Auch im Hinblick auf Automatisierung ist man sehr gut beraten, eine Dokumentation für das Keyword zu erfassen. Schließlich stellen Keywords hier die Schnittstelle zwischen fachlicher Sicht und technischer Sicht dar. Testautomatisierer müssen genau wissen, was sie implementieren sollen.

Bei der Keyword-Dokumentation geht es nicht nur darum, zu beschreiben, was das Keyword tun soll, sondern auch, wie es zu verwenden ist.

Parameter: Eine Interaktion zwischen einer Testerin und dem Testobjekt ist oft von Daten getrieben oder wird anhand von Daten verändert. Daher können Keywords in ihrer Verwendung ebenfalls über Testdaten variiert werden.

Die Benutzeranmeldung an einem System wird beispielsweise immer auf die gleiche Art und Weise durchgeführt. Je nach Benutzerdaten, die für die Anmeldung verwendet werden, unterscheidet sich das Verhalten des Testobjektes.

Diese Daten eines Keywords werden üblicherweise als Parameter oder Argumente bezeichnet. Parameter sind typischerweise im Keyword-Driven Testing dem eigentlichen Keyword angehängt.

Ob dieses Anhängen bzw. Trennen vom Keyword selbst wie im folgenden Beispiel mit zwei oder mehr Leerstellen oder in Tabellen mit mehreren Spalten oder wie in der Programmierung üblich in Klammern erfolgt, ist je nach Tool unterschiedlich und spielt keine Rolle.

Im Folgenden sehen wir ein Beispiel mit einigen Parametern:

```
Webbrowser starten              www.keyword-driven.de
Benutzername eingeben           admin
Passwort eingeben               123456
Anmelden klicken
Benutzerverwaltung öffnen
Device mit WLAN verbinden          Phone2       GuestWifi
Mobilgerät entsperren
```

Mehr zu diesem Thema findet sich in Abschnitt 2.3 »Data-Driven Testing«.

Keyword-Struktur: Ein wichtiger Aspekt bei Keyword-Driven Testing ist, dass Keywords »strukturiert« sein können. Wir meinen damit, dass Keywords aus kleineren Keywords zusammengebaut sein können – oder andersherum: Keywords können zu größeren Keywords zusammengefügt werden. Diese Eigenschaft von Keywords macht man sich zunutze, um Wiederverwendbarkeit und Wartbarkeit zu steigern.

Ein Beispiel: Die Anmeldung eines Benutzers am System besteht aus der Eingabe von Benutzername und Passwort und dem Klicken des »Anmelden«-Knopfes. Nehmen wir also an, dass `Benutzer anmelden` ein strukturiertes Keyword ist und aus drei Einzelschritten besteht:

```
Benutzer anmelden      Benutzer     Passwort
    Benutzername eingeben      Benutzer
    Passwort eingeben          Passwort
    Anmelden klicken
```

Ein Testdesigner braucht nun bei einem Test, der die Anmeldung benötigt, nicht immer wieder die drei Einzelschritte zu nutzen, sondern erfordert nur das eine strukturierte Keyword.

Das Thema der Struktur von Keywords greifen wir in Abschnitt 2.2 im Detail auf.

1.5 Evolution der Testautomatisierung

In einem Vortrag über Testautomatisierungsarchitekturen im Rahmen der Veranstaltung »Trends in Testing« im Jahr 2010 [13] wurde eine Evolution von Architekturen zur Testautomatisierung beschrieben.

In dieser »Evolution« hat auch Keyword-Driven Testing seinen Platz.

Vorsicht Glatteis ...

Keyword-Driven Testing wird von manchen als Königsweg der Testautomatisierung betrachtet.

An dieser Stelle über Testautomatisierungsarchitekturen zu sprechen könnte den Eindruck erwecken, dass es in diesem Buch auch so gesehen wird. Daher zur Klarstellung:

- Keyword-Driven Testing ist wunderbar geeignet für Testautomatisierung, aber:
- Keyword-Driven Testing hat auch viele Vorteile bei manuellem Test!

Eine Beschränkung des Keyword-Driven Testing auf Testautomatisierung wäre Verschwendung.

Abbildung 1-1 bringt zum Ausdruck, wie mit der Entwicklung der Testautomatisierungsarchitekturen, von Capture & Replay über datengetriebenen Test und Keyword-Driven Testing bis hin zu generierten Tests, ein Reifegrad verbunden wird.

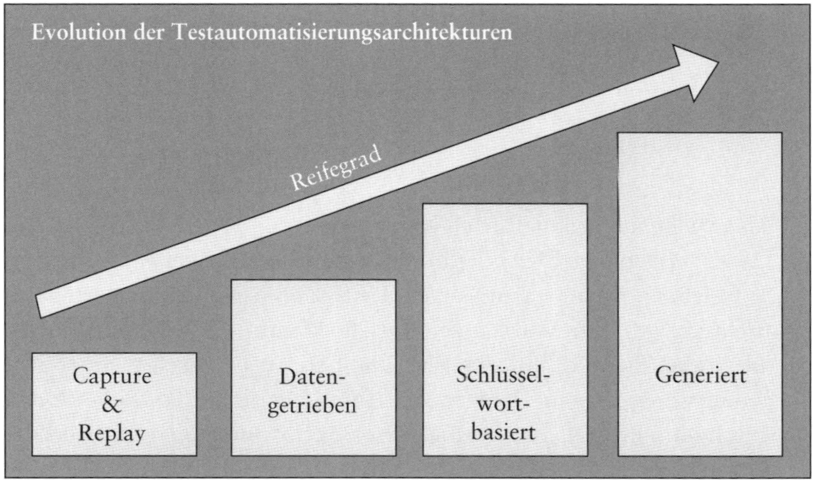

Abb. 1-1 *Evolution der Testautomatisierungsarchitekturen*

Nach der Einführung von Testautomatisierung in einer Organisation entwickeln sich durch die sukzessive Gewinnung von Erfahrungen der Testerinnen sowohl die Ansprüche an die Umsetzung der Testautomatisierung als auch die Leistungsfähigkeit der Architektur typischerweise in folgenden Phasen – immer vorausgesetzt, externe Einflüsse sorgen nicht dafür, dass diese Phasen direkt übersprungen werden:

Wartungsproblem

1. Capture & Replay: Automatisierte Testfälle werden als Skripte aufgezeichnet, dafür wird eine entsprechende »Rekorder«-Funktion des Werkzeugs genutzt. Das Resultat sind automatisierte Testskripte, die einfach strukturiert sind, in der Regel mit der aktuellen Version des Testobjektes funktionieren (aber schon bei kleinen Änderungen am Test Interface Probleme bekommen können), die untereinander redundant sind (gleiche Aktionen werden in jedem Skript erneut erfasst) und, wie sich meist schnell herausstellt, einfach ein Albtraum im Hinblick auf Wartbarkeit darstellen.

   Abbildung 1-2 veranschaulicht einen solchen Fall: Eine Testspezifikation mag vorhanden sein und enthält sowohl Testlogik als auch Daten. Die Verknüpfung zur Testautomatisierung ist nur lose. Ein Testskript liegt individuell für jeden Testfall vor und wird aus einem kaum trennbaren Mix aus Code, Logik und Daten gebildet. Eine Änderung, egal aus welchem Grund, betrifft immer alles, und Fehler passieren leicht.

Abb. 1-2 *Monolithisches Testskript*

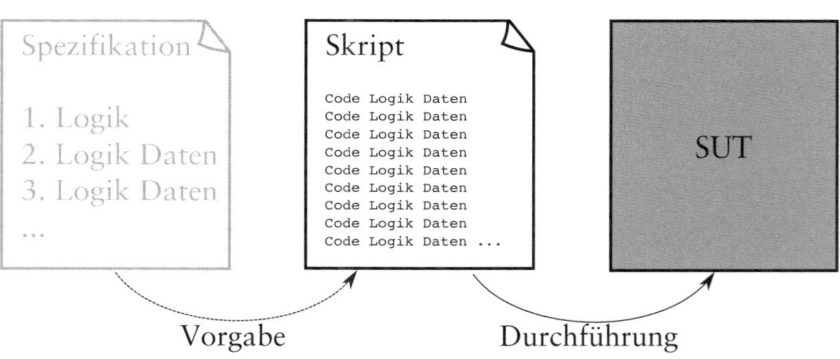

   Also sucht man schnell nach einem besseren Weg.

2. Datengetriebener Test: Während man durch Abkehr vom reinen Aufzeichnen der automatisierten Testskripte schon erste Vorteile in Richtung besserer Wartbarkeit erzielt, kommt die Erkenntnis, dass die Mühe, die man mit der Wartung hat, auch zwischen Testfällen geteilt werden kann. Mehrere strukturell identische Testfälle werden durch ein einziges, verallgemeinertes Skript implementiert und die Unterschiede zwischen den Testfällen, die in den Daten liegen, in

Trennung von Code und Daten

von den Testskripten getrennten Datentabellen ausgelagert (mehr dazu in Abschnitt 2.3).

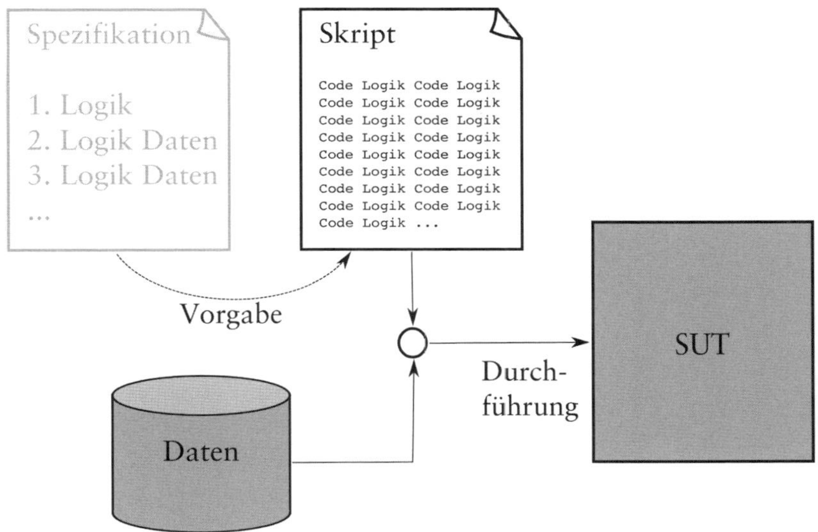

Abb. 1-3
Trennung von Skript und Daten

In Abbildung 1-3 sind strukturelle Vorteile dieses Ansatzes gegenüber den monolithischen Skripten aus Abbildung 1-2 zu erkennen: Die Kopplung zur Spezifikation ist noch lose (Anmerkung: Daten könnten an dieser Stelle bereits aus der Spezifikation ausgelagert sein), das Chaos in der Testimplementierung ist aber schon geringer, denn es sind nur noch Code und Logik im Skript miteinander vermischt. Änderungen, die nur die Daten betreffen, können unabhängig vom Rest durchgeführt werden, und das kann in vielen Fällen die Änderung sein, die benötigt wird.

Mehr noch: Es muss für eine Anzahl von fünf, zehn oder hundert Testfällen nur noch ein einziges automatisiertes Skript gewartet werden – ein großer Schritt in Richtung eines besseren Kosten-Nutzen-Verhältnisses.

3. Keyword-Driven Testing: Das, was mit datengetriebenem Test begonnen wurde, nämlich die Trennung von Code und Daten, wird beim Keyword-Driven Testing konsequent weitergeführt: Die bisher im Code verankerte Testlogik (der abstrakte Testfall) wird nun getrennt vom (Automatisierungs-)Code abgelegt.

   Trennung von Logik und Code

   Abbildung 1-4 zeigt, dass sich damit massive Änderungen (im Sinne von Verbesserungen) ergeben: Die Spezifikation ist ins Zentrum gerückt und enthält die reine Testlogik. Zur Spezifikation werden Keywords genutzt, denen in einem Repository entsprechende Skripte zugeordnet sind. Hier liegt also der Code. Die drei Aspekte Logik, Code und Daten werden zur Durchführung zusammengeführt.

Abb. 1-4
Trennung von Skript, Daten und Logik

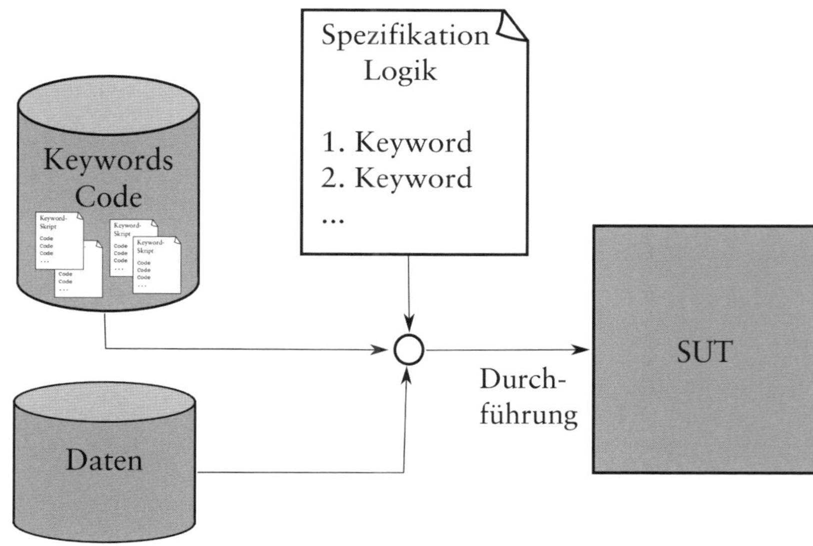

Jegliche Wartungstätigkeiten können jetzt unabhängig voneinander an Logik, Code und Daten erfolgen. Braucht man eines davon nicht zu ändern, dann muss man es auch nicht anfassen.

> Was hier passiert, die Trennung von Code und Daten, ist ein uraltes Prinzip der Informatik[2] und in der Softwareentwicklung generell ein alter Hut.
>
> Aber zu der Erkenntnis, dass die Entwicklung von Testautomatisierung die gleichen Prinzipien wie Softwareentwicklung erfordert, muss man ja erst gelangen – zunächst sieht alles so einfach aus.

Modellbasierter Test

4. Generierte Testfälle: Diese Entwicklungsstufe wird nach heutigem Stand nicht allerorts erreicht und muss auch nicht das Ziel sein. Hier geht es um Model-Based Testing (modellbasierten Test), also darum, Testfälle aus formal beschriebenen Modellen mechanisch abzuleiten. Keywords können dafür eine Grundlage sein.

   Was mit diesem Ansatz vorangetrieben wird, ist der Grad der Automatisierung, die nicht mehr nur die Durchführung der Tests,

[2] Und nicht nur dort: In der Rechnerarchitektur ist dieses Prinzip unter dem Begriff »Harvard-Architektur« schon seit dem Mark II bekannt – wenn auch hier eher aus Gründen der Performanz als aus Gründen der Strukturierung und Wiederverwendung.

sondern auch die Erstellung der Testfälle beinhaltet. Die Wartung verlagert sich weg von der Automatisierung und hin zu den Modellen.

Auch wenn Keyword-Driven Testing nach diesem Modell nicht die Spitze der Evolution darstellt – es sieht doch so aus, als wäre im Zuge der Entwicklung von Praktiken zur Testautomatisierung KDT unausweichlich. Aber mehr noch: KDT passt auch ausgezeichnet zu Model-Based Testing; das greifen wir später in Abschnitt 2.6 wieder auf.

1.6 Vorteile des Keyword-Driven Testing

Mit dem bisher Gesagten haben wir eine Vorstellung davon vermittelt, was Keyword-Driven Testing ist, aber uns nicht weiter damit beschäftigt, warum es eingesetzt werden sollte. Immerhin liegt es auf der Hand, dass Keyword-Driven Testing mit einem gewissen Aufwand verbunden ist – zumindest müssen Keywords ja definiert und dokumentiert werden. Das Konzept und den damit verbundenen Aufwand können wir nicht alleine mit einem angeblich höheren Reifegrad rechtfertigen.

Im Folgenden werden wir also beleuchten, was die tatsächlichen Vorteile beim Einsatz von Keyword-Driven Testing sind.

1.6.1 Klarheit

Das Formulieren von Testfällen aus vorgefertigten Bausteinen führt auf Dauer zu mehr Klarheit, und zwar bei der Interpretation und dem Verständnis dessen, was später bei der Ausführung der Testfälle zu tun ist.

Warum ist das so?

Keywords verhindern Ambivalenz.

Jede Testerin muss beim Lesen einer Testspezifikation entscheiden, was mit einer bestimmten Formulierung gemeint ist (wir unterstellen, dass sie die Testspezifikation nicht selbst geschrieben hat). Wenn die Testspezifikation herkömmlich, also in Prosa verfasst ist, so sind die Formulierungen nicht einheitlich. Derselbe Sachverhalt kann mit verschiedenen Worten beschrieben sein. Ein Beispiel: Es wird einmal der Begriff »Anmelden« und das nächste Mal der Begriff »Einloggen« verwendet. Durchführende Testerinnen müssen an dieser Stelle entscheiden, ob diese Begriffe dasselbe bedeuten - wenn ja, was, und wenn nein: Was ist der Unterschied?

Dieselbe Interpretationsleistung muss auch bei Verwendung von Keywords erbracht werden, aber eben nur einmal. Durch die Vereinheitlichung der Begriffe und das Bausteinprinzip gibt es nur ein Keyword für diese Aktivität. Am Anfang muss man einmal verstehen, was damit

Lerneffekt gemeint ist – aber hier findet ein Lernprozess statt und bald kennt man die Bedeutung.

Dieses Beispiel für Vorteile des Keyword-Driven Testing greift insbesondere beim manuellen Test. Also Schluss mit dem Mythos, dass Keyword-Driven Testing nur ein Thema für Testautomatisierer ist!

Klar ist: Das hier beschriebene Mehr an Klarheit wird insbesondere dann seinen Nutzen entfalten, wenn in Teams gearbeitet wird. Aber eine verbesserte Lesbarkeit ist mit Sicherheit ein Gewinn.

1.6.2 Wiederverwendbarkeit

Mehr oder weniger selbsterklärend ist die Tatsache, dass Keywords wiederverwendet werden können. Das ist natürlich bei fast allen Testautomaten in Bezug auf die automatisierten Testschritte der Fall. Jedoch können wir diese Funktionalität bei kaum einem Werkzeug für manuelles Testen oder Testmanagement finden. Hier wird in aller Regel mit rein textuellen nicht wiederverwendbaren Testschritten gearbeitet.

Die Wiederverwendbarkeit steht in direktem Zusammenhang mit dem nächsten Abschnitt über Wartbarkeit. Aber es geht nicht nur *Aufwand sparen* darum, sondern auch um den ersparten Aufwand bei der Erstellung von Tests und um den Vorteil bezüglich der Klarheit und Lesbarkeit.

Ein einmalig erstelltes Keyword, das beschreibt oder implementiert, wie unser Testobjekt zu starten ist, spart bei jeder Nutzung Zeit, verglichen mit einem immer wieder erneuten Beschreiben dieser Tätigkeit.

Wiederverwendbarkeit reduziert repetitive Arbeiten also auf ein Minimum und beschleunigt das Arbeiten entsprechend.

1.6.3 Wartbarkeit

Eine verbesserte Wartbarkeit ist wahrscheinlich der am häufigsten beschworene Vorteil von Keyword-Driven Testing.

Er ergibt sich auch bei manuellem Test, ist aber besonders im Zusammenhang mit Testautomatisierung wichtig, da der Nutzen von Testautomatisierung[3] von hohen Wartungsaufwänden zunichtegemacht werden kann.

Wartbarkeit ist ein Qualitätsmerkmal, das beschreibt, mit wie klei- *Auslöser für Wartung* nem oder großem Aufwand Änderungen durchgeführt werden können. Ob Änderungen an unseren Testfällen notwendig sind, können wir uns

[3]Der wirtschaftliche Nutzen wird dadurch festgestellt, dass die Kostenersparnis auf Dauer die Erstellungs- und Wartungskosten aufwiegt. Es gibt noch andere Nutzenaspekte, wie Motivation, Geschwindigkeit etc.

nicht aussuchen. Die Hoffnung sagt: Es wird schon nicht so schlimm. Die Erfahrung zeigt: Änderungen werden unweigerlich kommen.

Die Änderungen können sich, je nach Ursache, auf verschiedene Aspekte beziehen:

Abstrakter Testfall: Eine Änderung der Testlogik ist dann nötig, wenn der Testfall falsch war oder sich die zugrunde liegende Anforderung geändert hat. In diesem Fall muss inhaltlich eine Änderung an der Testlogik vorgenommen werden.

Konkreter Testfall: Eine Änderung der Testdaten kann aus den gleichen Gründen notwendig sein, zusätzlich aber auch dann, wenn bei gleichem abstraktem Testfall ein weiterer konkreter Testfall hinzugefügt werden soll oder eine Änderung der Testumgebung geänderte Testdaten erfordert.

Funktionale Veränderung: Eine Änderung oder das Hinzufügen einer Funktionalität kann bedeuten, dass ein bestehender Test im fachlichen Ablauf identisch ist und von der Testlogik her unverändert bleiben kann, obgleich die Benutzerführung sich ändert.

Ein Beispiel: Stellen wir uns vor, als Neuerung würde nun bei Kundenanlage auf eine Datenschutzerklärung hingewiesen werden. Ein vorhandener abstrakter Testfall kann gleich bleiben, nur das Keyword `Neukunde anlegen` wird technisch etwas angepasst. Anmerkung: Wir sprechen hierbei nicht von dem vermutlich benötigten neuen Testfall, der die neue Datenschutzerklärung prüft!

Technologische Veränderung: Eine Änderung der Implementierung wird insbesondere dann erforderlich, wenn sich die Testschnittstelle ändert. Im Fall einer Web-GUI (Graphical User Interface) könnte ein spezifisches Element an einem anderen Ort liegen und aufgrund dessen einen anderen Selektor benötigen, um das Element eindeutig zu identifizieren. Dazu könnte ein einzelnes technisches Keyword verändert werden und alle fachlichen Keywords, die es verwenden, und die Tests, die dieses nutzen, wären wieder lauffähig.

Durch eine konsequente Trennung von Testlogik (Sequenz der Keywords) und Testdaten sowie eine Trennung von Spezifikation und Implementierung in einem Automatisierungswerkzeug können diese Änderungen unabhängig voneinander vorgenommen werden. Das macht die Änderungen überschaubar und damit weniger anfällig dafür, Seiteneffekte und Fehler auszulösen.

Umgekehrt muss im Fall einer monolithischen Implementierung von automatisierten Testfällen ohne Keywords und ohne Trennung von Daten und Logik (Worst Case) bei *jeder* Änderung, egal ob diese die Testlogik, Daten oder Implementierung betrifft, mehrere Testskripte angepasst werden. Somit würde der Wartungsaufwand direkt proportional mit der Menge von Testfällen skalieren. Dies führt, wie in Abschnitt 3.8 noch gezeigt wird, zu dem Fall, dass ab einem gewissen Wartungsaufwand, beispielsweise einem Technologiewechsel, das Verwerfen der gesamten Tests und eine komplette Neuimplementierung günstiger ist als die Anpassung der Skripte.

Diese verbesserte Wartbarkeit bei Keyword-Driven Testing sorgt also dafür, dass Änderungen und der Wartungsaufwand nicht mit der Anzahl der Tests, sondern lediglich mit der (viel geringeren) Anzahl der implementierten Keywords oder Funktionen steigt.

Häufig ist der steigende Wartungsaufwand die natürliche Grenze dafür, wie viel automatisiert werden kann. Werden die zuständigen Schichten nicht gut designet, ist das Team ab einer gewissen Menge Tests fast vollständig mit Änderungen vorhandener Tests beschäftigt und hat keine Zeit mehr, neue Tests zu schreiben.

1.6.4 Kommunikation

Die Verwendung von Keywords zwingt zu einem gewissen Maß an geordneter Kommunikation, wenn andere Vorteile des Keyword-Driven Testing – insbesondere alles, was mit der Wiederverwendbarkeit der Keywords zusammenhängt – erreicht werden sollen. Hier ist es, wie in vielen anderen Bereichen: Klare Zuständigkeiten und Kommunikationsschnittstellen zwingen zu Disziplin. Nichteinhaltung der Kommunikationsschnittstellen andererseits führt zum Scheitern.

Ohne diese klaren Zuständigkeiten könnte im Test jede einzelne Testerin, überspitzt gesagt, tun, was sie will. Ganz für sich alleine und ohne wesentliche Kommunikation mit den anderen Kollegen entsteht Chaos. Das ist sicher einem effizienten Arbeiten nicht zuträglich. Gerade die Wiederverwendbarkeit würde immens leiden unter einem schlecht funktionierenden Team und fehlender Abstimmung.

Abgesehen davon, dass Keyword-Driven Testing alleine schon durch eine Abstimmung über die Keywords das Team zur Kommunikation zwingt und so die Zusammenarbeit fördert, erleichtert es die Kommunikation aber auch.

Nun könnte man argumentieren, dass das ja gerade kein Vorteil, sondern ein Nachteil an Keyword-Driven Testing sei. Es benötigt eine gute Kommunikation zwischen den Beteiligten, sonst scheitert es.

In gewisser Weise müssen wir hier zustimmen, aber: Wenn wir uns auf gleiche Formulierungen einigen, wenn wir von denselben Dingen in derselben Sprache sprechen und wenn alle Prozessbeteiligten sowohl die Tests als auch die Keywords lesen und verstehen können, wächst automatisch das gemeinsame Verständnis und das Vertrauen bezogen auf den Testprozess.

Und dieser Vorteil ist in der Praxis so enorm wichtig, dass mittelfristig die Beteiligten diese gehobenen Anforderungen keineswegs mehr als Last empfinden.

Die bereits in Abschnitt 1.6.1 beschriebene verbesserte Klarheit der Testfälle wirkt sich nicht nur im Hinblick auf eine beschleunigte und fehlerärmere Ausführung der Testfälle aus, sondern hilft auch bei der Kommunikation über Testfälle, beispielsweise mit Kunden, die ansonsten in der Regel kein Verständnis der Testautomatisierung gewinnen würden. Darüber hinaus erleichtern die wohldefinierten Keywords, die ja auch Schnittstellen zwischen verschiedenen fachlichen Ebenen darstellen, die Verständigung zwischen unterschiedlich spezialisierten Teammitgliedern bei der Arbeitsteiligkeit.

1.6.5 Arbeitsteiligkeit

Insbesondere in Projekten[4] mit einer hohen fachlichen Komplexität und einer gewissen Teamgröße gibt es häufig eine gewisse Spezialisierung oder Rollen (in alphabetischer Reihenfolge):

Rollen

Anwender oder Fachexperte, Domain-Experte: Personen, die einen tiefen Einblick in die fachlichen Zusammenhänge haben und daher die Testfälle aus logischer Sicht hervorragend gestalten können, möglicherweise aber nicht darin ausgebildet sind, in die technischen Untiefen eines Testautomatisierungswerkzeugs einzutauchen.

Entwicklerin: Implementiert die eigentliche Anwendung. Es gibt hier häufig weitere Spezialisierungen, etwa nach den Themen Frontend, Backend oder Datenbank.

Testautomatisierer: Personen, die Testautomatisierung durch und durch beherrschen, noch vor dem Frühstück Code schreiben, aber die fachlichen Zusammenhänge des Testobjektes ggf. nur sehr bedingt verstehen.

Testdesigner: Gestaltet die Testfälle basierend auf den Informationen, die von Fachexperten bereitgestellt werden.

---

[4]Hier und an anderen Stellen im Buch wird von »Projekt« gesprochen. Das geschieht der Einfachheit und der besseren Lesbarkeit halber, aber:

Es geht hier nicht nur um Tests in Projekten, sondern auch um Tests von Produkten, in Verfahren oder bei der Wartung von Bestandssystemen. Aus Testsicht ist jedes Vorhaben, in dem Software oder Systeme getestet werden wollen, ein »Testprojekt«.

Testerin: Eine Person, die Testfälle manuell durchführt, aber auch Testdaten vorbereitet oder Auswertungen vornimmt.

Testmanagerin: Zuständig für die Organisation des Testens, Bestimmung der Ziele und der Strategie und somit auch maßgeblich daran beteiligt, eine Entscheidung für die Verwendung von Keyword-Driven Testing herbeizuführen.

Über Rollen im Test ist schon viel geschrieben worden. Widerstehen wir der Versuchung, das hier auch zu tun. Wer aber mehr dazu lesen will, findet weitere Informationen unter anderem in [10] unter »Kompetenzen und Teamzusammensetzung« oder auch in den Lehrplänen des ISTQB®[30].

Einige dieser Rollen können von derselben Person eingenommen werden, es ist aber untypisch, dass dies für Gegenpole wie »Fachexperte« und »Testautomatisierer« zutrifft.

Sicher: Idealerweise wünschen wir uns die legendäre eierlegende Wollmilchsau – also Heldinnen, die einfach alles können. Solche mag es auch geben. Aber leider nie genug. Realistisch betrachtet, kann sich glücklich schätzen, wer ein Team hat, in dem alle erforderlichen Aspekte kompetent abgedeckt werden. Diese unterschiedlichen Ausprägungen der Teammitglieder benötigen wir, und wir sollten keinesfalls eines über das andere stellen. Der beste Testautomatisierer kann durchaus völlig unbelastet von jeglicher Vorkenntnis sein, bezogen auf den Einsatz des Testobjektes. Anders gesagt, er hat absolut kein Konzept davon, was das System tut, für das er automatisieren soll. Das kann funktionieren.

Wichtig ist, dass wir nicht nur Expertinnen haben, die verstehen, wie entwickelt wird, sondern auch hervorragend ausgebildete Fachexperten, die wissen, was entwickelt werden sollte.

Spezialisten zusammenbringen

Und hier zeigt sich eine Stärke des Keyword-Driven Testing: Mit Keywords kann man eine Arbeitsteilung zwischen fachlicher Seite und technischer Seite, zwischen Fachexperte und Testautomatisierer erreichen. Während Fachexperten die Testfälle aus Keywords zusammensetzen, können sie die Details der technischen Umsetzung in einem Automatisierungswerkzeug ignorieren. Umgekehrt können sich die Testautomatisierer auf die technische Umsetzung fokussieren und die intimen Kenntnisse über das Automatisierungswerkzeug voll ausspielen. Dabei sind die genauen fachlichen Zusammenhänge für sie nicht wichtig.

Ohne Keyword-Driven Testing ist eine solche Arbeitsteilung, wenn überhaupt, nur wesentlich schwieriger und weniger elegant zu erreichen.

1.6.6 Vereinfachte Testautomatisierung

Testautomatisierung ist zwar nicht verpflichtend, aber in vielen Bereichen nicht mehr wegzudenken. Häufig sind Regressionstests ohne Testautomatisierung personell und zeitlich nicht mehr vorstellbar. Das gilt nicht nur, aber ganz besonders im agilen Umfeld, da hier die kurzen Entwicklungszyklen keinen Spielraum für zeitlich ausgedehnte manuelle Testphasen lassen.

Mit Keyword-Driven Testing lässt sich Testautomatisierung sehr effizient umsetzen. Das passende Framework vorausgesetzt, reicht es, für jedes Keyword eine Implementierung in der gewünschten Automatisierungsumgebung bereitzustellen.

Abstrakte Tests werden aus Keywords zusammengesetzt und konkrete Testfälle werden mithilfe von konkreten Daten spezifiziert.

Das Framework übernimmt dann die Ausführung der Automatisierungssequenz basierend auf dem aus Keywords bestehenden Testfall und den zugeordneten Automatisierungsskripten bzw. -funktionen.

Wenige Keywords reichen aus.

Vorteil: Es wird nicht mehr für jeden Testfall eine Implementierung benötigt, sondern nur für jedes Keyword. Das reduziert die Menge des benötigten Automatisierungscodes erheblich. Bei angenommen 1000 Testfällen, bestehend aus 100 Keywords, werden ohne Keyword-Driven Testing 1000 Skripte benötigt[5], mit Keyword-Driven Testing nur 100 automatisierte Funktionen alias Keywords. Kommt man mit weniger Keywords aus, wird das Verhältnis noch günstiger.

Im Idealfall lassen sich ab einem gewissen Zeitpunkt Testfälle zusammenstellen, die sofort und ohne weiteres Zutun schon fix und fertig automatisiert sind, da alle benutzten Keywords bereits umgesetzt wurden.

Die bereits genannten Vorteile wie Wartbarkeit und Wiederverwendbarkeit können und sollten natürlich auch mit normalen Programmiersprachen wie JavaScript, Java, C# oder Python erreicht werden. Die Vorteile hinsichtlich Klarheit, Kommunikation und Arbeitsteilung sind jedoch mit der komplexen Syntax solcher Programmiersprachen kaum zu erreichen. Das doch zu schaffen, ist das Ziel von Methoden wie Behavior-Driven Testing (siehe Abschnitt 8.3). Selbst bei der strengen Einhaltung von Clean-Code-Prinzipien und der Optimierung des Testcodes auf Lesbarkeit liegen Welten zwischen automatisierten Tests mit Keyword-Driven Testing und in einer Programmiersprache geschriebenen Tests. Alleine die notwendigen Klammern und andere Steuerzeichen bauen für manche Menschen zu starke Barrieren auf ...

[5] Zur Vereinfachung wird der Aspekt der Testdaten hier ausgeblendet.

Schicken Sie zu diesem Zeitpunkt aber bitte nicht Ihren fähigen Testautomatisierer nach Hause! Auch wenn die Implementierungsaufwände sinken, werden Änderungen an der Implementierung und neue Keywords diese Spezialisten immer benötigen. Zusätzlich werden aufgrund der gesteigerten Geschwindigkeit bei der Testfallerstellung auch entsprechende Zuarbeiten durch die Testautomatisierer notwendig.

Vor allem schafft ein Vorgehen nach Keyword-Driven Testing und die Entlastung der Automatisierer Freiraum, damit sich diese um die Bereitstellung und Betreuung der Testumgebungen und der Test-Pipelines kümmern können.

Angesichts einer klaren Rollentrennung zwischen »Keyword-Implementierenden« und »Test-Spezifizierenden« ist es ein konsequenter Schritt, wenn die Entwicklerinnen, die ohnehin für die Implementierung des Testobjektes zuständig sind, auch die Aufgabe der Implementierung für die Keywords auf technischer Ebene übernehmen.

1.6.7 Geschwindigkeit

Zugegeben, Keyword-Driven Testing erfordert in der Startphase einen Zusatzaufwand. Initial wird eine saubere Analyse benötigt. Darauf basierend muss ein Layer-Konzept (siehe Abschnitt 2.2.2) erarbeitet werden und es müssen Keywords definiert und beschrieben werden.

Diese initialen Aufwände werden aber auf Dauer amortisiert. Die Vorarbeit macht sich bezahlt: Sowohl das Spezifizieren geht schneller, wenn man auf fertige Bausteine zurückgreifen kann, als auch später die Ausführung der Tests.

Alle zuvor beschriebenen Vorteile erhöhen die Qualität unserer Tests und Testarchitektur und führen schlussendlich zu einer höheren Geschwindigkeit. Es sei jedoch gesagt, dass das Primärziel der höheren Geschwindigkeit unserer Erfahrung nach noch nie zu einer langfristigen Verbesserung geführt hat. Erhöhung der Qualität sowohl im Testobjekt als auch in der Testspezifikation und -architektur bringt andererseits aber langfristig anhaltend mehr Geschwindigkeit als Nebeneffekt.

1.7 Werkzeuge für Keyword-Driven Testing

Welche Tools verwenden wir nun, wenn wir Keyword-Driven Testing einsetzen wollen? Und können wir uns auf die Aussage »unterstützt Keyword-Driven Testing« verlassen?

Leider eher nein – die Werbeaussagen sind oft irreführend. Im besten Fall können diese Werkzeuge als ein Teil eines Frameworks genutzt werden, vollständige Unterstützung bietet keins. Das ist erst einmal auch völlig in Ordnung. Manche Werkzeuge halten aber – vielleicht aufgrund eines sehr stark vereinfachten Verständnisses von KDT – bei Weitem nicht, was sie versprechen. Machen Sie sich bitte Ihr eigenes Bild (vgl. Kapitel 6).

Wie zuvor in der Begriffserklärung beschrieben, wird ein Framework für Keyword-Driven Testing also aus unterschiedlichen Werkzeugen gebildet. Welche Werkzeugarten Ihnen in diesem Zusammenhang begegnen mögen und was Sie benötigen, möchten wir nachfolgend kurz erläutern.

1.7.1 Testmanagementsysteme

Testmanagementsysteme spielen häufig (leider) eine untergeordnete Rolle im Keyword-Driven Testing, da die meisten nicht darauf ausgerichtet sind, aktiv Keyword-Driven Testing zu unterstützen.

Solche Testmanagementsysteme fokussieren sich »nur« auf die Aufgabe, die manuellen Tests zu verwalten und deren Spezifikation und Ergebnisse zu beherbergen; einige werden darüber hinaus dazu verwendet, Ergebnisse externer automatisierter Tests zu archivieren. Die Testspezifikationen der automatisierten Tests sucht man in der Regel vergebens in diesen Werkzeugen.

Um das für Keyword-Driven Testing leisten zu können, müssten die Werkzeuge in der Lage sein, mit wiederverwendbaren Keywords zu arbeiten und die Testdesigner bei modularer und idealerweise datengetriebener Spezifikation der Testfälle zu unterstützen. Geht das nicht, dann können also weder manuelle noch automatisierte Testfälle aus Keywords aufgebaut werden.

Es gibt jedoch wenige Ausnahmen – Testmanagementsysteme, die entweder die Möglichkeit haben, fertig implementierte Keywords aus einem Testautomaten zu importieren, oder mit denen Testdesigner in der Lage sind, neue Keywords zu entwerfen und diese auch im Testmanagementsystem zu strukturieren.

Genau hinzusehen lohnt sich: Einige Produkte auf dem Markt unterstützen zwar die Wiederverwendung einzelner Testschritte, aber nicht Keywords, wie wir sie verstehen.

1.7.2 Full-Stack-Testautomaten

Als Full-Stack-Testautomaten bezeichnen wir eine spezifische Gruppe von Testautomaten. Der Begriff »Full-Stack« ist ein Kunstwort, mit dem wir ausdrücken wollen, dass die Werkzeuge dieser Kategorie alle Komponenten, die zu Automatisierung eines Testobjektes notwendig sind, selbst enthalten.

Dadurch grenzen sie sich von den Automatisierungstechnologien und Automatisierungsframeworks ab, die zusätzliche Komponenten zum Betrieb benötigen. Diese Komponenten sind ganz grob gesprochen der Testeditor, die Ausführungs-Engine und die Adaptierungs- oder Automatisierungstechnologie, die das Testobjekt stimuliert und dessen Reaktionen entgegennimmt. Mehr zu diesen Komponenten und den entsprechenden Aufgaben findet sich später in Kapitel 5 »Testautomatisierungsarchitektur«.

Klassische Beispiele für Full-Stack-Automaten sind UFT, Test Complete, SoapUI oder Tools wie QF-Test, Tricentis Tosca, Ranorex oder Eggplant.

All diese Werkzeuge haben eigene Editoren, die teilweise per Drag & Drop oder per Scripting Tests erstellen können. Jedes Testautomatisierungswerkzeug ist dabei auch in der Lage, wiederverwendbare Testschritte zu erstellen und in Tests zu verwenden.

Obwohl einige dieser Automaten für sich in Anspruch nehmen, Keyword-Driven Testing zu unterstützen, möchten wir bei den wenigsten Automaten von Keyword-Driven Testing sprechen. Gerade was die Lesbarkeit, Einfachheit und Strukturierung von Keywords und Tests angeht, setzen diese Tools die Konzepte von Keyword-Driven Testing unserer Auffassung nach nicht zufriedenstellend um.

1.7.3 Testautomatisierungsframeworks

In Abgrenzung zu einem Keyword-Driven Testing Framework, das die gesamte konkrete Werkzeugkette vom Editor über die Testausführungs-Engine bis zur eigentlichen Automatisierungstechnologie definiert, kümmern sich die hier genannten Werkzeuge hauptsächlich darum, Testen in einer spezifischen Programmiersprache umzusetzen.

Sie definieren dazu eine Spezifikationssyntax, ohne selbst einen Editor mitzuliefern, und geben an, wie man eine Technologie, wie beispielsweise Selenium, adaptiert, um daraus eine vollständige Automatisierungslösung zu bauen. Diese »unterste« Ebene des Automaten ist entsprechend noch zusätzlich zu implementieren oder zu adaptieren (siehe hierzu das Kapitel 5 »Testautomatisierungsarchitektur«).

Ein (Test-)Automatisierungsframework implementiert im Gegensatz zum Full-Stack-Automaten also nicht alle Komponenten eines fertigen Testautomaten, sondern konzentriert sich hauptsächlich auf die Spezifikationssprache, Ausführung von Tests und Dokumentation von Testergebnissen.

Die gängigsten Testautomatisierungsframeworks lassen sich in eine von zwei Kategorien packen:

Unit-Testing Frameworks: Frameworks dieser Kategorie, wie JUnit (Java), Pytest (Python), NUnit (C#), Google Test (C++) oder Mocha (JavaScript), verwenden alle genau die Programmiersprache zur Testspezifikation, in der sie selbst und das zu testende Testobjekt – der zu testende Code – implementiert sind.

Behaviour-Driven Development Frameworks: Diese Gruppe von Frameworks bieten dem Anwender die Möglichkeit, Tests als menschenlesbaren Text zu spezifizieren, obwohl der eigentliche Testcode in kompilierter Form vorliegt. In der Regel werden solche Tests in Gherkin-Syntax (Given/When/Then) geschrieben (siehe Abschnitt 8.3 »Behavior-Driven Testing«).

Wie steht es denn nun um Frameworks für Keyword-Driven Testing? Da Keyword-Driven Testing seine Stärken vor allem auf höheren Teststufen zeigt und Entwicklerinnen auf diesen Teststufen selten unterwegs sind, ist die Toolauswahl hier ziemlich begrenzt.

Es gbt aber ein Open Source Framework, das sowohl Behavior-Driven Testing als auch Keyword-Driven Testing hervorragend umsetzt und deswegen auch in diesem Buch besonders beleuchtet werden soll. Robot Framework ist explizit als Keyword-Driven-Automatisierungsframework entwickelt worden und kann somit viele Stärken von Keyword-Driven Testing nutzen. (Robot Framework wird in Kapitel 7 »Praxis mit Robot Framework« detailliert vorgestellt und besprochen.)

1.7.4 Testdesignwerkzeuge und Editoren

Ein Großteil von Keyword-Driven Testing spielt sich im Editor bzw. in der Benutzeroberfläche des Testautomaten ab. Leider finden wir auch gerade hier die meisten Unzulänglichkeiten.

Diese Werkzeugkategorie ist als eigenständiges Werkzeug eigentlich nur in Verbindung mit Automatisierungsframeworks relevant. Testmanagementsysteme steuern ja genau diesen Teil als eine Komponente zum Keyword-Driven Testing Framework bei. Full-Stack-Automaten haben ebenfalls einen eigenen Editor, auch wenn die Unterstützung von Keyword-Driven Testing zu wünschen übrig lässt.

Für die meisten Frameworks werden Entwicklungsumgebungen, wie Visual Studio Code, IntelliJ IDEA oder Eclipse, mit entsprechenden Erweiterungen verwendet. Ein Nachteil gegenüber dedizierten Keyword-Driven-Testing-Editoren sind die vielen für die Softwareentwicklung erstellten, jedoch für Keyword-Driven Testing unnötigen

GUI-Komponenten, die solche Tools oft überladen aussehen lassen und Nutzerinnen abschrecken.

Es ist nicht einfach, die richtigen Komponenten zu wählen, und eine »Silver Bullet«[6] gibt es nicht. Wir hoffen aber, in diesem Buch genügend handfeste Entscheidungshilfen zu liefern, damit Sie sich Ihren eigenen Werkzeugkoffer so zusammenstellen, dass es ein erfolgreiches Framework wird.

1.8 Beispiele in diesem Buch

Im Laufe des Buches werden wir zur Erläuterung auf Beispiele zurückgreifen. Manche sind sehr spezifisch; wo es aber möglich ist, werden wir ein einfaches, realistisches und für jeden nachvollziehbares Beispiel verwenden, das nicht von dem ablenkt, was erklärt werden soll. Wir haben uns gegen den ewigen Geldautomaten entschieden und nehmen statt dessen etwas anderes, von dem wir sicher sind, dass jede und jeder es kennt: einen Onlineshop.

Weil das Beispiel fiktiv ist, brauchen wir uns nicht zurückzuhalten, sondern können jederzeit Testfälle aus diesem Projekt zitieren. Es dient also als »fachliche« Referenz.

Mit echten Praxisbeispielen wäre das schwieriger, weil jeglicher Inhalt daraus natürlich vertraulich ist. In anonymisierter Form und ohne dass die betreffenden Organisationen erkennbar sind (außer vielleicht für Menschen, die damit ohnehin selbst arbeiten), können wir aber zwei Beispiele zu real in der Praxis eingesetzten Frameworks skizzieren. Das tun wir in Abschnitt 6.4.

Zurück zu unserem fachlichen Beispiel – geben wir ihm ein Gesicht:

In dem Projekt geht es also um einen Onlineshop. Stellen Sie sich vor, es werden Gegenstände verschiedener Künstler und Kunsthandwerker angeboten. Bei den Waren handelt es sich vielleicht um Drechsel- oder Töpferarbeiten, Aquarelle und Ölbilder, Mode eines kleinen Modelabels oder aber auch um handgestrickte Pullis aus Schafwolle.

Der Shop ähnelt vielen gängigen Shops. Es gibt ein Suchfeld, einen Warenkorb, verschiedene Kategorien auf der linken Seite, Bewertungsmöglichkeiten der User zu den einzelnen Produkten sowie einen persönlichen Login-Bereich.

Es gibt eine Desktop-Version für alle gängigen Browser sowie native Apps für iOS und Android. Aktuell plant das Management, für den Shop eine von den verschiedenen Plattformen unabhängige Web-App

[6] Eine »Silver Bullet« (Silberkugel) ist eine der wenigen Waffen die gegen Hexen und Werwölfe hilft und metaphorisch als eine einfache und fast magische Lösung für ein schwieriges Problem genutzt wird.

zu entwickeln. Diese Web-App soll die gleichen Funktionalitäten bieten wie die nativen Apps. Das Management verspricht sich davon eine Kosteneinsparung bei der Wartung und Pflege der einzelnen Apps.

Der Shop ist weltweit zu erreichen und die verkauften Waren werden in alle sechs Kontinente ausgeliefert.

Unser fiktiver Shop ist bereits längere Zeit auf dem Markt, sodass es viele User gibt, hoher Traffic vorhanden ist und falls etwas nicht funktioniert, werden wir schnell ein Problem haben.

Wir denken, ein sorgfältiger Test unseres Shops ist angemessen und die Herausforderungen passen zu Keyword-Driven Testing.

1.9 Ressourcen

Einige Beispiele, mit denen Sie selbst die im Buch, insbesondere in Kapitel 7 »Praxis mit Robot Framework«, vorgestellten Konzepte praktisch nachvollziehen können, haben wir für Sie zum Download bereitgestellt. Den Link hierzu haben wir im Literaturverzeichnis als [37] hinterlegt. Ganz einfach erreichen Sie die Seite aber mit diesem QR-Code:

Abb. 1-5 Link zu Ressourcen

2 Konzepte

In diesem Kapitel wollen wir die Grundkonzepte von Keyword-Driven Testing erklären. Einige dieser Konzepte (etwa zur Abstraktion) sind sehr spezifisch für Keyword-Driven Testing, andere Konzepte, wie Data-Driven Testing, werden Sie wiedererkennen.

Am Ende dieses Kapitels sollten wir gut darauf vorbereitet sein, uns mit der Umsetzung zu beschäftigen.

2.1 Verschlagwortung

Wie in Abschnitt 1.4 »Keywords unter der Lupe« bereits eingeführt, werden Keyword-Namen gebildet, indem auszuführende Testschritte verschlagwortet werden. Ein bis sechs Wörter sollten genügen, um einen eindeutigen, aussagekräftigen Namen zu bilden.

Oder anders gesagt, es sollten nicht mehr als sechs Wörter verwendet werden (oft reichen sogar nur zwei, ein Verb und ein Substantiv). Das ist natürlich kein Gesetz, aber es ist Best Practice. Lange Sätze sind unübersichtlich und erfordern mehr Konzentration, um verstanden zu werden. Sie haben zudem einen geringeren Wiedererkennungswert. Der ist aber bei Keyword-Driven Testing besonders wichtig, da es unser Ziel ist, dass möglichst viele Teammitglieder die Keywords kennen, deren Bedeutung verstehen und sie verwenden können. Die Wiederverwendbarkeit ist schließlich eine der wichtigsten Eigenschaften der Keywords.

Einfach wiederzuerkennen

Die Namen der Keywords unterscheiden sich bezüglich ihres Zwecks je nach Einsatzgebiet. So kann Keyword-Driven Testing für manuelles Testen oder für automatisiertes Testen konzipiert werden, oder für beides – und das mag uns beeinflussen.

Wenn wir nachfolgend Qualitätskriterien besprechen, die an die Benennung von Keywords angelegt werden, dann wird man auch diese je nach Einsatzzweck unterschiedlich bewerten.

2.1.1 Qualitätsanforderungen an Namen

Keyword-Namen sollten wohlüberlegt sein. Wir empfehlen, die folgenden Qualitätskriterien bei der Namenswahl zu berücksichtigen:

Verständlichkeit: Wenn ein Testdesigner einen Keyword-Namen liest, so muss er bereits anhand des Namens verstehen können, wofür dieses Keyword verwendet werden kann. Im besten Fall sollte es unnötig sein, die Beschreibung lesen zu müssen. Dieser »beste Fall« sollte bei geschulten Teammitgliedern die Regel sein!

Wenn eine Testerin bei der Ausführung eines Testfalls den Keyword-Namen liest, sollte sie bereits anhand des Namens verstehen, welche Tätigkeit sie auszuführen hat.

Auch andere Interessengruppen unserer Tests sollten die Keywords verstehen können, egal ob es sich hier um Product Owner, Kunden oder Entwicklerinnen handelt. Wer unsere Tests verstehen muss/möchte, kommt an den Keywords nicht vorbei!

Der Testdesigner hat in der Regel schon den Einsatzzweck im Kopf und muss nun das entsprechende Keyword in der Keyword-Bibliothek finden und auf einen Blick feststellen können, ob das Keyword passend ist oder weitergesucht oder gar ein neues Keyword erstellt werden muss. Dafür ist eine qualitativ hochwertige Wortwahl maßgeblich. Wir haben hier also zwei verschiedene Richtungen, aus denen das Keyword gelesen wird – beim Schreiben von Testfällen und beim Lesen von Testfällen. Die Verständlichkeit ist die höchste Anforderung an unsere Keyword-Namen, mit ihr steht und fällt alles.

Wortwahl/Konsistenz: Es ist wichtig, dass im gesamten Projekt abgestimmte Formulierungen und Wörter verwendet werden. Gleiches sollte gleich benannt sein.

Das gilt besonders für das Verwenden von Keywords in der Testspezifikation. Sucht ein Testdesigner nach einem Keyword, mit dem er prüfen kann, ob ein Kunde in der Datenbank vorhanden ist, so sucht er beispielsweise nach **`Kunde suchen und prüfen`**. Findet er dieses oder ein ähnliches Keyword nicht, so erstellt er ein neues. Vielleicht wurde von einem Kollegen genau solch ein Keyword bereits erstellt, er hatte es nur eben **`verifiziere Debitor`** genannt. Die Folge: Mehraufwand und Dubletten in der Keyword-Bibliothek.

Dubletten vermeiden!

Für die Objekte bzw. Substantive sollte man sich nach den Elementen im Produkt oder der Formulierung in den Anforderungen richten. Leider sind auch unsere Testobjekte und Anforderungen nicht immer konsistent, weshalb es eine gute Idee sein kann, ein

Glossar für Begriffe zu definieren. Hier sollten wichtige Namen erfasst werden und – im Fall von Synonymen – das zu verwendende Wort benannt werden.

Konsistenz und intuitives Design

Das Konsistenz-Prinzip findet man analog in der Softwareentwicklung und im GUI-Design wieder. Hier ist es besonders wichtig, Bedienkonzepte konsistent beizubehalten.

Wenn ein Anwender einmal durch einen einfachen Klick ein Element öffnet und ein anderes Mal einen Doppelklick benötigt, ist das inkonsistent und verwirrend, und ein Anwender kann nicht von einer Maske, die ihm bekannt ist, auf eine neue Maske schließen. Solche Inkonsistenzen sind nicht mit einem intuitiven Design vereinbar.

Zu intuitivem Design gehört, dass die Benutzung von etwas Unbekanntem durch etwas Bekanntes hergeleitet werden kann. Somit ist es möglich, ein Bedienkonzept zu erlernen und neue Funktionen »nur« noch aufgrund ihrer Fachlichkeit verstehen zu müssen, aber die Bedienung bereits als bekannt anzusehen. Das gilt auch im Keyword-Driven Testing.

Gleiches gilt für die Wahl der Verben. »Prüfen« oder »verifizieren« wir? Die Worte sind zwar synonym, können jedoch für gehöriges Durcheinander sorgen, wenn nicht einheitlich gearbeitet wird. Tests wirken inkonsistent und unsauber, und Leserinnen stellen sich die Frage, warum unterschiedliche Begriffe genutzt werden und ob dahinter eine andere Bedeutung steckt.

Manuelle Testerinnen sind hiervon in der Regel wenig beeinträchtigt, da beide Begriffe während der Testdurchführung korrekt verstanden werden würden. Dennoch hilft es auch hier, wenn gleiche Formulierungen für gleiche Tätigkeiten verwendet werden.

Findbarkeit/Selbstähnlichkeit: Haben wir die richtigen Worte verwendet, ist die Findbarkeit auch nicht mehr weit weg. Hier geht es vor allem darum, dass dieselben Formen und Reihenfolgen eingehalten werden.

Geht es bei der Wortwahl eher um die verwendeten Begriffe, wollen wir uns nun um den Satzbau kümmern. Auch hier könnte man von Konsistenz sprechen. Der Begriff der Selbstähnlichkeit trifft es auch ganz gut. Wenn unterschiedliche Keywords sich in Lesart und Form ähneln, ist es klarer, wie nach ihnen gesucht werden kann, und einfacher vorauszusagen, wie sie heißen würden.

Abgesehen davon, dass es angenehm ist, Keywords schnell und zuverlässig zu finden – sind wir auch nur dann in der Lage und haben ein echte Chance, Dubletten von Keywords zu vermeiden. Dubletten aber beeinträchtigen einen unserer Schlüsselvorteile, die Wartbarkeit, ganz beträchtlich.

Formulieren wir alle unsere Keywords im Imperativ, so stehen beispielsweise die Verben unserer Keywords meist zu Beginn. Alle `prüfe ...`- oder `setze ...`-Keywords stehen in der Bibliothek nahe beieinander, wenn wir davon ausgehen, dass sie alphabetisch sortiert sind. Zumindest wenn wir danach suchen würden, würden wir sie aufgelistet untereinander sehen und beim Lesen der Ergebnisse wäre es viel einfacher, das richtige Keyword zu finden, als wenn sie unterschiedliche Formen hätten.

Auch im Infinitiv formulierte Keywords, die das Objekt voranstellen, können ein möglicher Weg sein. Das Gute hieran ist, dass wir die Keywords anhand der Objekte sortieren können. Somit wären alle fensterbezogenen Keywords wie **`Fenster öffnen`**, **`Fenster schließen`** oder **`Fenstertitel prüfen`** im selben Bereich zu finden und einfach zu überblicken.

Detailliertere Informationen zu möglichen Formulierungsschemata gibt es in Abschnitt 3.3 »Auswahl der Sprache«.

2.1.2 Keyword-Umfang/-Abstraktion

Bei der Verschlagwortung und der Formulierung einzelner Testschritte müssen wir darauf achten, dass die Größe/Abstraktion der einzelnen Keywords passend für die Zielgruppe gewählt ist. Dies kann je nach Projekt maximal unterschiedlich sein.

Ein Projekt, das fast ausschließlich mit unerfahrenen Testerinnen für die manuelle Testdurchführung arbeitet, muss in der Testspezifikation sehr konkret und detailreich vorgehen. Ein Keyword **`Kunde anlegen`** müsste eine relativ lange und vielschrittige Beschreibung haben, damit eine unerfahrene Testerin diese Tätigkeit ausführen kann. Nehmen wir an, dass zur Ausführung dieses Schrittes 30 unterschiedliche Tätigkeiten notwendig wären. Diese Tätigkeiten, wie das Öffnen der Kundenverwaltung, das Erstellen eines neuen Kundenformulars oder das Eintragen der Kundendaten, müssten alle in einem Keyword beschrieben werden. Das Problem ist, dass wir dann kaum Vorteile gegenüber der Prosa hätten. Eine Testerin müsste schon wieder die gesamte Beschreibung lesen, bei jedem Absatz anhalten, eine Tätigkeit ausführen, die Stelle wiederfinden und den nächsten Absatz lesen.

Viel besser wäre es hier, wenn die Keywords genau so groß sind, dass eine Testerin exakt ein Keyword lesen, die Beschreibung verstehen und ausführen kann. Also quasi genau eine mundgerechte Größe haben.

Perfekter Umfang ist relativ.

Im Gegensatz hierzu würden wir erfahrene Testerinnen, die genau wissen, wie ein Kunde anzulegen ist, und keinerlei Hilfestellung benötigen, mit diesen Details ermüden. Hier wären also größere bzw. abstraktere Keywords wesentlich nützlicher. Zudem sind größere und ggf. fachlichere Keywords besser geeignet, den Gesamtkontext des Tests zu verstehen. Ein Test, der aus 15 rein fachlich abstrakten Schritten besteht, ist einfacher zu überblicken und zu verstehen, als ein Test, der aus 60 Einzelanweisungen, wie **`'Kunde erstellen'-Knopf klicken`**, **`Nachname setzen`** und **`Vorname setzen`** besteht.

Dies führt uns im Umkehrschluss zu der Erkenntnis, dass wir eigentlich beides gleichzeitig haben möchten. Sowohl die fachlichen, abstrakten Keywords, aus denen wir Tests zusammenbauen, als auch die technischen, konkreten Keywords, die ausgeführt bzw. von einem Testautomatisierer implementiert werden. Glücklicherweise haben wir in Abschnitt 1.4 unter »Keyword-Struktur« bereits gefordert, dass Keywords aus Keywords zusammengesetzt werden können.

Keywords können also zu »mächtigeren« Keywords abstrahiert werden. Mit Mächtigkeit oder auch Kardinalität ist die Anzahl der enthaltenen Keywords gemeint. Ein Keyword kann als Begriff also für eine Menge weiterer Keywords stehen.

Das folgende Beispiel zeigt ein abstraktes, zusammengesetztes Keyword:

```
Benutzer anmelden            Benutzer     Passwort
  Benutzername eingeben      Benutzer
  Passwort eingeben          Passwort
  Anmelden klicken
```

Das Keyword **`Benutzer anmelden`** steht stellvertretend für einen Satz von drei verwendeten Keywords. Das technische Keyword **`Passwort eingeben`** hat hier entsprechend eine geringere Mächtigkeit als das fachliche Keyword **`Benutzer anmelden`**, denn selbst wenn **`Passwort eingeben`** noch aus fünf weiteren Keywords bestünde, wären diese ja indirekt in **`Benutzer anmelden`** enthalten.

2.2 Abstraktionskonzepte

Um sowohl technische als auch fachliche Keywords sinnvoll verwalten zu können, werden Keywords in hierarchischen Schichten und Ebenen (engl. Layer und Level) organisiert.

Architektur von Keywords

Betrachten wir erneut das zuvor beschriebene Beispiel aus Abschnitt 2.1.2. Hier wird ein Keyword strukturiert, also aus anderen Keywords zusammengesetzt. Die aufgerufenen Keywords, also die Bestandteile, gehören zu einem anderen Abstraktionsgrad als das Keyword **`Benutzer anmelden`**, das sie beinhaltet. In unserem Beispiel könnten wir von Keywords einer technischen Schicht sprechen, die zu einem Keyword der fachlichen Schicht zusammengesetzt werden.

Fachlich: Das Keyword **`Benutzer anmelden`** beschreibt nur, was fachlich zu tun ist, nicht, wie es tatsächlich (technisch) auszuführen ist. Es könnte auch durch einen Fingerabdruck oder einen Gesichts-Scan geschehen.

Technisch: Das Keyword **`Passwort eingeben`** sagt nichts darüber aus, ob wir uns gerade anmelden oder einen abgewiesenen Login testen. Es beschreibt eine technische Tätigkeit, die einen direkten Bezug zur GUI hat.

Mindestens eine Schicht gibt es immer.

Aber auch wenn wir nur mit atomaren Keywords arbeiten, die also nicht zusammengesetzt sind, sollten wir uns auf eine bestimmte Schicht festlegen. Das gilt für den manuellen Test genauso wie für den automatisierten Test. Gemeint ist, dass ein Wechsel beim Abstraktionsgrad der Keywords vermieden werden sollte – also besser nicht nebeneinander Keywords wie **`Benutzer anmelden`** und **`Button klicken`** verwenden!

Es kann durchaus angemessen sein, ausschließlich sehr fachlich abstrakte Keywords zu verwenden, wenn alle Leser sie verstehen. Ebenso könnte ein Test ausschließlich sehr technische Keywords nutzen, wenn beispielsweise das technische Verhalten einer Schnittstelle getestet werden soll. Innerhalb eines Tests sollte die Abstraktion möglichst gleich sein.

Hier liegt eine Parallele zur klassischen Softwareentwicklung vor, in der Funktionen und Methoden ebenfalls in Schichten strukturiert werden. Oft sind die eigentlichen Funktionen, die Entwicklerinnen nutzen, nur Abstraktionen kleinerer, technischer Funktionen einer tieferen Ebene. Diese wiederum setzen sich aus noch kleinerer Funktionen zusammen.

Level und Layer

Zwei Begriffe, die oft synonym verwendet werden, sind *Level* (Ebene) und *Layer* (Schicht). Wir unterscheiden die beiden Begriffe in diesem Buch und in Bezug auf Keywords jedoch und verbinden mit beiden unterschiedliche Bedeutungen. Das mag spitzfindig[1] erscheinen, hilft aber beim Verständnis:

Level: Hier liegt der Fokus auf der Position in der Hierarchie der Keywords.

Layer: Der Fokus liegt auf der Semantik/Bedeutung. Ein Layer ist ein Level, dem ein bestimmter Zweck oder eine bestimmte Bedeutung zugeordnet ist.

2.2.1 Keyword Level

Die Ebenen (engl. Level), in die Keywords eingeordnet werden, werden nach ihrem Abstraktionsgrad mit »High«, »Low« und »Intermediate« bezeichnet. High-Level Keywords sind die Keywords, die im Test verwendet werden. Low-Level Keywords sind die Keywords, die durch Code implementiert oder manuell ausgeführt werden.

Low-Level: Keywords dieser Ebene sind der Technik am nächsten angesiedelt und spiegeln oft die Elemente der Testschnittstelle wider, an der das Testobjekt bedient wird. Falls Keywords aus anderen Keywords aufgebaut werden, so sind Low-Level Keywords Bausteine für andere Keywords. Sie setzen sich selbst aber nicht aus anderen Keywords zusammen.

Atomare Keywords

Man kann sie als *atomar* im Sinne des Keyword-Driven Testing betrachten.

Natürlich bilden Low-Level Keywords weitere kleinteiligere Funktionen ab. Diese sind jedoch nicht im KDT zu finden. Damit ein Keyword eine tatsächliche Funktion ausüben kann, muss es entweder durch einen Menschen ausgeführt werden oder durch ausführbaren Programmcode implementiert werden.

Auch in der Automatisierung bedeutet die Zuordnung eines Keywords zum Low-Level nicht automatisch, dass es technisch sein muss. Es kann durchaus realistisch sinnvoll sein, dass es sich um fachliche Keywords handelt, die von einem Automatisierer implementiert wurden. Gerade wenn wir unser Augenmerk auf die manuellen Testerinnen richten, wird offensichtlich, dass wir hier häufiger fachliche Testanweisungen geben werden, als explizit zu beschreiben, welcher Knopf zu klicken sei.

High-Level: Keywords dieser Ebene werden in Tests als Testschritte verwendet. Die Aussage, dass ein Keyword zur Ebene der High-Level

[1] Die Eigenschaft »spitzfindig« kommt bei Testerinnen häufig vor, zum Glück.

Keywords gehört, sagt nichts darüber aus, auf welcher Abstraktionsschicht sie sich befinden – also, ob es ein fachliches oder ein technisches Keyword ist. Natürlich ist es in der Regel ratsamer, in fachlichen Tests fachliche High-Level Keywords zu nutzen und nur in Tests, die die Technik testen, auf technische Keywords als High-Level zurückzugreifen.

High-Level Keywords können, müssen aber nicht, aus Low-Level oder Intermediate-Level Keywords zusammengesetzt sein. Ist dies der Fall, sprechen wir von einer mehrschichtigen Keyword-Struktur.

Mehrschichtig

Der Vorteil einer solchen mehrschichtigen Struktur besteht vor allem darin, dass Wartungsschichten zur Verfügung stehen. Ändert sich z.B. der technische Ablauf einer Tätigkeit, so kann der Inhalt des fachlichen High-Level Keywords durch eine Restrukturierung aus technischen Low-Level Keywords angepasst werden, ohne die Tests selbst anpassen zu müssen. Da ein solches fachliches Keyword in vielen Tests genutzt sein kann, können wir mit der Korrektur eines einzelnen Keywords mehrere Tests reparieren, und Wartung wird deutlich wirtschaftlicher.

Nur eine Ebene: Ist ein Framework einschichtig aufgebaut, so sind High-Level und Low-Level Keywords dasselbe. Keywords, die im Test verwendet werden, werden also unmittelbar entweder durch Code implementiert oder direkt manuell ausgeführt. Dieses Vorgehen würden wir, da Wartungsschichten fehlen, in der Regel nur für manuelles Testdesign auf fachlichen Schichten empfehlen.

Wenn sich bei einer solchen einschichtigen Architektur etwas am technischen Ablauf ändert, muss bei einer Automatisierung unmittelbar der implementierte Code geändert werden. Das kann ein Problem werden, da häufig andere Personen diese Änderungen machen müssten und der Automatisierungscode ggf. außerhalb des eigentlichen Keyword-Driven-Testing-Werkzeugs versioniert wird. Implementierungscode ist aus Sicht der Keyword-Spezifikation relativ intransparent. Daher sollte geänderter Code einerseits getestet und andererseits auch fachlich einem Review unterzogen werden. Zudem ist es bei den uns bekannten Frameworks so, dass die Testprotokolle alle einzelnen Keyword-Aufrufe bis zum Low-Level protokollieren. Es kann also immer nachvollzogen werden, welche Keywords mit welchen Daten andere Keywords aufgerufen haben. Welche Anweisungen in der Implementierung eines Low-Level Keywords ausgeführt wurden, ist nicht ersichtlich. Daher ist die Frage nach der gewünschten Detailtreue der Testberichte ein weiterer zu berücksichtigender Faktor bei der Entscheidung, auf welcher Ebene der Wechsel von Keyword-Driven Testing zur Implementierung definiert wird.

Intermediate-Level: Die Existenz dieser Ebene setzt eine Keyword-Struktur voraus, in der sowohl Low-Level Keywords als auch High-Level Keywords als eigenständige Ebenen zum Einsatz kommen.

Intermediate-Level Keywords sind der »Kleber«, der Low-Level Keywords und High-Level Keywords verbinden kann. Sie kommen immer dann zum Einsatz, wenn der Sprung von einem sehr fachlichen High-Level Keyword zu einem sehr technologienahen Low-Level Keyword zu groß oder zu wartungsunfreundlich ist.

Nehmen wir an, dass ein High-Level Keyword **`Rechnung bezahlen`** wäre, und unsere Low-Level Keywords aus einer fertigen Automatisierungsbibliothek stammen. Diese könnten beispielsweise **`Type Text`** oder **`Click`** sein. Dann wäre es durchaus ratsam, einen weiteren technischen, jedoch auf das Testobjekt bezogenen Keyword Layer einzubauen, der Keywords wie **`Kontonummer eingeben`** oder **`Überweisen klicken`** beinhaltet.

Es kann mehrere Intermediate-Level geben, jedoch sind in der Praxis mehr als insgesamt drei Ebenen eher selten.

Folgende Möglichkeiten gibt es also:

- Eine Ebene:

Low-/High-Level Keywords

- Zwei Ebenen:
  Low-Level und High-Level

High-Level Keywords
Low-Level Keywords

- Drei Ebenen:
  Low-Level, Intermediate-Level und High-Level

High-Level Keywords
Intermediate-Level Keywords
Low-Level Keywords

- Mehr als drei Ebenen:

High-Level Keywords
Intermediate-Level Keywords
⋮
Intermediate-Level Keywords
Low-Level Keywords

Die Vermutung liegt nahe, mehr Ebenen könnten besser sein. Mehr ist jedoch nicht unbedingt besser. In der Praxis findet man aus gutem Grund all diese Möglichkeiten.

Auch wenn es also nicht in jeder Situation der richtige Weg sein muss – mehrere Ebenen zu verwenden ist ein mächtiger Hebel, gerade in etwas komplexeren Szenarien. Auf diesen Hebel würden wir ungern verzichten müssen.

Erkauft werden die Möglichkeiten, die sich aus der Verwendung mehrerer Ebenen ergeben, mit einer höheren Komplexität. Diese höhere Komplexität betrifft:

Die Nutzer: Sie müssen das komplexere Modell verstehen und sich in dem Modell der Ebenen zurechtfinden, insbesondere bei der Gestaltung der Keywords. Für die Verwendung bestehender Keywords ist dies aber kaum ein Problem, da in der Regel nur eine spezifische Schicht in Tests zum Einsatz kommt.

Organisation: Es gibt mehr Dinge zu regeln – wie werden Keywords auf welchem Level abgelegt, wie abgestimmt, wer darf auf welchem Level arbeiten, ...? Diese Fragen sollten beantwortet und dokumentiert sein. Wird hier an der falschen Stelle gespart, mündet auch Keyword-Driven Testing wie alle anderen Techniken im Chaos.

Framework: Das dürfte der Hauptpunkt in dieser Liste sein. Das Framework muss erst einmal in der Lage sein, mit hierarchischen Keywords umzugehen. Das hat massive Auswirkungen auf alle Teile des Frameworks, angefangen beim Anlegen von Keywords und der Gestaltung von Testfällen bis hin zur Durchführung der Testfälle, egal ob manuell oder automatisiert.

Wenn mehrere Ebenen verwendet werden, ist es sinnvoll, sich des Kontexts der Keywords bzw. deren Zuordnung zu einer semantischen Schicht bewusst zu werden. Ist ein Keyword fachlich, technisch oder etwas ganz anderes? Damit kommen wir von den Ebenen (Level) zu den Schichten (Layer).

2.2.2 Keyword Layer

Keyword Layer oder Schichten werden, im Gegensatz zu den Leveln oder Ebenen, nach ihrer Semantik kategorisiert. Hier ist es nun irrelevant, ob ein Keyword einer spezifischen Schicht atomar ist, und somit zum Low-Level zählt, oder ob es in Tests verwendet wird.

Bei den Layern geht es eben genau um die Frage, ob wir gerade von einem fachlichen oder einem technischen Keyword sprechen: Bildet ein Keyword einen Geschäftsprozess ab oder führt es einen einzelnen Klick auf ein selektierbares Element aus?

Gemeinsame Verwaltung

Keywords sollten klar einem Layer zugeordnet und auch gemeinsam verwaltet werden. Für die Anwendung der Keywords hilft es zudem zu definieren, welche Layer als High-Level Keywords in Tests verwendet werden dürfen.

Beispielsweise könnte definiert werden, dass im Low-Level nur technische Keywords automatisiert werden dürfen. Für das High-Level sollten mindestens Rahmenbedingungen definiert werden, unter welchen Voraussetzungen welche Arten von Keywords in Tests verwendet werden dürfen. Layer haben keine feststehenden Bezeichnungen und können nutzungsspezifisch benannt werden. Kommen wir nun zu ein paar Beispielen, wie Layer definiert und benannt sein könnten.

Domain Layer: Der »Domain Layer«, »Business Layer« oder auch »Fach-Layer« ist oft die oberste Schicht von Keywords und wird entsprechend typisch als High-Level verwendet.

Keywords auf dieser Ebene orientieren sich inhaltlich und sprachlich an der Fachlichkeit des Testobjektes.

Das bedeutet: Wenn die Keywords aus dem Sprachraum der Fachanwender oder Domain-Experten entnommen sind, dann können diese Personen auch sehr leicht aus diesen Keywords Testfälle zusammenstellen. Auch Anforderungen werden häufig »nur« fachlich formuliert und es bietet sich an, die zugehörigen Tests auf demselben Abstraktionslevel und mit ähnlicher Wortwahl zu spezifizieren.

Beispiele für Domain Layer Keywords

Für die folgenden Beispiele betrachten wir die Domäne unseres Onlineshops an dieser Stelle aus Kundensicht. Wir nutzen also auf dieser Ebene Begriffe, die aus der Welt eines Käufers stammen. Keywords können hier beispielsweise sein:

```
Anmelden
Logout Account
suche Produkt
Produkt in Warenkorb legen
Bestätige_Kauf
Bezahle Ware
Bestellung Abschließen
Retoure beantragen
```

Die Formulierung der Keywords ist bei diesen Beispielen bewusst variantenreich gewählt, um die mögliche Vielfalt zu skizzieren – aber natürlich sollten wir uns im realen Projekt auf eine konsistente Formulierungsart einigen!

Die so entstandenen Testsequenzen sind für alle Personen, die in der Fachlichkeit zu Hause sind, gut lesbar und unmittelbar verständlich. Damit wäre auch eine manuelle Testdurchführung solcher Testfälle durch erfahrene Testerinnen leicht möglich.

Anders sieht es mit der automatisierten Durchführung der Testfälle aus. Ein Testautomat kann von Haus aus mit den Begriffen aus der fachlichen Ebene wenig anfangen. Domain Layer Keywords sind, da sie an der Domäne (Fachlichkeit) orientiert sind, meistens sehr spezifisch. Abhängig von der jeweiligen Domäne und den Testzielen kann ein sehr umfangreiches Vokabular an Keywords notwendig sein.

Falls der Domain Layer der einzige Layer ist, dann müssen zum Zweck der Automatisierung Skripte erstellt werden, die den möglicherweise großen funktionalen Umfang der einzelnen Keywords auf die elementaren Aktionen, die der Testautomat durchführen kann, umsetzen.

Aus diesem Grund sind typischerweise Skripte oder Funktionen, die Domain Layer Keywords (direkt) implementieren, umfangreicher als Funktionen, die auf einem niedrigeren Layer aufsetzen.

Zusammenfassend kann man sagen, wenn mit Keywords auf Domain Layer gearbeitet wird, kommt das den Fachexperten für Definition und Ausführung der Testfälle stark entgegen. Soll aber auf diesem Layer automatisiert werden, dann ist mit einem hohen Aufwand für Erstellung und Pflege der Testautomatisierung zu rechnen.

Daraus resultiert in der Praxis, dass Domain Layer alleine meist nur im manuellen Test genutzt werden und in der Automatisierung mindestens noch ein technischer Layer eingezogen wird.

Test Interface Layer: Der »Test Interface Layer« oder auch »Technologie-Layer« kann als Gegenpol zum Domain Layer verstanden werden. Er bildet meist die niedrigste Schicht in einer Keyword-Driven-Testing-Architektur, muss aber nicht zwangsläufig aus Keywords bestehen.

Test Interface

Zum besseren Verständnis müssen wir den Begriff »Test Interface« erläutern: Das »Test Interface« ist die Schnittstelle, über die das Testobjekt (Test Item) einerseits bedient wird (PoC, Point of Control) und andererseits Ergebnisse abgelesen werden (PoO, Point of Observation), sodass an anderer Stelle über PASS und FAIL des Testfalls entschieden werden kann.

Typische Vertreter des Test Interface sind die GUI (Graphical User Interface, bspw. bei Desktop-Anwendung oder Webbrowser), ein API (z.B. XML-RPC oder REST/HTTP) oder, wenn wir den Bereich reiner Software verlassen, Bussysteme und Signale (z.B. CAN oder USB) oder Hardwaretasten an einem Gerät.

Ein Test Interface Layer beinhaltet nun Funktionen, die sich in Bedeutung und Schnitt an den Elementen eines Test Interface orientieren. Ein typisches Beispiel für ein GUI als Test Interface wäre ein Keyword `Click Button`. Keywords auf diesem Layer sind atomar und sollten auch, aus Sicht von Bedienung oder Beobachtung, atomare Operationen widerspiegeln.

Je nach Teamzusammensetzung kann es aber auch eine gute Idee sein, das Test Interface Layer nicht als Low-Level zu definieren, sondern bereits im Automatisierungscode diese Schicht auf eine höhere Ebene zu abstrahieren bzw. zu konkretisieren. Auch in diesem Fall ist ein Test Interface Layer vorhanden, es gibt ihn nur nicht als Keywords. Die Low-Level Keywords würden dann beispielsweise zum Technical Layer gehören. Später dazu mehr.

Fertige Keywords aus Bibliotheken

Da Test Interfaces, technologisch gesehen, häufig nicht anwendungsspezifisch, sondern meist eher standardisiert sind, können Keywords auf dieser Ebene generisch implementiert und wiederverwendet werden. Es gibt beispielsweise für die Browserautomatisierung mehrere fertige Lösungen, wie beispielsweise Selenium/WebDriver oder Playwright.

Beinhaltet nun eine Keyword-Bibliothek alle verfügbaren Befehle, die etwa für Selenium zur Verfügung stehen, könnten wir von einer generischen technologischen Bibliothek sprechen. Es ist dabei egal, ob das Keyword `Click Button` auf unserem Testobjekt oder auf einer völlig anderen Homepage zum Einsatz kommt. Es ist eben nicht domänenspezifisch (Domain Specific).

Es kann sinnvoll sein, mehrere separate technologische Keyword-Bibliotheken zu definieren, wenn mehrere Test Interfaces bedient werden sollen. Je Bibliothek würden dann technologisch sauber gearbeitet und sich auf genau eine Schnittstelle des Testobjekts konzentriert.

Für den Einsatz mehrerer Keyword-Bibliotheken im Test Interface Layer können die folgenden Gründe sprechen:

1. Parallele Nutzung: Die Layer sind dafür gedacht, parallel eingesetzt zu werden. Das kann dann eine gute Idee sein, wenn auf zwei unterschiedlichen Schnittstellen mit unterschiedlichen Test Interface-Technologien getestet wird.

   Die Eingaben in eine App auf dem Smartphone sollen beispielsweise im Web-Interface der Sachbearbeiter erscheinen und dort validiert und in der Datenbank abgelegt werden.

   Auch hier können ggf. unterschiedliche Automatisierungswerkzeuge zum Einsatz kommen, für Mobile Devices, Webapplikationen und Backend-Schnittstellen.

2. Alternative Nutzung: Die Layer sind dafür gedacht, alternativ eingesetzt zu werden. Das ist dann nützlich, wenn dieselben Tests in verschiedenen Umgebungen durchgeführt werden sollen und dies mit einer einzigen Technologie nicht möglich ist. Ein Beispiel könnte eine Testdurchführung auf einem Desktop-Browser unter

Verwendung von Selenium und auf einem Smartphone-Browser unter Verwendung von Appium sein.

Ein weiteres Beispiel eines solchen Falls hatten wir jüngst in einem Projekt, in dem das bestehende, recht heterogene API auf Basis von C, Perl und anderen Sprachen gegen ein neues generalisiertes API ausgetauscht wurde. Alle alten Tests mussten funktional absolut identisch – nur mit einer anderen Schnittstellenimplementierung – gleich funktionieren. Der Umstieg wurde iterativ durchgeführt, und die neuen APIs wanderten Stück für Stück in die neue Schnittstelle. Eine Zeitlang gab es also beide Schnittstellen.

Damit ist nicht gemeint, dass diese unterschiedlichen Keyword-Bibliotheken gleiche Keywords beinhalten. Es ist gerade im Fall der alternativen Nutzung eher so, dass es zwei technische Keyword-Sätze gibt, die gleich aufgebaut und austauschbar gestaltet sind. Sie werden mit zwei unterschiedlichen Test Interface-Bibliotheken implementiert, die in einem Fall das »alte« API und im anderen Fall das »neue« API verwenden.

Alternativ ist auch möglich, technische Keywords zu erstellen, die in Abhängigkeit von einer Einstellung automatisch zwischen den beiden verfügbaren Interfaces wählen. Dadurch steigt aber die Komplexität jedes einzelnen Keywords (in der technischen Implementierung).

Technical Layer: Der »Technical Layer« oder auch »Navigation Layer« konzentriert sich auf die domänenbezogene technische Umsetzung. Keywords wie `Setze Benutzername` sind zwar recht kleinteilig und technisch, funktionieren aber nur in einer bestimmten Maske des spezifischen Produktes. Im Gegensatz zu `Type Text` sind sie also auf die Domäne unseres spezifischen Testobjektes bezogen. Keywords in diesem Layer werden üblicherweise im Domain Layer oder in rein technischen Tests verwendet. Umgekehrt greifen die Keywords im Technical Layer auf Keywords oder Funktionen eines Test Interface Layer zurück.

Je nach verfügbaren Mitarbeiterressourcen und deren Fähigkeiten kann es auch für eine Automatisierung sehr lohnenswert sein, den Test Interface Layer in den Implementierungscode zu verlagern und den Technical Layer als Low-Level zu nutzen.

Die Idee ist, Keywords bereitzustellen, dank derer man sich keine Gedanken mehr über die technologische Umsetzung im Testobjekt machen muss, sondern sich auf die Navigation konzentrieren kann. Es findet eine Abstraktion statt. Wollen wir also in einer GUI von einer Maske in eine andere gelangen, brauchen wir uns keine Gedanken mehr darüber zu machen, wie das im Detail geht. Diese Details sind durch die Keywords bereits implementiert.

Ändert sich später etwas in der Navigation, beispielsweise erscheint in einer Sequenz ein zusätzliches Fenster, dann reicht es, die betreffenden Keywords anzupassen, und die Navigation funktioniert in den Keywords der höheren Ebene und den Testfällen wieder.

Für Keywords des Navigation Layer ist es möglich, mehr oder weniger viel Intelligenz vorzusehen. Man kann sich dabei in einem einfachen Fall auf eine Navigation von Maske zu Maske beschränken oder es dem jeweiligen Keyword überlassen, herauszufinden, in welchem Zustand das Testobjekt gerade ist und was zu tun ist, um in den benötigten Zustand zu wechseln.

Solche Heuristik kann problematisch werden und hier ist Vorsicht geboten: Viel Intelligenz in solchen Keywords kann zu hohen Aufwänden in Implementierung und Wartung führen. Auch sollten wir nicht außer Acht lassen, dass komplexe Software auch getestet werden muss – um die korrekte Funktion sicherzustellen oder um wenigstens das Risiko einer Fehlfunktion zu minimieren. Das bezieht sich natürlich auch auf unsere Automatisierung. Ist ein Keyword simpel, kann ein Review als Test ausreichen. Implementiert es mehrere Pfade, können Komponententests angebracht sein.

Der Nutzen muss einen solchen Aufwand rechtfertigen. Häufig ist eine rein lineare Testsequenz die günstigere und robustere Variante.

Mit der Verwaltung und Strukturierung der Keyword Layer werden wir uns in Kapitel 3 noch genauer beschäftigen.

2.3 Data-Driven Testing

Unter datengetriebenem Test (DDT) versteht man die Trennung des Ablaufs eines Testfalls (Testlogik) von den Daten, die während der Testdurchführung dieses Testfalls verwendet werden (Testdaten).

Wir sprechen hier salopp über »Testdaten«. Das müssen wir uns noch etwas genauer ansehen, denn es gibt unterschiedliche Arten. Welche, auch dazu gibt es noch unterschiedliche Meinungen – Albrecht-Zölch [1] beispielsweise zeigt in ihrem sehr umfassenden Buch zu Testdatenmanagement mehrere verschiedene Klassifizierungen. Für uns stellt sich das im Hinblick auf Testautomatisierung und DDT folgendermaßen dar:

1. Primäre Testdaten oder Eingabedaten: Die Daten, die während der Testdurchführung im Rahmen der Testschritte eingegeben werden.

Mit »eingeben« meinen wir hier Stimulation im Allgemeinen. Es muss sich dabei nicht um textuelle Eingaben handeln. Eine anzulegende elektrische Spannung, das einzugebende Passwort auf der Webseite oder ein JSON-String, der über einen HTTP-Request an das Testobjekt gesendet wird, zählen zu dieser Kategorie.

2. Erwartetes Ergebnis: Daten, die das korrekte Verhalten der Software im Testfall beschreiben. Beispiele wären die erwartete Gesamtsumme für den Warenkorb unseres Onlineshops, die definierte Stromaufnahme eines Steuergerätes während des Tests oder der HTTP-Result-Code »200«, der als Antwort auf unseren HTTP-Request zurückgesendet wird.
3. Steuerdaten: Daten, die zur Steuerung des Testablaufs verwendet werden und diesen beeinflussen. Dazu gehören beispielsweise Zeiten, wie Wartezeiten, die konfigurierbar sein könnten, oder vorgegebene Anzahlen von Wiederholungen – für die mehrfache Eingabe von Daten beispielsweise – oder die Anzahl erneuter Anläufe nach Fehlschlägen.
4. Sekundäre Testdaten oder Testumgebungsdaten: Daten, die als Voraussetzung des Tests benötigt werden, jedoch nicht als »Eingabe« während des Tests verstanden werden. Beispiele wären vorkonfigurierte Datenbanken oder angelegte User. Diese Daten sind oft übergreifend und nicht spezifisch für einen einzelnen Testfall. Sie können sehr umfangreich sein.
5. Tatsächliches Ergebnis: Die Daten, die als Ergebnis der Testdurchführung entstehen und beispielsweise mit den Sollergebnissen abgeglichen werden.
6. Sonstige Testergebnisse: Informationen, die während der Testdurchführung ermittelt wurden und für eine Analyse oder einfach zur Dokumentation ermittelt und abgelegt werden. Beispiele hierfür sind Antworten des Testobjektes auf unsere Trigger, ähnlich wie das erwartete oder tatsächliche Ergebnis, aber ohne dass wir das Testergebnis im Sinne »Pass«/»Fail« davon abhängig machen.

Bezogen auf datengetriebenen Test verstehen wir unter dem Begriff »Testdaten« die ersten drei Punkte in der Aufzählung.

Was Keyword-Driven Testing im Allgemeinen angeht, sind alle Arten interessant: Wir können Keywords haben, die die Testumgebung vorbereiten, wir lesen das tatsächliche Ergebnis aus und vergleichen es mit den Erwartungen, und wir lesen auch sonstige Testergebnisse und dokumentieren sie.

Warum trennt man nun Testlogik und Daten? Es kommt häufig vor, dass sich eine Gruppe von Testfällen nicht – oder fast nicht – in der Testlogik unterscheiden, sondern nur in den Testdaten. In solchen

Fällen bietet es sich an, beides zu trennen. Die Testlogik wird auch als »abstrakter Testfall« bezeichnet, zusammen mit den Testdaten spricht man von einem »konkreten Testfall«.

Abstrakter und konkreter Testfall

Bedeutet KDT automatisch DDT?

Streng genommen sind datengetriebener Test und Keyword-Driven Testing zwei unabhängige Konzepte.
Man kann eines davon tun und das andere lassen.

Viele Testerinnen sind aber der Auffassung, dass Keyword-Driven Testing ohne datengetriebenen Test nicht so richtig Spaß macht. Dieser Auffassung schließen wir uns in diesem Buch an – und unterstellen forthin, dass die Option »datengetriebener Test« in Verbindung mit Keyword-Driven Testing stets zur Verfügung steht.

Ein abstrakter Testfall hat gewissermaßen »Lücken« in seiner Definition, die gefüllt werden müssen, damit er durchführbar ist. Sobald diese Lücken geschlossen sind – mit einem passenden Testdatensatz –, ist aus dem abstrakten Testfall ein konkreter Testfall geworden.

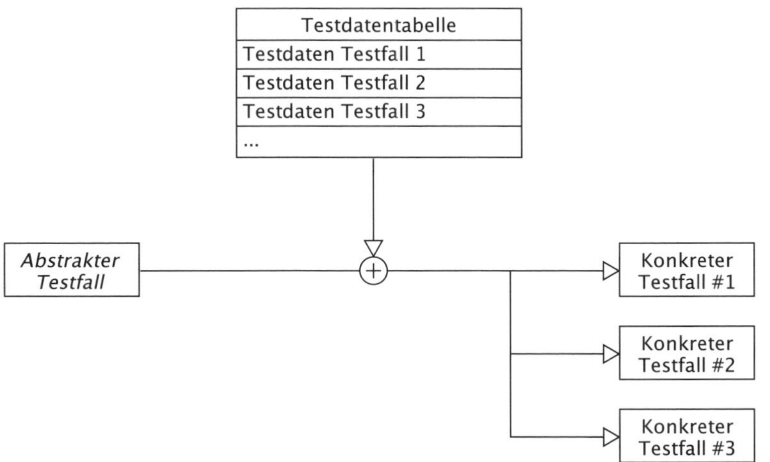

Abb. 2-1
Grundprinzip DDT

Aus demselben abstrakten Testfall wird folglich durch die Kombination mit unterschiedlichen Testdatensätzen eine ganze Reihe konkreter Testfälle (Abbildung 2-1). Typischerweise werden beim Data-Driven Testing diese unterschiedlichen Testdatensätze zeilenweise in einer Tabelle abgelegt.

Das ist schon beim manuellen Testen effizienter und übersichtlicher, als jeden konkreten Testfall einzeln aufzuschreiben, wird aber im Zusammenhang mit Testautomatisierung noch interessanter. Jetzt reicht es nämlich, den abstrakten Testfall (einmal) zu automatisieren, statt jeden einzelnen konkreten Testfall zu implementieren.

Tabelle 2-1
Abstrakter Testfall mit Variablen

Keyword	Parameter 1	Parameter 2
Starte App		
Login	*user1*	*123456*
Wähle Produkt	${Produkt}	
Eingabe Gutschein	${Code}	
Prüfe Preis	${Endpreis}	
Bestätige Kauf		

Tabelle 2-1 zeigt als Beispiel einen abstrakten Testfall für einen vereinfachten Kaufprozess im Warenkorb in Keyword-Notation, bei dem zusätzlich die Option eines Gutscheincodes berücksichtigt ist.

In diesem Testfall sind drei Werte mit Platzhaltern (Variablen) ersetzt worden. `${Produkt}`, `${Code}` und `${Endpreis}` werden hier also abstrakt gehalten und später konkretisiert. Um aus diesem abstrakten Testfall mittels Data-Driven Testing konkrete Testfälle zu machen, benötigen wir Datensätze, wie sie Tabelle 2-2 bereitstellt.

Tabelle 2-2
Testdaten für den Testfall in Tab. 2-1

Testfall	${Produkt}	${Code}	${Endpreis}
1	*Weste*	-	*87,50*
2	*Weste*	*sale30%*	*61,25*
3	*Schale*	-	*55,00*
4	*Schale*	*sale10%*	*49,50*

Sollwerte in der Tabelle

Im Fokus dieses Tests liegt offensichtlich der korrekte Endpreis, denn in diesem Beispiel wird lediglich über das Produkt und den Rabattcode variiert. Daraus resultieren verschiedene Endpreise, die in der Tabelle als Sollwerte hinterlegt sind. Username und Passwort sind als Konstanten im Testfall verblieben, obwohl sie grundsätzlich in die Tabelle überführt werden könnten und dort verschiedene Werte haben könnten.

Würden wir das tun und Username und Passwort variieren, könnten wir weitere Testziele verfolgen: Beispielsweise könnte man unterschiedliches Verhalten bei unterschiedlichen Klassen von Usern (Beispiel: Berechtigungen der User) oder den Login-Prozess (existierende/nicht existierende User, richtiges/falsches Passwort ...) testen. Das ginge prinzipiell mit demselben abstrakten Testfall und mit einer Datentabelle fast derselben Struktur. Lediglich die Information, ob das Login erfolgreich sein soll, müsste man wohl ergänzen und entsprechend eine Automatisierung flexibler gestalten.

In diesem Beispiel gibt es zu einem Keyword maximal zwei Parameter. Wenn man Keyword-Driven Testing mit hierarchischen Keywords umsetzt, kann daraus folgen, dass das High-Level Keyword weit mehr Parameter erfordert, die sich aus den Parametern der untergeordneten Low-Level Keywords ergeben.

Um das zu vermeiden, wird man dann hierarchische Datenobjekte einsetzen wollen – dazu mehr in Abschnitt 3.4.2.

2.4 Keyword-Driven Testing und manueller Test

Automatisierte Tests manuell durchführen?

Gesetzt den Fall, dass eine gute Automatisierung besteht, könnte man sich fragen, ob genau dieselben Tests auch von Menschen durchgeführt werden sollten. Warum sollte man etwas manuell (selbst) tun, wenn man es automatisiert tun kann (also nicht mehr selbst tun muss).

Es gibt aber gute Gründe dafür, Tests auch manuell durchzuführen. Einige Beispiele:

- Man verifiziert die automatisierten Tests: Es könnte sonst passieren, dass sich Fehler in der Automatisierung einschleichen und die Tests zwar Fehler finden (würden), diese aber nicht protokolliert werden (soll schon vorgekommen sein).
- Eine Automatisierung kann ausfallen, weil beispielsweise ein Testautomat nicht rechtzeitig auf die neue Plattform aktualisiert wurde.
- Man behält ganz einfach ein Gefühl für die Tests, was sie leisten und was sie nicht leisten.

All dies und der generelle Wunsch, sich nicht ganz den Automaten ausliefern zu wollen, führen dazu, dass selbst Testfälle aus einer guten automatisierten Testsuite hin und wieder manuell durchgeführt werden.

Der Mensch testet.

Selbstverständlich kann man – ganz ohne Automatisierung – »einfach so« manuelle Tests mit Keywords spezifizieren und hat damit einigen Nutzen.

Interessanter ist aber der Fall, wenn bereits eine schlüsselwortbasierte Testautomatisierung vorliegt. Dann hat man, ein geeignetes Framework vorausgesetzt, einen riesengroßen Vorteil: Dann sind nämlich wirklich dieselben Testfälle jederzeit wahlweise manuell und automatisiert durchführbar.

Bei einer klassischen skriptbasierten Automatisierung wäre das viel schwieriger. Hier ist anhand des Skripts manchmal schon nicht mehr zu erkennen, was der implementierte Testfall eigentlich überprüft.

Als Voraussetzung dafür, dass diese Wahlmöglichkeit zwischen manueller und automatisierter Durchführung bei Keyword-Driven Testing wirklich funktioniert, muss bei der Erstellung und Dokumentation der Keywords bereits berücksichtigt werden, dass die erstellten Testfälle auch für Menschen gedacht sind. In erster Linie heißt das, dass sie genug Informationen für Testerinnen bieten müssen, sodass sie diese Testfälle lesen und verstehen können.

Diese Bedingung ist tatsächlich nicht so schwer umzusetzen, und der Erfolg kann anhand von Stichproben leicht überprüft werden.

2.5 Keyword-Driven Testing im agilen Kontext

Keyword-Driven Testing ist agnostisch gegenüber dem Software-Lebenszyklusmodell. Ob »klassisch« (etwa V-Modell oder Wasserfall) oder agil (beispielsweise Scrum oder Kanban) spielt eigentlich keine Rolle. Hinsichtlich »klassisch« können wir festhalten, wir haben KDT schon vor über zwanzig Jahren erfolgreich in (damals war das keine Frage) nicht agilen Projekten eingesetzt. Heute setzen wir es ebenfalls erfolgreich in meist agilen Vorhaben ein.

Aus Sicht von KDT mag es egal sein, umgekehrt aber ist Keyword-Driven Testing *gerade* im agilen Kontext besonders notwendig.

Mitglieder agiler Teams begegnen dem oft mit Skepsis: *Wie sollen wir auch noch die Zeit haben, uns mit diesem Keyword-Overhead zu beschäftigen?* Fragen wie diese sind verständlich. Viele agile Teams haben die Erfahrung gemacht, dass Zeit für Testautomatisierung kaum zu finden ist. Und der wird KDT zugeordnet.

Warum also meinen wir, dass KDT gerade im agilen Kontext verwendet werden sollte, trotz all der Zeitnot?

Hauptsächlich aus drei Gründen:

- Gerade wegen der Zeitnot
- Wegen der häufigen Änderungen
- Wegen der besseren Lesbarkeit der Testfälle

Der Reihe nach:

Zeitnot in Iterationen: Agile Softwareentwickung wird in Iterationen gegliedert, beispielsweise in Sprints. Ein Sprint dauert typischerweise zwei Wochen (selten noch kürzer, manchmal bis zu vier Wochen). In diesem Zeitraum muss nun alles passieren, was zum nächsten Inkrement der Software benötigt wird. »DONE« heißt fertig, und fertig heißt auch, fertig getestet. Viel Zeit zum Testen ist eigentlich nie, und oft ballt sich der Testaufwand am Ende des Sprints. Was in der letzten Minute implementiert wurde, soll in der allerletzten Minute noch getestet werden.

Natürlich reicht es nicht, die neuen Features zu testen. Es braucht auch Regressionstests, die sicherstellen, dass nicht etwas bereits Funktionierendes durch die neuen Features zerstört wurde. Diese Stichprobe an Tests durch die gesamte Bandbreite der Funktionalität wird immer größer, weil immer mehr Features umgesetzt werden. Testet man manuell, dann schluckt das irgendwann die gesamte Testkapazität. Und das ist der Grund, warum Testautomatisierung in agilen Projekten unverzichtbar ist. Es sein denn, man ist sehr mutig – Mut zur Lücke.

Immer mehr Regressionstests

Testautomatisierung wiederum bringt Wartungsbedarf mit sich – vor allen Dingen, wenn sie benutzernah stattfindet. Und wenn hier nicht gegengesteuert wird, kommt man trotz und mit Testautomatisierung ins nächste Dilemma, und wieder wird jegliche Kapazität für Wartung benötigt. Die Lösung hier ist Keyword-Driven Testing: Denn damit adressieren wir das Wartungsproblem.

Die Zeit, die Testautomatisierung und Keyword-Driven Testing kostet, um sauber aufgesetzt zu werden, ist gut investiert. Denn nur so gelingt es, in engen Zyklen Software zu entwickeln, ohne Abstriche an der Testabdeckung zu machen.

Häufige Änderungen: Agil wirbt für sich damit, mit häufigen Änderungen umgehen zu können, ja sie geradezu zu lieben. Ob wir uns dem nun anschließen wollen oder nicht (wäre es nicht schön, etwas gleich richtig zu machen, statt häufig zu ändern), häufige Änderungen sind die Realität in agilen Teams. Damit können und wollen wir umgehen.

Allerdings heißt das auch, dass die Testfälle – und es sind wieder vor allen Dingen die automatisierten Tests – sehr häufig angepasst und geändert werden müssen. Also muss die Testautomatisierung optimal wartbar sein – und damit sind wir wieder beim Keyword-Driven Testing, bei dem der Wartungsaufwand einer wachsenden Anzahl von automatisierten Testfällen dennoch annähernd linear bleibt.

Lesbare Testfälle: Dieser dritte Punkt zielt nicht (nur) auf Testautomatisierung. Die fertig formulierten Testfälle sollen ja lesbar sein, für alle im Team. Idealerweise sind alle Teammitglieder gleichermaßen voll qualifiziert für alles, was an Aufgaben anstehen mag, und jeder muss also auch alle Testfälle lesen und verstehen können. Das alleine wäre schon ein Grund, mit KDT eine Domain Specific Language (DSL) aufzubauen, die das gleiche Verständnis der Testfälle sicherstellt.

Aber zurück zur Realität: Das ist ein schönes Idealbild. Die Menschen, mit denen wir arbeiten, haben alle ihre unterschiedlichen Stärken, und wir können von Glück reden, wenn das Team als Ganzes alle Fähigkeiten besitzt. Testen kann vielleicht nicht jeder, und so gibt es implizit vielleicht doch so etwas wie »Testerinnen« im Team. Dann gibt es auch eine Aufgabenteilung zwischen Menschen, die eher fachlich arbeiten, und solchen, die eher technisch unterwegs sind. Die Herausforderung, für alle lesbare Testfälle zu haben, bleibt bestehen und wird durch die Unterschiede noch größer. Gerade in diesem Zusammenhang spielt Keyword-Driven Testing seine Stärken aus: Lesbare Testfälle, die in mehreren Schichten organisiert sind, wahlweise manuell oder automatisiert ausführbar sind, und bei denen Arbeitsteiligkeit funktioniert.

An dieser Stelle wollen wir noch einen Blick auf die Testpyramide werfen, wie sie in Abbildung 2-2 gezeigt wird. Wünschenswert ist, dass die entwicklungsnahen Tests, Komponententests, den Hauptteil der Tests ausmachen, und die Tests, je näher man der Oberfläche und den Usern kommt, immer weniger werden, weil so vieles Wichtige schon vorher getestet wurde.

KDT in der Testpyramide

Der Einsatz von Keyword-Driven Testing wird gerade im agilen Umfeld meist auf Systemtestebene stattfinden. Man könnte daher annehmen, dass der Hebel, den man dort ansetzen kann, gar nicht so viel bewegt – wenn man eine »gesunde« Testpyramide vor sich hat. Das ist allerdings nur auf den ersten Blick richtig.

Wenn man genauer hinsieht, stellt man fest, dass die vielen Testfälle der unteren Ebenen, die für die Testpyramide das Fundament bilden, wenn sie erst einmal da sind, sehr stabil und verhältnismäßig pflegeleicht sind. Die Systemtests machen viel mehr Ärger. Daher lohnt es sich gerade hier, mit Keyword-Driven Testing für robuste und wartbare Systemtests zu sorgen.

Ein typischer Aspekt bei agiler Softwareentwicklung ist die Definition von Akzeptanzkriterien. Diese sind wiederum die ideale Grundlage für Konzepte wie Acceptance Test-Driven Development (siehe Abschnitt 8.4). Darauf und auf andere im Agilen verbreitete Konzepte, wie Test-

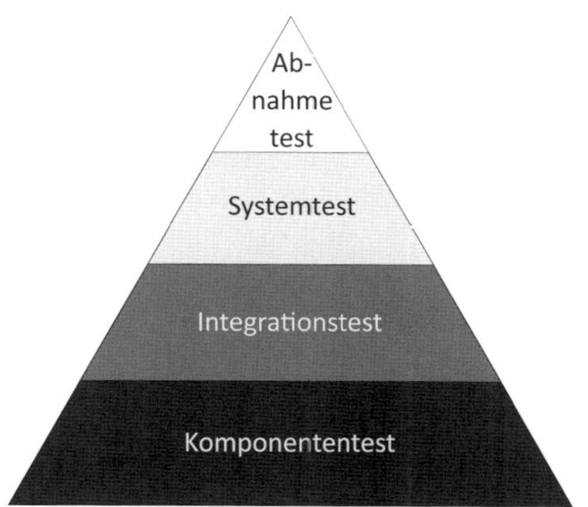

Abb. 2-2
Testpyramide (Wunschbild)

Driven Development (siehe Abschnitt 8.2) und Behavior-Driven Testing (siehe Abschnitt 8.3), gehen wir in eigenen Abschnitten ein.

2.6 Model-Based Testing und Keyword-Driven Testing

Modellbasierter Test wird seit Jahren diskutiert. Es gab bereits eigene Konferenzen dazu, beispielsweise im Jahr 2008 den »QS-Tag« [25], es gibt einen Lehrplan des ISTQB® dazu [29] und bei ISO ist ein Technical Report zu dem Thema in Vorbereitung (voraussichtlich unter der Nummer 29119-8). Auch an Literatur mangelt es nicht, mit [11] ist ein umfassendes deutschsprachiges Fachbuch zu dem Thema verfügbar.

Kurz, Model-Based Testing scheint zu den etablierten Testpraktiken zu gehören. Das trifft auch zu, bedeutet aber nicht, dass Model-Based Testing auch nur annähernd überall, wo Software getestet wird, zum Einsatz kommt. Wenn es genutzt wird, dann meist dort, wo Fehler sehr teuer oder gefährlich wären und sehr gründlich getestet werden muss, und daher die zusätzlich notwendige Beschäftigung mit dem Modell nicht gescheut wird. Häufig eingesetzt wird es bei Embedded Software, die Steueraufgaben hat, insbesondere in sicherheitskritischen Bereichen.

2.6.1 Überblick Model-Based Testing

Was kann man sich nun unter Model-Based Testing vorstellen? Dem Namen nach kommt ein »Modell« als Grundlage des Testens zum Einsatz. Das alleine wäre jetzt noch nicht sehr aussagekräftig, denn unter einem »Modell« kann man grundsätzlich eine vereinfachte Repräsentation der Wirklichkeit verstehen (vgl. Definition nach Stachowiak in

Wikipedia [40]). In diesem Sinne kann wohl jede Grundlage, die zum systematischen Testen von Software verwendet wird, als Modell gesehen werden – und dann wäre jedes Testen modellbasiert.

Im engeren Sinne verstehen wir aber unter Model-Based Testing die Art von Testen, bei dem systematisch, wiederholbar und in der Regel automatisiert aus formalen Modellbeschreibungen Testfälle, Testdaten oder Teile der Testinfrastruktur abgeleitet werden.

Das deckt sich mit der Definition von Winter und Roßner aus [11]:

> *Modellbasiertes Testen* umfasst mindestens einen der beiden folgenden Aspekte:
>
> - die Modellierung von Artefakten im Testprozess sowie
> - die Nutzung von Modellen für die Automatisierung von Testaktivitäten.

Das Format, in dem das Modell spezifiziert ist, spielt daher nur insofern eine Rolle, als der verwendete Generator in der Lage sein muss, es zu verarbeiten.

Der Vorteil beim Model-Based Testing ist, dass ein Modell für Softwaretest in der Regel gezielt einen Aspekt des Testobjektes beschreibt, zu dem mehrere Testfälle abgeleitet werden können und sollen. Durch das maschinelle Generieren der Testfälle – unter Angabe der gewünschten Abdeckung in Bezug auf das Modell – ist es sehr einfach und günstig möglich, Testfälle vollständig in Bezug auf das gewünschte Kriterium zu erhalten und auch zu pflegen: Ändern sich die Anforderungen und ändert sich daher das Modell, dann sind die Testfälle schnell aktualisiert.

Der Haken an der Sache? Da gibt es zumindest zwei:

1. Das Modell fällt leider nicht vom Himmel, es muss erstellt und gepflegt werden, und das erfordert nicht nur Aufwand, sondern auch Menschen, die modellieren können.
2. Wenn wir nun ganz einfach ganz viele Testfälle generieren können, wollen die auch durchgeführt werden. Die Versuchung ist groß, weil es ja nun so einfach ist, viel mehr Testfälle zu erzeugen. Ohne Automatisierung wird man diese Aufgabe nicht lösen können. Wir kommen in Abschnitt 2.6.3 darauf zurück.

Zum ersten Punkt ist noch zu sagen, dass die zusätzlichen Aufwände gerade in Umgebungen, in denen ohnehin viel mit Modellen gearbeitet wird, weniger ins Gewicht fallen – und von den Vorteilen, zu denen auch eine sichere Übereinstimmung der Testfälle mit der Spezifikation (in Form des Modells) gehört, aufgewogen werden können.

Harmonie birgt Gefahren

Die Harmonie zwischen Testfällen und Modell – ihre garantierte Übereinstimmung – ist nur so lange ein Pluspunkt, wie das Modell stimmt. Bei einem falschen Modell werden falsche Testfälle auch falsch negative Ergebnisse melden.

Ein Review der Modelle für den Test ist also essenziell (vgl. S. 246 in [11])!

Zum zweiten Punkt: Wenn die große Anzahl der generierten Testfälle zu einem Problem zu werden droht, sollte man sich auf risikobasiertes Testen besinnen. Es ist daher wichtig, beim Generieren darauf zu achten, dass die Testintensität (und damit die Anzahl der Testfälle) abhängig vom Risiko der betreffenden Komponente oder des jeweiligen Themas gesteuert werden kann.

2.6.2 Beispiel für Model-Based Testing

Viele Modelle und Notationen eignen sich für Model-Based Testing. Wir haben uns hier für den Typ Aktivitätsdiagramm in der Notation UML entschieden. Damit soll der Ablauf eines Kaufes in unserem Onlineshop modelliert und dann getestet werden.

Abbildung 2-3 zeigt das Modell, das wir zu diesem Zweck erstellt haben.[2]

In diesem einfachen Modell sind verschiedene Aktionen zu sehen, die zum Kauf eines unserer Kunsthandwerksartikel führen. Der Anwender hat an zwei Stellen die Wahl, weitere Artikel dem Warenkorb beizufügen oder die Anzahl der Artikel zu ändern (womit, zur Vereinfachung, auch Entfernen von Artikeln abgedeckt ist). Abgeschlossen wird der Kauf mit einer Anmeldung (Login) am System, die gültig oder ungültig sein kann, mit davon abhängigem Erfolg des Vorgangs.

Füttert man nun einen Generator mit diesem Modell, so kann dieser daraus Sequenzen von Aktionen ableiten, die als Grundlage für Testfälle dienen können. Tabelle 2-3 enthält in den Spalten einige solcher Sequenzen.

[2] Die Frage, ob bestehende Modelle, die für die Implementierung erstellt wurden, verwendet werden können, wird gerne gestellt. Das hat Vor- und Nachteile. Die Diskussion davon führt hier zu weit, daher sei auf die Literatur verwiesen, z.B. [11].

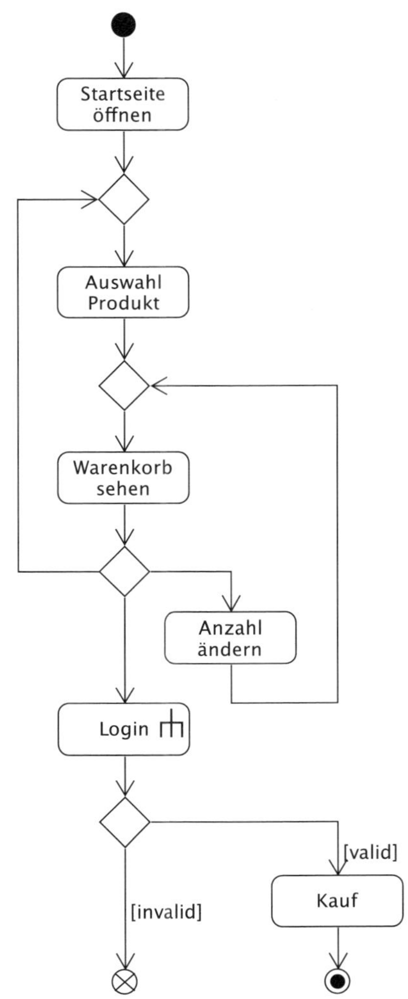

Abb. 2-3 *UML-Diagramm: Einkauf*

Tabelle 2-3 *Testsequenzen aus Modell in Abb. 2-3*

Sequenz 1	Sequenz 2	Sequenz 3
`Startseite öffnen`	`Startseite öffnen`	`Startseite öffnen`
`Auswahl Produkt`	`Auswahl Produkt`	`Auswahl Produkt`
`Warenkorb sehen`	`Warenkorb sehen`	`Warenkorb sehen`
`Login`	`Login`	`Auswahl Produkt`
`Kauf`	(Abbruch)	`Warenkorb sehen`
(Abschluss)		`Login`
		`Kauf`
		(Abschluss)

Abdeckungskriterium

Hier werden aus Platzgründen nur drei abgeleitete Sequenzen gezeigt. Das ist nur eine kleine Auswahl: Selbst wenn man ganz bescheiden als minimales Abdeckungskriterium nur fordert, dass jede Wiederholung gar nicht oder einmal durchgeführt werden soll, sind hier noch einige Abläufe mehr enthalten. Der Generator würde sie uns alle erzeugen. Aus Testsicht sind sie auch alle wichtig.

In anderen Fällen kann ein aufwendigeres Abdeckungskriterium angemessen sein, weil aufgrund eines höheren Risikos ein intensiverer Test notwendig ist. Dann werden aus demselben Modell deutlich mehr Abläufe als Vorlage für Testfälle abgeleitet.

Bis hier war noch kein Keyword-Driven Testing im Spiel. Aber drängt es sich nicht auf, wenn man auf die begrenzte Anzahl klar definierter Aktivitäten im Modell und dieselben Aktivitäten in den abgeleiteten Sequenzen sieht, hier Keywords einzusetzen? Natürlich muss man das nicht machen, aber es ist ein einfacher Schritt, zu jeder Aktion[3] ein Keyword zu definieren.

In der Motivation zu Model-Based Testing in Abschnitt 2.6.1 wurde die verbesserte Wartbarkeit beim Einsatz von Model-Based Testing gelobt, wenn sich das Modell – also, im Grunde die Spezifikation – ändert. In Abbildung 2-4 liegt uns ein geändertes Modell vor: Es wurde entschieden, dass Kunden die Wahl haben sollen, sich am Anfang, während oder am Ende des Prozesses einzuloggen.

Das Modell wurde also erweitert, und wir starten einen neuen Generierungslauf. Als Ergebnis werden bei gleichen Anweisungen an den Generator bezüglich der zu erzielenden Abdeckung mehr Sequenzen erzeugt. Das Bestechende dabei ist, dass nicht nur die Sequenzen erzeugt werden, die fehlen, sondern dass auch die, die auf der Vorversion basieren, unter Berücksichtigung der Änderungen neu erstellt werden.

Tabelle 2-4 zeigt die so aktualisierten Testfälle (wieder eine kleine Auswahl). Die Sequenzen 1 bis 3 sind die gleichen wie in Tabelle 2-3, jedoch ergänzt um die neue nun notwendige Aktion, **`Login ablehnen`**. Die Sequenz 4 ist neu und steht in dieser Tabelle als Vertreter der vielen möglichen Folgen von Aktionen für den Fall, dass Anwender sich für das Login am Beginn des Prozesses entscheiden. Solch eine Aktualisierung ist bei der automatischen Ableitung von Testfällen ganz einfach.

[3] In diesem Beispiel, dem Aktivitätsdiagramm, sind es Aktionen, bei anderen Modellarten ist das aber genauso möglich, denn letztlich werden immer Sequenzen abgeleitet.

Abb. 2-4 UML-Diagramm: Einkauf – Version 2

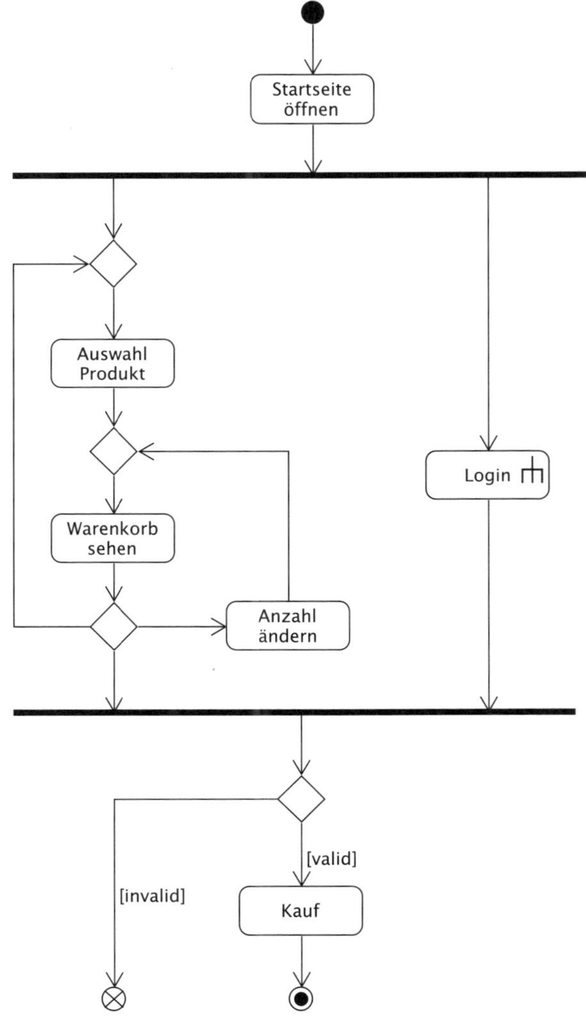

Tabelle 2-4 Testsequenzen aus Modell in Abb. 2-4

Sequenz 1	Sequenz 2	Sequenz 3	Sequenz 4
`Startseite öffnen`	`Startseite öffnen`	`Startseite öffnen`	`Startseite öffnen`
`Login ablehnen`	`Login ablehnen`	`Login ablehnen`	`Login`
`Auswahl Produkt`	`Auswahl Produkt`	`Auswahl Produkt`	`Auswahl Produkt`
`Warenkorb sehen`	`Warenkorb sehen`	`Warenkorb sehen`	`Warenkorb sehen`
`Login`	`Login`	`Auswahl Produkt`	`Anzahl ändern`
`Kauf`	(Abbruch)	`Warenkorb sehen`	`Warenkorb sehen`
(Abschluss)		`Login`	`Kauf`
		`Kauf`	(Abschluss)
		(Abschluss)	

Beim manuellen Ableiten von Testfällen sieht das aller Erfahrung nach anders aus: Die neuen Testfälle zu erstellen, klappt noch recht zuverlässig. Zu erkennen, welche alten Testfälle wegen der Änderung anzupassen sind, ist jedoch nicht einfach, kostet Zeit und ist eine Quelle von Fehlern.

2.6.3 Von der Sequenz zur Testautomatisierung

Bis hierher ist alles schön und gut, mit Model-Based Testing bekommt man schöne Vorlagen von Testfällen generiert.

> **Sequenzen sind noch keine Testfälle**
>
> Bei den generierten Abläufen oder Sequenzen haben wir bewusst nicht von Testfällen gesprochen. Es sind eher Vorlagen von Testfällen, denn zu einem »richtigen« Testfall gehören wenigstens noch die Daten, die man auch zur Durchführung benötigt, und die erwarteten Ergebnisse, wenn beispielsweise der Inhalt eines erzeugten Kaufbelegs geprüft werden soll.
>
> Mit einem geeigneten Model-Based Testing Framework lassen sich auch solche Daten ableiten und somit vollständige Testfälle generieren.

Je mehr Vorlagen das werden, umso wichtiger wird die Anbindung an eine Testautomatisierung. Mit Keyword-Driven Testing lässt sich das einfach umsetzen:

1. Zu jeder Aktion[4] wird ein Keyword angelegt und ein automatisiertes Testskript erzeugt, das das Keyword abbildet.
2. Wo Daten erforderlich sind – im Beispiel ist das für die Login-Daten, für die Produktauswahl und die Anzahl der zu kaufenden Kunstobjekte der Fall –, werden in zugeordneten Datentabellen (Stichwort Data-Driven Testing, siehe Abschnitt 2.3) geeignete Daten hinterlegt, die den Keywords über festgelegte Regeln zugeordnet werden (Beispiel: sequenziell aus der Tabelle oder randomisiert).
3. In einigen Fällen sind die Daten entscheidend für den weitere Ablauf. In unserem Fall trifft das für das Login zu, das für den Erfolgsfall gültige Daten benötigt. Im Modell ist das bereits durch Annotation an den jeweiligen Kanten (»valid«/»invalid«) vorbereitet. Der

[4] Gegebenenfalls auch zu ganzen Aktivitäten – ein Beispiel könnte »Login« sein, das in den Diagrammen hier als »call action« modelliert ist. Dahinter liegt also ein weiteres, hier nicht gezeigtes Aktivitätsdiagramm.

Generator muss diese Information beim Erzeugen der Sequenzen weitergeben.

4. Model-Based Testing Framework und Keyword-Driven Testing Framework müssen bezüglich der Datenformate aufeinander abgestimmt sein.

Automatisierung zum Quadrat

Gelingt es, diese Punkte umzusetzen, ist das Ergebnis ein Framework, in dem automatisiert erzeugte Testfälle automatisiert durchgeführt werden.

2.7 Organisatorische Randbedingungen

Bevor die eigentliche Anwendung des Keyword-Driven Testing beginnen kann, sollten die organisatorischen Randbedingungen geklärt und beschrieben sein. Betrachten Sie es wie eine Reise: Natürlich beginnt sie mit einem ersten Schritt, und den können Sie auch einfach so gehen. Auf Dauer sind Sie und Ihre Begleiter aber froh, wenn alles durchdacht wurde und die Verbindungen passen.

Als Ergebnis dieser Überlegungen entsteht ein Einsatzkonzept, in dem wir folgende Punkte erwarten:

- Festlegung der zu verwendenden Schichten und Ebenen (vgl. Abschnitt 3.1.5)
- Wird Keyword-Driven Testing manuell, automatisiert oder beides geplant?
- Basierend auf den letzten beiden Punkten und einer weiteren Bedarfsanalyse: Auswahl der Werkzeuge (eventuell mithilfe der ISO 29119-5, wie in Abschnitt 4.4 beschrieben, oder mit dem bei [24] erhältlichen Kriterienkatalog)
- Beschreibung der Verantwortlichkeiten und Prozesse: Wer darf Keywords definieren? Wer gibt sie frei? Welche Gültigkeitsbereiche haben sie? Überspannen Keywords beispielsweise Projekte? Dann gilt es, dies zu koordinieren. Gibt es ein Keyword-Review (vgl. Abschnitt 3.5)?
- Regeln für die Formulierung von Keywords (vgl. Abschnitt 3.3)
- Testebenen und Testarten, auf denen Keyword-Driven Testing einzusetzen ist
- Schulung der Mitarbeiter: intern oder möglicherweise durch Hersteller von Werkzeugen
- ... und weitere Punkte, die in *Ihrem* Umfeld wichtig sind

Bei dem entstehenden Dokument handelt es sich übrigens im Sinne der ISO 29119-3 [47] um eine Variante des »Test Plan«.

Das entstandene Einsatzkonzept sollte, wie jedes wegweisende Dokument, durch die Betroffenen und Verantwortlichen (auch als Stakeholder bekannt) geprüft und freigegeben werden und an einem solchen Ort abgelegt werden, dass es für die Nutznießer jederzeit verfügbar und vor allen Dingen wieder auffindbar ist. Hin und wieder sollte es ans Licht geholt und hinterfragt werden, ob das darin Beschriebene noch stimmt oder einer Überarbeitung bedarf.

3 Umsetzung

Die Umsetzung von Keyword-Driven Testing wird meistens nach einem Workflow durchgeführt, wie er in Abbildung 3-1 dargestellt wird.

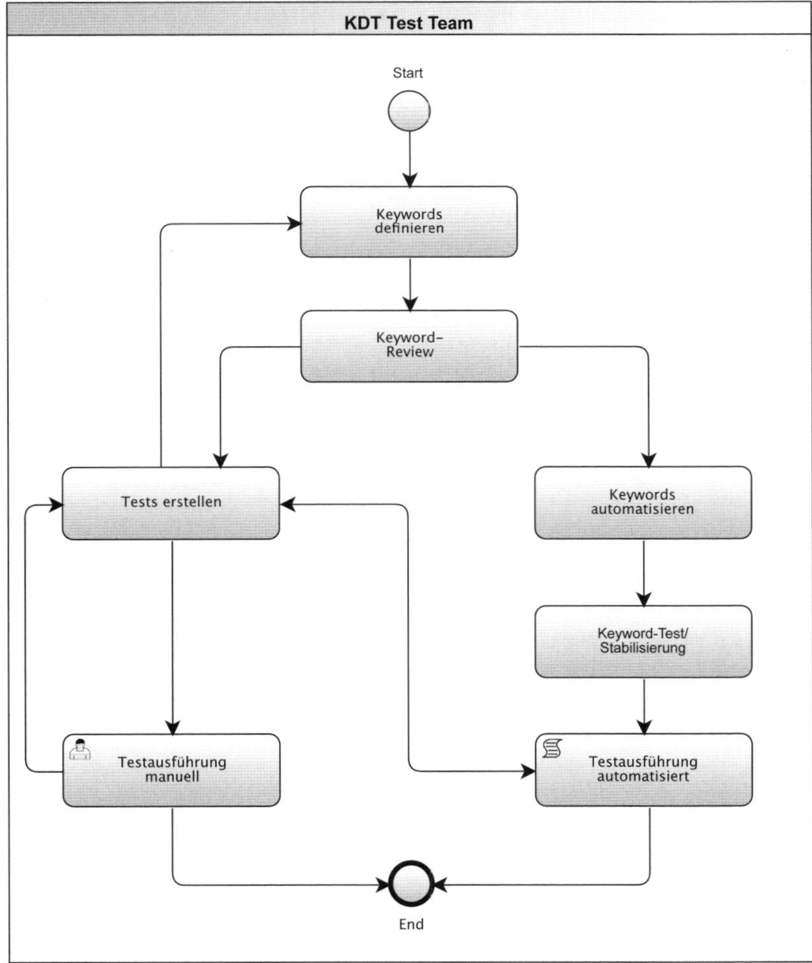

Abb. 3-1
Workflow für Keyword-Driven Testing

Zuallererst, bevor irgendetwas anderes getan werden kann, muss ein grundlegender Satz von Keywords definiert werden. Anschließend empfiehlt es sich, diese Keywords einem Review zu unterziehen.

Sind alle Beteiligten mit dem gemeinsam erarbeiteten initialen Satz von Keywords einverstanden, dann kann begonnen werden, Testfälle aus den Keywords zu erstellen.

Es ist davon auszugehen, dass in diesem Zuge der Bedarf an weiteren Keywords erkannt wird und somit weitere Keywords erstellt werden. Von Zeit zu Zeit sollte daher ein erneutes Review der Keywords durchgeführt werden.

Zwischen der eigentlichen Automatisierung der Keywords und der Durchführung im Regelbetrieb benötigen wir wenigstens einen grundlegenden Test der Implementierung. Gerade wenn automatisierte Keywords in Form einer Bibliothek (Library) Verwendung finden sollen, muss sichergestellt sein, dass sie stabil sind und das tun, was sie sollen – möglichst in jedem Kontext, in dem sie später genutzt werden können.

Den Test testen ...

In diesem Kapitel geht es vor allem um die erste, grundlegende Phase, in der Keywords erstellt werden, und um die Qualitätssicherung (Review) von Keywords.

»Grundlegend« ist die erste Phase deswegen, weil hier einige Entscheidungen in Bezug auf das Design des Frameworks getroffen werden. Im nächsten Abschnitt geht es um den Aspekt von Schichten, in denen Keywords organisiert werden können.

3.1 Layer und Level

Bei der Einführung und dem Betrieb einer KDT-Lösung ist ein Konzept der Layer sehr frühzeitig zu definieren und umzusetzen. Dazu gehören Festlegungen, mit welchen Layern gearbeitet werden soll und wie diese in Tests Verwendung finden. Eine ebenfalls wichtige Frage ist, auf welchem Layer sich die Low-Level Keywords befinden. Also welcher Layer der letzte Layer des Keyword-Driven Testing ist und in den implementierenden Sourcecode bzw. die Automatisierungstechnologie wechselt.

Des Weiteren muss festgelegt werden, welche Regelwerke je Layer zu gelten haben.

3.1.1 Definition des Low-Level

Eine Frage, die sich jedes Team relativ am Anfang stellen sollte, lautet: »Wie detailliert wollen wir mit unserer Testspezifikation werden?«

Fachlich bedeutet das : »Aus welchem Layer sollen die Low-Level Keywords stammen?« Diese Frage bezieht sich sowohl auf den manuellen Test als auch auf die Testautomatisierung.

Manuell: Beginnen wir mit den manuellen Tests und den darin verwendeten Keywords, die dafür entworfen werden, dass ein Mensch sie versteht und ausführen kann. Wir wollen für den Moment davon ausgehen, dass diese Keywords nicht automatisiert werden.

Ein Keyword für eine manuelle Testerin sollte genau so klein und detailliert sein, dass die entsprechende Zielgruppe versteht, was genau zu tun ist. Je nach Kenntnisstand der Zielgruppe kann das stark variieren.

Nehmen wir einmal an, unsere manuellen Testerinnen hätten ein hohes Maß an Domänenwissen und kennen sich mit den Testobjekten durch ihre tägliche Arbeit aus. Diesen Testerinnen müssen wir sicherlich nicht mit technischen Keywords jeden Tastendruck und jeden Mausklick genau darlegen. Wir können also die Granularität der Keywords etwas in Richtung »gröber« einstellen. Ein fachlicher Schritt, der genau so groß ist, dass die Testerin ihn versteht, im Kopf behalten und exakt befolgen kann, wäre hier empfehlenswert. Wir müssen jedoch aufpassen, dass wir trotz sehr fähigen Personals nicht ins zu Grobe abdriften. Ein Problem mit zu groben und zu abstrakten Testschritten wird nämlich genau dann schmerzhaft, wenn wir ein Team verändern oder vergrößern müssen. Neue Kollegen müssen ja ebenfalls mit dieser Granularität klarkommen. Viele Menschen neigen dazu, bei zu wenig Leitplanken sich entsprechend frei nach ihrem eigenen Belieben im Raum zu bewegen. Lassen wir unseren Testerinnen, anders gesagt, zu viel Freiraum, ist die Reproduzierbarkeit unserer Tests zumindest fraglich. Wir reden natürlich immer noch nur über wiederholbare und zu wiederholende Tests. Einmalig auszuführende Tests sollten in der Regel nicht Keyword-Driven aufgebaut werden.

Zielgruppe beachten

Auf diese Weise sind Keywords grob genug, um effizient zu sein, und fein genug, um selbst von einer unerfahrenen Testerin verstanden werden zu können.

Auf dieser Ebene hat man zum Beispiel solche Keywords:

```
Öffne Benutzerverwaltung
Lege Kunden an       Müller   Männlich   20   ledig
Wähle Tarif          Basis_Plus
Prüfe Tarifdaten     Referenz_M20L
```

Falls wir jedoch Testerinnen haben, die keine oder kaum Kenntnis über das Testobjekt haben, müssen wir in unserer Testspezifikation viel genauer werden. Dann kann es nötig werden, bis auf eine technische Ebene zu gehen. Die kleinsten Keywords werden also schon relativ technisch und »berühren« die GUI.

Ein Beispiel hierfür könnte so aussehen:

```
Webbrowser starten        www.keyword-driven.de
Benutzername eingeben     admin
Passwort eingeben         123456
Anmelden klicken
```

Automatisiert: Im Falle der Testautomatisierung spielt erneut das Personal eine große Rolle. Hier geht es jedoch nicht darum, wie geübt der Tester ist, denn *dieser Tester* ist absolut unfähig, auch nur die kleinste Abstraktion zu verstehen: Bei der Automatisierung ist der Computer der ausführende Tester. Wir müssen exakt und fehlerfrei spezifizieren, was zu tun ist. Interpretationen von ungenauen Angaben sind derzeit noch nicht möglich.

Bei der Automatisierung mit Keyword-Driven Testing lautet die Frage also nicht: »Wann höre ich auf, noch genauer zu spezifizieren?«, sondern sie muss lauten: »Wann höre ich auf, weitere Keywords zu schreiben, und wechsle in eine echte Programmiersprache, um dieses Keyword zu implementieren?«

Welche Sprache ist angemessen für welchen Detaillierungsgrad? Oder anders gesagt, welche Mitarbeiterinnen haben wir in unserem Projekt in welchen Zuständigkeitsbereichen? Haben wir vielleicht überproportional viele Entwicklerinnen, die bei der Implementierung automatisierter Keywords massiv mitarbeiten, dann können wir bereits im fachlichen Layer den Übergang von Keywords zu Code vollziehen. Haben wir aber nur eine oder sogar keine Entwicklerin verfügbar, so ist es unter Umständen sogar notwendig und sinnvoll, mit den Keywords bis auf die technologische Ebene zu gehen und fertige Bibliotheken zu verwenden, die »Clicks« und »Texteingaben« bereits als Low-Level Keywords liefern.[1]

Dokumentation

Ein weiterer wichtiger Aspekt ist die Dokumentation einer Testdurchführung. Wegen der Architektur von Keyword-Driven Frameworks sind in der Regel Testprotokolle bis auf Ebene der Low-Level Keywords detailliert. Die Low-Level Keywords sind also das Letzte und Kleinste, was in den Testprotokollen zu sehen ist. Deswegen werden diese Keywords auch teilweise als atomare Keywords bezeichnet.

[1]Ja, auch dann ist Testentwicklung Softwareentwicklung, also Programmierung. Wichtig ist, den Zugang dazu niederschwellig zu gestalten.

Es ist häufig empfehlenswert, auf dem technischen Layer mit den Low-Level Keywords zu enden, denn Automatisierungstechnologie ist im Allgemeinen nicht relevant für die Dokumentation der Tests.

Ein anderer Einflussfaktor für diese Schnittstelle sind neben Dokumentationsanforderungen und dem verfügbaren Personal auch Nachweispflichten und Reviews. Muss beispielsweise möglichst exakt nachgewiesen werden, was und wie getestet wurde, ist es empfehlenswert, bis in den implementierenden Code nachzuweisen und zu versionieren, welcher Code verwendet wurde. Außerdem sollte nur geprüfter Automatisierungscode in nachweispflichtigen Tests verwendet werden. Nehmen wir an, wir möchten nachweisen, dass unsere Tests eine Anforderung exakt testen und keine Testlücken vorhanden sind. Das können wir über Reviews weitgehend sicherstellen. Wir lassen also unsere Testspezifikation fachlich überprüfen und der Reviewer bestätigt, dass wir das Richtige testen. Es bleibt die Frage, ob wir es richtig testen.

Das Richtige richtig testen

Und das kann ein Reviewer in der Regel nur bis zu den atomaren Low-Level Keywords beurteilen. Der teilweise kompilierte Code, der diese Keywords implementiert, ist von außen nicht überprüfbar. Daher wäre es sinnvoll, hier eine eigene Test- und Reviewebene einzuziehen. Low-Level Keywords werden also überprüft, bevor sie in die aktive Nutzung überführt werden. Somit kann sichergestellt werden, dass alle Keywords, die in Tests verwendet werden, auch den allgemeinen Qualitätsansprüchen entsprechen und dass sie das tun, was eine Testerin erwarten würde.

Bei der Überlegung, was man in einer mächtigen Programmiersprache und was man in der limitierten Testspezifikationssprache abarbeitet, spielt auch die Komplexität der zu lösenden Aufgabe eine Rolle. Falls in der technischen Schicht, die aus technologischen Keywords wie `Click Element`, `Get Text` und `Get Element Count` zusammengesetzt ist, sehr komplexe Implementierungen notwendig sind, ist es hier vielleicht wesentlich einfacher, etwas Programmcode zu schreiben, als umständlich mit einer Testsprache ein technisches Problem zu lösen.

Ein Beispiel hierfür könnte die Verifikation einer Liste in unserem Onlineshop sein. Ein Testfall wäre, dass wir verschiedene Artikel in unseren Warenkorb legen und anschließend überprüfen, dass der Warenkorb korrekt gefüllt ist und von jedem Element die richtige Menge enthält. Das Überprüfen des Warenkorbinhalts soll ein möglichst generisch verwendbares Keyword sein, da wir in sehr vielen Tests überprüfen müssen, ob der Warenkorb korrekt gefüllt ist. Würden wir nun versuchen, die korrekte Anzahl, die korrekten Artikel und die korrekten Preise auf dieser Webseite zu analysieren, würden wir hier vermutlich unnötig viele Zeilen Keyword-Driven Code produzieren, der aufgrund seiner komplexen Logik mit Schleifen und bedingten Anweisungen ohnehin unleserlich für einen fachlichen Revisor wäre. Solche Problemstellungen sind in einer Programmiersprache wie Python oder C# oft recht simpel zu implementieren. Der entstehende Code könnte dann einmalig validiert werden; ab diesem Zeitpunkt muss sich weder ein Nutzer noch ein Revisor damit beschäftigen, wie der Warenkorb überprüft würde. Es wurde also komplexe Logik in eine Ebene ausgelagert, die für die Nutzer zwar notwendig, aber uninteressant ist.

Auch die Frage des Wartungsaufwandes stellt sich hier. Müssen wir beispielsweise regelmäßig Elementidentifikatoren anpassen, da die grafische Oberfläche des Testobjektes häufig geändert wird, während Programmlogik und der fachliche Ablauf weitestgehend identisch bleiben, dann wäre es eine wunderbare Lösung, diese Arbeit in die Frontend-Entwicklung auszulagern. Dort werden genau diese Identifikatoren geändert und die Entwicklerinnen könnten direkt den Automatisierungscode für ein GUI-Element übernehmen.

3.1.2 Definition des High-Level

Als High-Level Keywords bezeichnen wir die Keywords, die in Tests als Testschritte verwendet werden. Bei der Frage nach der Granularität oder Abstraktion unserer High-Level Keywords müssen wir zuallererst die Frage klären, welche Art von Tests wir schreiben.

Bei Akzeptanztests, mit denen die eigentlichen Funktionen und der Nutzen für den Anwender getestet werden soll, ist es naheliegend, eher fachliche Keywords zu verwenden. Das Abstraktionslevel ist hoch. In solchen Tests sollte beschrieben werden, was getestet wird, und nicht, wie getestet wird. Nehmen wir als Beispiel das Wählen verschiedener Bezahlarten bei der Bestellung im Onlineshop. Anstatt in einem solchen Test zu spezifizieren, auf welche Knöpfe zu klicken sei und wo welche Menüelemente auszuwählen wären, definieren wir eher die Fachlichkeit mit Keywords wie **`Bestellung abschließen`**, **`Zahlungsart wählen`** oder **`Kreditkartendaten eingeben`**.

Unser Ziel dabei ist, die Sprache der Anwender zu verwenden. Gemeint ist hier sowohl die natürliche Sprache wie Englisch, Deutsch, Französich ... – als auch die Wortwahl der Anwenderdomäne. Es sollten also dieselben Begrifflichkeiten verwendet werden, wie sie auch die Nutzer des Testobjektes oder die Product Owner verwenden. Der Mehrwert besteht darin, dass die Stakeholder die Tests *sofort* inhaltlich und fachlich verstehen können, ohne sich mit (aus ihrer Sicht) technischem

Kauderwelsch auseinandersetzen zu müssen. Die Tests können fachlich begutachtet und bewertet werden.

Testen wir jedoch technische Details auf der GUI, sollten wir auch technischer spezifizieren. Nehmen wir an, wir wollen testen, dass die Anzahl der Artikel in unserem Warenkorb als kleine Nummer an dem Warenkorbsymbol erscheinen. Diesen Test könnten wir zwar fachlich beschreiben, jedoch wäre es sinnvoller, diese technische Eigenschaft der GUI auch mit eher technischen Begriffen auszudrücken.

Übrigens, nicht jeder GUI-Test ist ja ein Systemtest. Einzelne GUI-Komponenten können möglicherweise, völlig losgelöst vom Backend, einzeln im Browser getestet werden – beispielsweise im Storyboard. Dann kann man je nach Sicht von einem Integrationstest oder Komponententest sprechen, da wir die Interaktion zwischen dem Browser und der JavaScript-Komponente testen oder die Komponente einzeln, jedoch nicht die Funktionalität des Systems als Ganzes.

Keyword-Driven Testing wird durchaus auch im Bereich des Embedded Testing und im Hardware-in-the-Loop-Test eingesetzt. Hierbei kann man wieder zwischen funktionalen Tests und technischen Tests unterscheiden. Testerinnen in diesem Bereich stecken häufig so tief in der Technik, dass die Fachlichkeit ihrer Tests durch technische Details verdeckt ist und dadurch schwer erkennbar wird. Beispielsweise enthalten Tests im Automotive Embedded Test, wo sehr viel über CAN-Bus kommuniziert wird, gerne eine große Menge von hexadezimalen Werten. Für eine Leserin, beispielsweise eine neue Kollegin, ist es jedoch durchaus ein Unterschied, ob **`Send Message`** *00h 22h FDh EFh 00h 00h 00h 0Eh* gesendet wird oder **`Set Ignition State`** *`Active`*.

Erfahrungsgemäß ist relativ viel Überzeugungsarbeit notwendig, um die Techies zur Einsicht zu bringen, dass es auch ihnen hilft, die Tests lesbar zu gestalten. Dennoch lohnt es sich und wir haben in aller Regel sehr gute Resonanz von den Beteiligten bekommen, nachdem ein Projekt funktionale Tests auch fachlich beschrieben hat. Die Wartbarkeit und auch die Verständlichkeit im Team waren stets gestiegen und somit konnte mit zunehmendem Projektverlauf der volle Nutzen aus Keyword-Driven Testing gezogen werden.

Als Faustformel gilt: In erster Linie sollte die Frage gestellt werden: »Was teste ich mit diesem Test?«

Die Frage nach dem »Wie erreiche ich dieses Ziel technisch?« sollten wir uns erst als Nächstes stellen. Wenn eine Leserin durch das Lesen einer Testspezifikation klar verstehen kann, was das Testziel eines Tests ist und was fachlich zu tun ist, um es zu erreichen, so ist der Test vermutlich auf der richtigen Abstraktionsstufe spezifiziert. Verlieren wir uns jedoch in »Klicks« und »Menüs« und man hat Schwierigkeiten, zu verstehen, welches Ziel diese vielen Aktionen denn verfolgen, so wurde vermutlich auf Ebene des Tests, dem High-Level, zu technisch und zu detailliert gearbeitet.

3.1.3 Welche und wie viele Intermediate-Level

Als Intermediate-Level bezeichnen wir die Ebene der Keywords, die nicht unbedingt in Tests verwendet werden, jedoch auch nicht direkt durch Programmcode implementiert sind. Diese Keywords bilden die »Klebeschicht« zwischen den im Test verwendeten High-Level Keywords und den atomaren durch Programmcode implementierten Low-Level Keywords. Dieses Level ist optional. Häufig ist es praktikabler, nur mit zwei Schichten zu arbeiten. Sind unsere Low-Level Keywords technische Keywords, die bedienbare Elemente der GUI abbilden und somit einen Bezug zum Testobjekt haben, wie zum Beispiel **`Benutzername eingeben`** oder **`Kreditkartentyp auswählen`**, so können wir diese direkt in unseren fachlichen High-Level Keywords verwenden. Beispielsweise in **`Benutzer anmelden`** oder **`Kreditkartendaten eingeben`**. In diesem Fall wäre also ein Intermediate-Level unnötig.

Nehmen wir jedoch den Fall, dass unser Low-Level aus technologischen Keywords besteht, die keinen Bezug zum eigentlichen Testobjekt haben, so sollten wir diesen Bezug auf einem technischen Intermediate-Level herstellen. Keywords wie **`Input Text`**, **`Click Button`** oder **`Select Menu Option`** werden in technischen Keywords aufgerufen und können dann von Fachtesterinnen genutzt werden. Ändern sich GUI-Elemente und wird beispielsweise das Wählen des Kreditkartentyps anders implementiert, so kann das technische Keyword durch andere technologische Keywords oder mithilfe von geänderten Elementidentifikatoren aktualisiert werden, ohne dass auf höheren Ebenen eine Änderung passieren muss. Häufig finden bei GUI-Automatisierungen die meisten Wartungsarbeiten auf unteren Ebenen statt.

Nehmen wir als Beispiel erneut den Login-Dialog. Früher war es üblich, ein Feld für den Benutzernamen und ein Feld für das Passwort zu haben und beide in einem Dialog anzuzeigen. Heute wird immer öfter erst der Benutzername abgefragt und erst im nächsten Schritt folgt auf einer zweiten Seite die Frage nach dem Passwort.

Im folgenden Beispiel sehen wir drei Schichten von Keywords für einen zunächst klassischen Login-Dialog mit allen Feldern auf einer Seite.

Fachliche Schicht `Benutzer anmelden`
Technische Schicht `Benutzername eingeben`
Technologische Schicht `Input Text`

Fachlich:

```
Benutzer anmelden         Benutzer     Passwort
  Benutzername eingeben     Benutzer
  Passwort eingeben         Passwort
  Anmelden klicken
```

Technisch:

```
Benutzername eingeben   Benutzer
  Input Text    //input[@label="username"]    Benutzer

Passwort eingeben       Passwort
  Input Text    //input[@label="password"]    Passwort

Anmelden klicken
  Click Button     //button[text()="Anmelden"]
```

Würde nun ein Element geändert werden, so müsste nur ein Keyword des Intermediate-Level, der technischen Schicht, angepasst werden. Nehmen wir an, der »Anmelden«-Knopf würde geändert. Er ist nun kein Button <button> mehr, sondern ein Link <a>, aber mit einer eindeutigen ID. Dann könnte das technische Keyword **`Anmelden klicken`** wie folgt geändert werden:

```
Anmelden klicken
  Click Element     id:login_btn
```

Alle anderen Keywords blieben jedoch unangetastet.

Würde nun mit einer weiteren Änderung der Login-Dialog auf zwei Schritte aufgeteilt werden, bei denen im ersten Schritt nur der Benutzername eingegeben und verifiziert wird und erst im zweiten Schritt das Passwort überprüft wird, so müssten wir das fachliche High-Level Keyword anpassen und vermutlich ein neues technisches Intermediate-Level Keyword erstellen.

Fachlich:

```
Benutzer anmelden         Benutzer     Passwort
  Benutzername eingeben     Benutzer
  Weiter klicken
  Passwort eingeben         Passwort
  Anmelden klicken
```

Technisch:

```
Weiter klicken
   Click Element     id:nxt_btn
```

Würden wir bereits auf der technischen Schicht in den Programmcode wechseln, so nähme die Automatisierungsentwicklerin die Anpassungen innerhalb der technischen Keywords vor. Das Prinzip bliebe das gleiche. Der Unterschied ist nur, wo und wie wir die Anpassung vornehmen. In beiden Fällen lohnt es sich, zwischen Technologie und Fachlichkeit eine weitere Ebene einzuziehen.

3.1.4 Ablage und Trennung der Layer

Ein Werkzeug für Keyword-Driven Testing sollte es unterstützen, dass Keywords in Ordnungsstrukturen abgelegt und verwaltet werden können. In der objektorientierten Programmierung werden hierfür unter anderem Klassen und Namensräume verwendet. Im Keyword-Driven Testing gibt es ähnliche Konstrukte. Eine Baumstruktur wäre eine wünschenswerte Struktur, um Keywords nach ihren Layern und Zuständigkeiten strukturiert zu ordnen. Wir werden im Folgenden von Ordnern sprechen und meinen damit eben solche Gruppierungen und Untergruppierungen, wie sie mithilfe von Klassen oder unterschiedlichen Ressourcendateien hergestellt werden können.

Schichten trennen: Es hat sich bei unseren bisherigen Projekten als sehr sinnvoll erwiesen, Keywords zunächst nach ihren Schichten getrennt zu verwalten. Alle funktionalen Keywords kommen in einen Ordner, alle technischen Keywords in einen anderen. Ein Vermischen der Layer sollte vermieden werden, da sonst Regeln des Nutzungszwecks oder der Wartungsverantwortung schwer einzuhalten sind. Bei größeren Projekten gibt es häufig klare Definitionen, wer die technischen Keywords implementiert und wer für die funktionalen Keywords zuständig ist.

Um sich bei der Wartung nicht in die Quere zu kommen, ist genau diese strikte Trennung hilfreich.

Team-übergreifend

Es kommt auch häufig vor, dass Low-Level Keywords, die eine spezifische Technologie automatisieren, von mehreren Teams gleichzeitig genutzt werden. Nehmen wir an, dass unser Onlineshop von verschiedenen Teams entwickelt wird, jedoch auf einem gemeinsamen Technologiestack basiert. Dann sind eben diese Keyword-Bibliotheken, die das Testobjekt bedienen, gemeinschaftlich nutzbar.

Ein praktisches Beispiel für einen solchen Fall wäre eine Low-Level-Bibliothek zur Bedienung von Webkomponenten, die unser

Framework zur Verfügung stellt. Dies könnte bedeuten, dass Buttons in dem Webshop eben keine html <button> sind, sondern links <a>, die über css wie ein Button dargestellt werden. Für diese Pseudo-Buttons könnten eigene Keywords geschrieben werden, sodass ein Nutzer sich nicht jedes Mal mit den Besonderheiten unseres GUI-Frameworks auseinandersetzen müsste.

Ein weiteres Beispiel können wir im Hardware-in-the-Loop-Test finden. HiL-Systeme, die bei einem Hersteller eingesetzt werden, sind häufig mit gleicher Architektur aufgebaut und die Controller und Progammierinterfaces sind gleich. Hierfür kann es HiL-Bibliotheken von Keywords geben, die einen spezifischen HiL adaptieren und von verschiedenen Teams genutzt werden.

Auch auf höheren Ebenen können Gemeinsamkeiten entdeckt werden. Nehmen wir als Beispiel einen Hersteller, dessen Produkte Variationen eines Produktbaukastens sind. Hier könnte es für jedes Modul die entsprechenden Keywords als gemeinschaftlich nutzbare Ressource geben. Allerdings: Je weiter wir uns in der Abstraktion von der Technik nach oben in Richtung Fachlichkeit bewegen, desto konkreter beziehen sich Keywords auf eben genau das eine Produkt, das gerade getestet wird. Wir entfernen uns also von der Technik und nähern uns der Funktionalität.

Auch die Beispiele im vorherigen Kapitel sollten deutlich machen, dass gewisse Änderungen am Testobjekt klare Wartungsarbeiten in spezifischen Schichten nach sich ziehen. Eine klare Trennung hilft, um die Auswirkungen und Seiteneffekte der Wartung eingrenzen zu können.

Betrachten wir als Nächstes, wie die unterschiedlichen Layer weiter strukturiert werden können, denn jeder Layer hat eigene Anforderungen.

Test Interface Layer

Strukturen im technischen Layer: Am einfachsten zu erstellen ist die Ordnerstruktur des technischen Layer. Keywords darin beziehen sich ja auf konkrete Points of Control und Points of Observation. Sie steuern beispielsweise direkt GUI-Elemente. Jedes konkrete GUI-Element liegt auf einer spezifischen Maske oder einer Seite. Häufig können diese GUI-Elemente recht einfach zu Gruppen zusammengefasst werden. Entsprechend dem Aufbau der GUI können die Keywords abgelegt werden.

Nehmen wir als konkretes Beispiel erneut den Login-Dialog. Alle Keywords wie `Benutzername setzen`, `Login-Button drücken` oder `Passwort wiederherstellen` können in einen Ordner mit dem Namen »Login-Dialog« einsortiert werden. Weitere Ordner könnten »Warenkorb«, »Artikelliste«, »Startseite« oder ähnlich heißen. Da sich jedes Keyword auf ein oder sehr wenige Elemente bezieht, die sich nicht über mehrere Masken verteilen, ist diese Struktur klar verständlich und das Finden einzelner Keywords klappt perfekt.

Technical Layer

Strukturen im technologischen Layer: Auf dem technologischen SUT Adaptation Layer ist die Struktur ebenfalls relativ einfach. Zuallererst werden Keywords natürlich nach ihren Technologien selbst strukturiert. Alle Selenium-basierten Keywords kommen in den Ordner »Selenium«, alle Keywords, die ein REST-API testen, in den Ordner »REST« und die Datenbank-Keywords in den Ordner »Datenbank«.

Auch in einem solchen Technologieordner, wie beispielsweise »Selenium«, könnten alle Keywords, die auf etwas klicken, in einem Ordner gesammelt werden. Keywords, die Zustände auf der GUI verifizieren, kommen in einen weiteren Ordner und Keywords, die den Browser steuern, wiederum in einen eigenen Ordner.

Eine solche Struktur könnte dann wie folgt aussehen:

```
SUT-Adaptation
  Selenium
    BrowserManagement
      Close Browser
      Open Browser
      Switch Browser
    WindowManagement
      Control Window
        Close Window
        Maximize Window
        Set Window Position
        Set Window Size
        Switch Window
      Get Information
        Get Location
        Get Window Names
        Get Window Position
        Get Window Size
        Get Window Titles
    Click Operations
      Click Button
      Click Element
      Click Element At Coordinates
      Click Image
      Click Link
```

→

```
    Double Click Element
  Text Operations
    Input
    Clear Element Text
    Input Text
    Input Password
  Get Information
    Get Element Text
    Get Element Value
    Verify Element Contains Text
    Verify Element Text
    Verify Element Value
```

Fachliche Schicht: Die fachliche Schicht ist unserer Erfahrung nach die am schwersten sauber zu strukturierende Schicht. Vor allem können wir hier keine Empfehlungen geben, da jedes Testobjekt einer jeden Leserin unterschiedliche fachliche Strukturen aufweisen wird.

Domain Layer

Nehmen wir dennoch kurz das Beispiel des Onlineshops. Wir erinnern uns, dass fachliche Schritte die GUI nicht »berühren« dürfen. Wir sollten also nicht nach der Struktur der GUI vorgehen, wie es bei den technischen Keywords ratsam war. Bei einem Shopsystem würden wir daher eher nach den Tätigkeiten strukturieren.

Gruppen wie »Artikelauswahl«, »Kontoverwaltung«, »Bestellung« und »Artikeldetails« könnten sinnvolle Hauptgruppen sein. Problematisch wird es immer dann, wenn sich Tätigkeiten über Themenbereiche erstrecken. Wenn bei einer Bestellung eine neue Lieferadresse eingegeben werden soll, ist das Keyword **`Lieferadresse ändern`** dann ein Keyword der »Kontoverwaltung«, da die neue Lieferadresse ja im Kundenkonto hinterlegt wird, oder gehört es zu »Bestellung«? Eigentlich ist es auch fast egal, welchen Weg man hier geht, denn selbst wenn wir uns nach sehr viel Überlegung darauf festlegen können, dass es zu »Bestellung« gehört, wird es sicherlich einen Kollegen geben, der danach im Ordner »Kontoverwaltung« sucht. Zusammengefasst kann dennoch gesagt werden, dass geschätzte 80 % der Keywords auch auf den hohen Ebenen relativ klar einsortiert werden können, und bei den 20 % strittigen Keywords wird man keine perfekte Lösung finden. Viel wichtiger als die Ablage dieser Keywords ist die klare und verständliche Namensgebung, denn über eine Suchfunktion können eigentlich alle Keyword-Driven Testing Frameworks auch diese Keywords finden.

Mit dem Team arbeiten

Abschließend sei auch hier noch einmal gesagt, dass, egal welche Struktur Sie sich ausdenken und egal wie perfekt sie sein sollte, Ihnen diese Struktur nur dann etwas nützt, wenn im Team Konsens herrscht, sie so zu verwenden.

Das Commitment der Mehrheit der Teammitglieder ist viel wichtiger als eine perfekte Keyword-Struktur.

3.1.5 Regelwerke zu den Layern

Wenn wir uns also eine Struktur für unsere Layer überlegt und das Commitment des Teams haben, dass diese Struktur verwendet werden soll, sollten wir gemeinsam Regeln definieren und diese aufschreiben.

Dieses Regelwerk kann im Projektverlauf sowohl dazu verwendet werden, (unnötige?) Diskussionen auf einer sachlichen Ebene zu klären, als auch dazu dienen, einem Revisor oder Kunden darzulegen, wie in dem Projekt gearbeitet wird. Bei einem ISO-9001-Audit können diese Keyword-Regeln als Teil der Prozessbeschreibung dienen. Sehen wir uns im Folgenden ein paar Beispielregeln an.

Zwei-Schichten-Modell: Eine mögliche Regel, die sich im Projektalltag bewährt hat, wäre, dass keine Low-Level Keywords direkt in Tests verwendet werden dürfen. Dies bedeutet, dass wir in unseren Tests immer mindestens zwei Schichten von Keywords verwenden. Damit steht uns im Fall einer Änderung ein Interface im Keyword-Driven Testing zur Verfügung, das wir anpassen können. Mit zwei Schichten können wir Prozeduren mehrerer Tests auf einmal verändern, indem wir ein mehrfach verwendetes Keyword umstrukturieren, ohne eine Entwicklerin zu belästigen. Der Sprung in den Programmcode sollte aufgrund der losen Kopplung relativ änderungsarm sein. Eine Änderung am Namen oder an der Parametermenge zieht immer eine Änderung in zwei Systemen mit sich. Zum einen muss der Programmcode geändert werden, zum anderen muss das Keyword, das die implementierte Methode abbildet, oder dessen Verwendungen angepasst werden.

Fachliche Keywords in fachlichen Tests: Eine weitere Regel könnte lauten, dass nur Keywords der fachlichen Schicht oder höherer Schichten in Tests verwendet werden dürfen. Ziel ist es, den Test inhaltlich zu beschreiben, um sicherzustellen, dass alle Beteiligten verstehen, was der Test prüft. Das »Wie« ist in den fachlichen Keywords verborgen und überlädt den Test nicht. Die Verwendung von technischen Keywords wäre nur dann erlaubt, wenn es sich explizit um einen technischen Test handelt. Diese technischen Tests, die beispielsweise das Verhalten einzelner GUI-Elemente prüfen, sollten klar von den fachlichen inhaltlichen Tests getrennt sein.

Technische Tests könnten, obwohl sie ebenfalls formal auf der Systemteststufe stattfinden, als niedrigere Teststufe angesehen werden und sollten somit auch losgelöst von den inhaltlichen funktionalen Tests verwaltet werden. Solch eine Regel kann auch teilweise mithilfe von »statischen Analyse«-Werkzeugen sichergestellt werden.

Keine technologischen Daten im Test: Es wäre durchaus möglich, fachliche Keywords zu definieren, die als Argument dennoch (technische) GUI-Identifier erwarten. Damit wäre die Fachlichkeit dieser Schritte natürlich recht zweifelhaft. Im Test sollten nur fachliche Daten, die auch tatsächlich mit dem Inhalt des Tests in Verbindung stehen, sichtbar sein, um möglichst wenig vom Testziel abzulenken.

Keine technischen Probleme im Test lösen: In der Testspezifikation sollten wir uns damit beschäftigen, was zu testen ist und was das erwartete Ergebnis ist. Eine Grundidee des Keyword-Driven Testing ist es ja, die technische und technologische Problemlösung von der fachlichen Testspezifikation völlig zu trennen. Es wäre nun kontraproduktiv, wenn wir anfangen würden, technische Herausforderungen mit einer extrem limitierten Programmiersprache (Keyword-Driven Testing) zu lösen.

Dennoch kann es notwendig sein, in einem automatisierten Test Elemente zur Flusskontrolle einzusetzen. Schleifen (FOR/WHILE) oder bedingte Anweisungen (IF/ELSE) sind je nach Tool verfügbar, führen aber in Tests dazu, dass sich eine Leserin mehr mit den möglichen Pfaden beschäftigt, um den Programmfluss zu verstehen, als mit dem Inhalt des Tests. Solche ggf. notwendigen Teile können in der Regel in Keywords ausgegliedert werden, sodass sie nicht mehr im Test direkt sichtbar sind. Auch das Zuweisen von Werten zu Variablen kann auf Ebene der fachlichen Keywords sehr störend sein und könnte über eine solche Regel untersagt werden.

Keine Änderung am Low-Level durch Testdesigner: Keywords des Low-Level spiegeln den eigentlichen implementierten Programmcode der Testautomatisierung wider. Eine Änderung an dem Namen eines Keywords oder dessen Argumenten führt also zwangsläufig zu einer Änderung des Programmcodes der Automatisierung.

Es kann eine gute Idee sein, den Zugriff auf den Code, beispielsweise auf das GIT-Repository, in dem diese Sourcen versioniert werden, zu beschränken. Regeln betreffs der Zuständigkeit festzulegen ist immer dann empfehlenswert, wenn verschiedene Personengruppen mit unterschiedlichen Fachgebieten zusammenarbeiten. Eine Testerin »fummelt« nicht am Code rum und eine Entwicklerin verändert keine Testspezifikationen. Hier geht es nicht um Pfründe oder Misstrauen, sondern schlicht darum, Fehler zu vermeiden.

Es gibt Ausnahmen. Aber egal was geändert wird, wer ändert, sollte auch Verantwortung für diese Änderung übernehmen und sicherstellen, dass die daraus resultierenden notwendigen Schritte durchgeführt werden.

Solche oder ähnliche Regeln sollten zu Beginn abgestimmt werden und entsprechend den agilen Ansätzen stets neu bewertet und ggf. geändert werden. Hinzu kommen in den folgenden Kapiteln noch Konventionen zu dem Wortlaut von Keywords der verwendeten Sprache und andere Formulierungsregeln.

3.2 Lernen von Best Practices aus der Entwicklung

Viele Best Practices, die aus der Softwareentwicklung stammen – beispielsweise unter dem Begriff »Clean Code« (siehe [7]) bekannte Konzepte –, sind eben dort, in der Softwareentwicklung, bekannt und gängig. Hier sprechen wir nun über Testen und Keywords, und da mag es auf den ersten Blick seltsam erscheinen, dass wir dieses Thema anschneiden.

Es gibt aber einiges an solchen Best Practices, was sich auf Keywords übertragen lässt. Eine gewisse Ähnlichkeit zwischen den Herausforderungen von Keyword-Driven Testing und Softwareentwicklung ist nämlich schon zu erkennen.

Ähnlich wie bei Software ist es beispielsweise für die Arbeit im Team essenziell, dass unterschiedliche Menschen ohne allzu viel Abstimmung und Erklärung verstehen können, was andere erzeugt haben.

Im Folgenden fokussieren wir uns kurz und knapp auf einige dieser besonders gut übertragbaren Best Practices – laden aber gleichzeitig dazu ein, die Augen offen zu halten, was vielleicht noch an guten Ideen übertragbar ist.

Refactoring: Der erste Wurf wird selten sitzen. Statt zu versuchen, von Anfang an die perfekte Lösung (also den perfekten Satz von Keywords) zu erzeugen – was sowieso nie klappt –, sollte man sich mit einer »nur« guten Lösung begnügen und dabei akzeptieren, dass später eine Überarbeitung nötig wird. Diese muss dann beizeiten kommuniziert werden!

Entwurfsmuster: Von als »gut« anerkannten Keywords werden Vorlagen erstellt, die als Muster für neue Keywords für alle, die daran mitarbeiten, dienen können. An der Stelle können auch Anti-Pattern

– also Beispiele von Keywords, die sich nicht bewährt haben – nützlich sein.

Konventionen: *Wie* man Keywords nun genau schreibt, dazu gibt es wahrscheinlich viele Meinungen. Aber so, wie es auch bei Formatierungen von Code (beinahe) egal ist, worauf man sich einigt, ist es auch hier: Eine einheitliche Art und Weise, wie Keywords gebildet werden, ist für die spätere Lesbarkeit sehr wichtig.

Don't repeat yourself: Das sollte ohne Frage gelten. Redundante Keywords erzeugen Probleme und Mehrarbeit. Auch wenn es vielleicht nicht immer ohne Redundanzen geht – sie zu vermeiden ist ein Ziel, und treten sie doch auf, sollte man ein Refactoring erwägen.

Single responsibility: Jedes Keyword hat auf seiner Ebene eine klare Aufgabe und ein klares Ziel. Das gilt auch für zusammengesetzte Keywords. Also: keine eierlegende Wollmilchsau implementieren – es mag zunächst praktisch erscheinen, auf Dauer aber überwiegen die Vorteile besserer Verständlichkeit und Wartbarkeit beim Single-Responsibility-Prinzip.

YAGNI (You Ain't Gonna Need It): Anfangs ist es schon eine gute Idee, zunächst einmal zu überlegen, welche Keywords als Erstes gebraucht werden. Als Erstes! Auf Vorrat oder der Vollständigkeit halber Keywords zu erstellen und zu beschreiben, vielleicht sogar zu implementieren, die man erst später braucht, ist keine gute Idee. Damit wird potenziell Aufwand in Dinge gesteckt, die niemals benötigt werden, und wenn, dann doch ganz anders, weil man auf dem Weg dahin einiges dazugelernt hat. Solcher Aufwand ist vergeudet.

3.3 Auswahl der Sprache

Bei der Einführung einer Testautomatisierung und auch bei der Umstellung der Testspezifikation auf eine neue Methodik sollte die Frage der Spezifikationssprache erneut besprochen werden. Gemeint ist nicht eine Programmiersprache, sondern die natürliche Sprache:

> Werden die Tests in Deutsch oder in Englisch spezifiziert?
> Wollen wir ein Mischen verschiedener Sprachen erlauben?

Die Antwort auf diese Fragen hat einige Implikationen – oder umgedreht: Für die Entscheidung sollte man sich der Konsequenzen bewusst sein.

Benennen von Keywords

Aber ...
An dieser Stelle sollte eine Anekdote ihren Platz finden, die ein Kollege uns erzählt hat.

Bei einer Schulung zum Keyword-Driven Testing stellte er fest, dass einige Teilnehmer mit einer Übung überhaupt nicht klarkamen. Eigentlich war die Übung einfach.

Die Erklärung: Die Teilnehmer sollten sich Keywords überlegen und konnten sich einfach nicht dazu durchringen, Namen festzulegen. Dadurch waren sie schlicht blockiert.

Man könnte ja etwas falsch machen.

Bitte, bei allem, was Sie noch über Keywords im Folgenden lernen werden – lassen Sie sich nicht davon blockieren. Wenn Ihnen das alles zu viel ist, suchen Sie sich einfach treffende Namen aus, die Ihnen gefallen.

3.3.1 Englisch

Wählt man Englisch als Spezifikationssprache, so kann man viele auf KDT übertragbare Hinweise zu Best Practices in manch gutem Buch zum Thema Programmieren finden – viele Empfehlungen können fast eins zu eins übernommen werden. Beginnen wir erst einmal mit ein paar grundsätzlichen Regeln.

Imperativ: In der Programmierung in englischer Sprache wird typischerweise der Imperativ, die Befehlsform, verwendet. Im Englischen wie im Deutschen beginnt man dabei mit dem Verb. `Open browser` oder `Go to URL` sind simple Beispiele. Im Gegensatz zu Behavior-Driven Testing sollte hier durchgängig im Imperativ gearbeitet werden, denn bei Keyword-Driven Testing werden Anweisungen an die Testerin gegeben. Sowohl in der Automatisierung als auch für den manuellen Test wäre dies unsere Empfehlung. Tatsächlich können wir uns nach all den Jahren nicht an eine lesbare und gute Spezifikation erinnern, die etwas anderes genutzt hat. Natürlich haben wir viele unleserliche und unverständliche Beispiele sehen dürfen, wie sich Menschen sehr fantasievolle andere Methoden überlegt hatten, jedoch war eigentlich nie jemand so recht zufrieden damit.

Das Verb im Fokus: Die Verben sind im Englischen extrem wichtig und die richtige Wahl stellt relativ frühzeitig die Weichen. Daher ist es hilfreich, wenn zu Beginn des Projektes einige Schlüsselverben festgelegt werden. `verify ...`, `validate ...` oder `check ...` könnten synonym füreinander verwendet werden. Ein Teammitglied mag vielleicht den Begriff `check` lieber und legt ein neues Keyword `check valid login` an, obwohl es bereits ein Keyword `verify successful login` gibt, das inhaltlich das Gleiche tut. Hätte es eine Festlegung gegeben, dass Überprüfungen/Verifikationen immer mit dem verb `verify` beginnen, so wäre diese Dublette möglicherweise nie entstanden. Solche generisch verwendbaren Verben gibt es durchaus öfter. Gerade im Bereich der techniknahen Schichten werden Begriffe wie `select`, `choose`, `open` oder `set` recht häufig verwendet.

Problematisch sind diese Mehrfachbelegungen im Englischen eben aufgrund des Imperativs. Die Keywords fangen mit dem Verb an und werden in vielen Tools auch nach dem Namen alphabetisch sortiert angezeigt. Dies ist wichtig, da ein Benutzer häufig einen Begriff im Kopf hat und das entsprechende Keyword sucht. Auch bei Code-Editoren, die eine Autovervollständigung/Code Completion haben, werden die passenden Vorschläge in der Regel zuerst nach Passgenauigkeit und anschließend alphabetisch sortiert. Tippt die Benutzerin die Buchstaben `ver` in den Editor ein, kommen erst alle Keywords, die mit den gleichen Buchstaben beginnen. Anschließend folgen alphabetisch sortiert jene, die die Buchstaben »v«, »e« und »r« enthalten in alphabetischer Reihenfolge. Dies führt dazu, dass alle Keywords, die mit `verify` beginnen, am Stück betrachtbar sind. Sieht der Nutzer sein gewünschtes Keyword nicht, so muss er annehmen, dass es nicht existiert und daher neu zu erstellen ist. Der Fokus liegt hier klar auf dem einleitenden Verb.

3.3.2 Deutsch

Entscheiden wir uns im Team dazu, unsere Tests auf Deutsch zu schreiben, erkaufen wir uns den Komfort der Muttersprache gleich mit einer Reihe von neuen Herausforderungen.

Zum einen ist die Wahl der grammatischen Form nicht so trivial wie im Englischen, zum anderen werfen Umlaute und das Eszett (ß) zumindest die Frage auf, ob unser Framework diese Sonderzeichen unterstützt und welche Codierung verwendet werden muss. Die vier deutschen Sonderzeichen sind zwar in der Regel möglich, doch ist nun die gewählt Zeichencodierung (encoding) eine essenzielle Information. Erwartet das Framework beispielsweise UTF-8-codierte Dateien und es wird ein Editor wie Eclipse verwendet, der je nach Plattform in der Standardeinstellung Windows-1252 (CP1252) nutzt, kann das Framework schon relativ einfach zum Stillstand gebracht werden.

Auch der Übergang vom Keyword zum Code auf Ebene der Low-Level Keywords kann dann eine Herausforderung sein, wenn beispielsweise die Funktions- oder Klassennamen des Codes als Keyword-Namen herangezogen werden, wobei auch hier die meisten Programmiersprachen heute Unicode unterstützen und somit quasi alle Zeichen verwenden können.

Wählt man im Englischen eigentlich ausschließlich den Imperativ, so ist diese Entscheidung im Deutschen ganz und gar nicht so einfach zu fällen. Man sagt zwar, dass die deutsche Sprache hier und da einige Vorteile hat, was die Genauigkeit angeht, als leichtgewichtig würden wir sie jedoch nicht unbedingt bezeichnen. Aufgrund einer Besonderheit unserer Sprache ist die Wahl des Imperativs nicht so einfach wie im Englischen ...

Imperativ: Das Keyword **`Öffne Webbrowser`** ist ein gutes Beispiel, warum der Imperativ auch im Deutschen eine gute Wahl ist. Im Gegensatz dazu sind die Keywords **`Melde Benutzer an`** und **`Melde Benutzer ab`** gute Beispiele dafür, warum der Imperativ eben vielleicht doch nicht eine unproblematische Wahl ist.

In der deutschen Sprache werden gerne Wörter zusammengesetzt. Das Verb »anmelden« besteht aus dem Präfix oder Erstteil »an« und der Verbbasis »melden«. Im Imperativ werden im Deutschen jedoch abtrennbare Präfixe der Verbbasis nachgestellt. Ist ein Objekt im Spiel, dann sogar hinter das Objekt.

Ein besonderes Problem verursacht dies im manuellen Test, da eine Stärke des Keyword-Driven Testing während einer manuellen Testdurchführung die schnelle Erkennbarkeit der Keywords ist. Da wir jedoch von links nach rechts lesen, erschließt sich der Kontext der Keywords erst nach vollständigem Lesen. Von der Reihenfolge her würden wir also weder mit dem Objekt beginnen und dieses in den Fokus rücken, wie es beim Infinitiv der Fall wäre, noch würden wir das Verb wie beim englischen Imperativ in den Fokus rücken.

Selbst in der Automatisierung kann der Imperativ Probleme bereiten. Denn solche Keywords würden in einer Bibliothek alphabetisch gewöhnungsbedürftig einsortiert und die Suche nach ihnen könnte sich als wenig intuitiv erweisen.

Trennbare Verben können teilweise durch Synonyme ersetzt werden, die nicht trennbar sind. Man könnte beispielsweise **`Wähle Kunden über Namen aus`** durch das alternative Keyword **`Selektiere Kunden über Namen`** ersetzen. Erfahrungsgemäß fällt es jedoch Anwendern merklich schwerer, im deutschen Imperativ gute Keywords zu erstellen als im Englischen, sofern sie der Sprache mächtig sind. Andererseits haben wir auch Projekte gesehen, die gut mit dem Imperativ in der Automatisierung gefahren sind. Die Lesbarkeit eines gesamten fertigen Tests und das Erfassen des Inhalts klappt durchaus gut. Es ist also eine Überlegung wert.

Beispiel:

```
Starte Webbrowser      http://keyword-driven.de
Melde Benutzer an      admin     123456
Suche Artikel          Keyword-Driven Testing
Füge Artikel dem Warenkorb hinzu
Prüfe Warenkorbinhalt
```

Point&Click-Adventure-Methode: Diese Methode ist sprachwissenschaftlich wesentlich weniger begründet, ist uns jedoch auch in Projekten untergekommen.

Leser, die in den späten 80er- und frühen 90er-Jahren bereits einen Computer zur Verfügung hatten, kennen vielleicht noch Grafik-Adventure-Spiele wie »Maniac Mansion«, »Indiana Jones« oder die »Monkey Island«-Reihen. In diesen Spielen konnte mit der Maus eine Tätigkeit gewählt werden und anschließend ein Objekt in der Spielewelt oder im Inventar selektiert werden. Beispiele wie `Schau an` *Gummi-Huhn* oder `Schalt ein` *Mikrowelle* waren typisch. Im Prinzip nutzen wir hier immer noch den Imperativ, wir stellen ihn nur etwas fantasievoll um. Diese Umformung stellt eine Alternative zum »reinen« (grammatikalisch korrekten) Imperativ im Deutschen dar. Für manuelle Tests kann damit in den Fällen, in denen keine untrennbaren Verben genutzt werden können, das Verb trotzdem am Beginn des Keywords stehen. Benutzer lesen also das Verb vollständig zuerst. Beispiel: `Melde ab Benutzer`.

Da für einen Großteil der Verben untrennbare Alternativen genutzt werden können, beschränkt sich diese etwas eigenartige Art und Weise auf eine geringe Anzahl der Keywords. Auch wenn diese Form in der Praxis weniger oft vorkommt als der reine Imperativ oder der im Folgenden beschriebene Infinitiv, haben wir doch Teams gesehen, die diese Form gewählt haben und damit zufrieden und erfolgreich automatisiert haben.

Beispiel:

```
Starte Webbrowser      http://keyword-driven.de
Melde an Benutzer      admin      123456
Suche Artikel          Keyword-Driven Testing
Platziere Artikel in Warenkorb
Prüfe Warenkorbinhalt
```

Infinitiv: Die unserer Auffassung nach angenehmste Form der Spezifikation mit Keywords ist der Infinitiv, die Grundform. Kochen Sie? Dann ist Ihnen der Infinitiv bestimmt aus Rezepten vertraut. »Zwiebeln kleinschneiden und in der Pfanne auf kleiner Flamme glasig braten ...«

Er wird also bereits im Alltag als Alternative für den Imperativ eingesetzt und ist nicht ungewöhnlich. In dieser Form wird das Objekt vorangestellt und das Verb folgt in der Grundform. Der Fokus steht bei diesen Keywords klar auf dem Objekt, das manipuliert oder überprüft wird. **`Versandadresse auswählen`** und **`Benutzer anmelden`** sind zwei Keywords, die im Imperativ eher speziell gewesen wären.

Die Fokussierung auf das Objekt hat weitere Vorteile. Alle Keywords, die etwas mit dem »Benutzer« machen, stehen gemeinsam an einer Stelle in unserer Bibliothek. **`Benutzer anmelden`**, **`Benutzer abmelden`**, **`Benutzer prüfen`**, **`Benutzer löschen`** und **`Benutzer deaktivieren`**.

Der Infinitiv hat sich für manuelle Testerinnen als genauso erfolgreich herausgestellt, da der Lesefluss bei der Ausführung sehr klar ist. Liest man zuerst das Wort »Versandadresse«, kann sich der Verstand bereits auf dieses Element einlassen und das folgende Verb »prüfen« wird direkt richtig im Kopf einsortiert. Es ist erfahrungsgemäß einfacher, manuelle Testanweisungen im Infinitiv zu lesen und auszuführen als im Imperativ oder sogar als Fließtextbeschreibung.

Dass das Verb am Ende steht, hat im manuellen Test aber auch einen Nachteil, denn Prüfschritte sind nicht auf Anhieb als solche zu erkennen. **`Prüfen Benutzernamen`** ist offensichtlicher eine Verifikation als **`Benutzernamen prüfen`**.

Wenn wir uns pauschal für eine Form entscheiden müssten, dann würden wir klar den Infinitiv wählen, auch wenn er durch die klare Fokussierung auf das Objekt die Tätigkeit geringer gewichtet. Bibliotheken sind aufgeräumt, die Lesbarkeit ist gut, manuelle Tests sind einfach ausführbar und es ist für die Anwender in der Regel leichter qualitativ hochwertige Keyword-Namen zu finden.

Beispiel:

```
Webbrowser starten        http://keyword-driven.de
Benutzer anmelden         admin     123456
Artikel suchen            Keyword-Driven Testing
Artikel zu Warenkorb hinzufügen
Warenkorbinhalt prüfen
```

3.4 Objektorientierte Ansätze

Objektorientierung kann im Zusammenhang mit Keyword-Driven Testing einerseits im Zusammenhang mit Testdaten, andererseits im Kontext von Testautomatisierung für die Identifikation der anzusprechenden Elemente genutzt werden. Die folgenden Abschnitte gehen auf beides näher ein.

3.4.1 Typisierung von Daten

In diesem Abschnitt wollen wir nicht über die Testdaten selbst, sondern über deren Typen sprechen.

Jede objektorientierte Programmiersprache setzt das Konzept der Datentypisierung um. In den meisten sind selbst »primitive Datentypen« Klassen – also objektorientiert.

Auch wenn Datentypisierung per se kein Konzept der Objektorientierung ist, ist es dennoch für die folgenden Ansätze wichtig. Ausgangspunkt sind die sogenannten »primitiven« oder »elementaren« Datentypen. Aus diesen Typen sind alle höheren/komplexen Datentypen zusammengesetzt. Beispiele für primitive Datentypen sind unter anderem: Integer (ganze Zahlen), Float (Gleitkommazahlen), Boolean (logischer Wahrheitswert) oder Strings (Zeichenketten).

Unterschiede bei den Programmiersprachen gibt es natürlich auch zwischen den statisch typisierten Sprachen, wie beispielsweise Java, C# oder TypeScript, die bereits vor der Ausführung des Codes festlegen, welchen Typ eine Variable hat, und zwischen den dynamisch typisierten Sprachen, wie Python oder JavaScript, die erst während der Ausführung den Typ einer Variablen definieren und in der Regel auch eine Umtypisierung zulassen.

Da Keyword-Driven Testing ja einfach sein soll und die Testdesigner sich keine Gedanken über Datentypen machen sollten, verzichtet es oft auf eine statische Typisierung und häufig sogar vollständig auf eine Festlegung von Typen.

Viele Frameworks definieren nur, dass ein Keyword eine Menge von Argumenten hat, aber eben nicht welchen Typ die Werte haben sollten.

Datentypen sind aber wichtig für Keyword-Driven Testing, denn wir wollen ja auch automatisieren und somit wird an irgendeiner Stelle der Übergang aus der schönen Welt der Keywords in die dunkle Welt der Typisierung und Programmierung geschehen, und spätestens dann gibt es Datentypen.

Eigentlich sind Daten ja immer typisiert!

In den meisten Werkzeugen liegen sie nur eben als Strings (Zeichenketten) vor. Wir verwenden also im Keyword-Driven Testing in der Regel immer Text, um zu definieren, welche Werte verwendet oder erwartet werden sollen.

Konkretisieren wir das mal an einem Beispiel. Das Keyword **`Warte`** erwartet eine Kommazahl als Argument für die Anzahl Sekunden, die nun gewartet werden sollen. Wir nutzen also die Zeichenkette »0,5«, um auszudrücken, dass eine halbe Sekunde gewartet werden soll.

Nun kommt jedoch der Punkt, wo der Text »0,5« an das Automatisierungsframework gegeben wird und entweder das Framework oder die Implementierung des Keywords **`Warte`** diese Zeichenkette in eine Zahl umwandeln muss.

Wenn das Framework selbst keine Typisierung bzw. Typkonvertierung unterstützt, muss die Konvertierung in jedem Keyword-Skript einzeln gemacht werden. Die Entwicklerin des Keyword-Codes muss also darauf achten, als Argument eine beliebige Zeichenkette zu erhalten und daraus, falls möglich, eine Zahl zu erzeugen. Ist dies nicht möglich, da der Benutzer »halbe Sekunde« als Text eingegeben hat, muss eine aussagekräftige Fehlermeldung erzeugt werden.

Da diese Typinkompatibilitäten ja theoretisch bei jedem Keyword vorkommen könnten, wäre es am besten, wenn das Framework solche Fehler bereits verhindert oder zumindest das Konvertieren generalisiert.

Ein Lösungsansatz wäre, dass die Entwicklerin eine Programmiersprache verwendet, die in der Lage ist, die Datentypen der Keyword-Argumente festzulegen. Das Framework weiß also, dass das Keyword **`Warte`** ein Float erwartet, und kann eine »String-to-Float«-Konvertierung durchführen. Das müsste nur einmal implementiert werden und könnte inklusive Fehlerbehandlung bei jedem Keyword genutzt werden. Dieser Ansatz wird beispielsweise beim Robot Framework verwendet.

Ein anderer Ansatz ist es, bereits im Editor die Eingabe falscher Daten zu unterbinden. Das kann dadurch gelöst sein, dass der Editor die erwarteten primitiven Datentypen der Keywords kennt, oder Argumente könnten mit »regulären Ausdrücken« (RegEx[2]) beschrieben werden. Somit wäre es möglich, zu prüfen, welche Zeichenketten für ein Argument gültig sind und welche nicht. Der Testdesigner würde dann bereits bei der Eingabe der Daten informiert, dass er gerade einen Fehler macht.

Eine dritte Option besteht darin, Testdesignern vordefinierte Wertelisten anzubieten. Wir werden später darauf zurückkommen.

Ungeachtet der Fähigkeiten des verwendeten Frameworks sollte ein Grundverständnis der gewünschten Datenformate bei den Testerinnen und Designern vorhanden sein, um auch die daraus resultierenden Fehler erkennen und beheben zu können.

3.4.2 Datenobjekte

Keyword-Driven Testing macht meist wenig Vorgaben bezüglich der Werte in den Testdaten. Den Begriff Testdaten kann man unterschiedlich verstehen, zwei Ausprägungen davon interessieren uns an dieser Stelle besonders: Einerseits können die Testumgebungsdaten gemeint sein, bzw. die Daten, die das Testobjekt verarbeiten soll, andererseits können darunter die Testspezifikationsdaten oder Eingabedaten verstanden werden, mit denen wir das Testobjekt stimulieren. Vergleiche dazu auch Abschnitt 2.3.

Recht anschaulich ist die Unterscheidung bei den Daten eines Benutzers. Die Testumgebungsdaten wären in dem Fall unter anderem der Benutzername und der kryptografische Hashwert des Passworts mit den dazu notwendigen kryptografischen Metadaten, wie »Salt« und »Pepper«. Die Eingabedaten, die benötigt würden, um den Benutzer am System zu testen, wären hingegen der Benutzername und das Passwort in voller Länge.

Keyword-Driven Testing kann natürlich gut dazu verwendet werden, Daten oder Datenbank-Dumps in das Testobjekt einzuspielen (darauf werden wir noch in Abschnitt 8.6.1 eingehen). Jetzt konzentrieren wir uns auf das Thema Testspezifikationsdaten.

Die Verwaltung der Spezifikationsdaten ist für die meisten Testautomaten kein zentrales Thema. Leider sind Testdaten meist nicht einmal für Testmanagementsysteme ein Thema. Testdaten werden in der Regel einfach in die Testspezifikation als Teil des Textes geschrieben – im Fließtext bei manuellen Tests oder als Teil des Sourcecodes bei automatisierten Tests. Eine strukturierte Ablage und Typisierung von Daten sucht man häufig vergebens. Selbst wenn Daten getrennt von

[2]RegEx ist eine Möglichkeit, mit einer spezifischen Syntax Zeichenketten zu beschreiben oder zu filtern und somit erlaubte Werte einzugrenzen.

der eigentlichen Testprozedur abgelegt werden, gibt es oftmals nur Strings (Zeichenketten) und diese werden auch noch in Excel- oder CSV-Tabellen verwaltet.

Wir könnten uns nun also mit diesem Status quo abfinden und Testdaten als Texte in Tabellen verwalten. Es lohnt sich aber durchaus, in die Verwaltung von Testspezifikationsdaten ein paar mehr Gedanken zu investieren.

Wenn wir im Folgenden von Datentypen sprechen, sind hiermit nicht ausschließlich primitive Datentypen, wie Zeichenketten (Strings), Zahlen (Integer oder Float) oder Wahrheitswerte (Booleans), gemeint. Es geht hier vielmehr um fachlich typisierte Daten, die letztendlich schon ein String oder eine Zahl sind, wie zum Beispiel »Benutzernamen«, »Straße« oder »Artikelnummer«.

Eine Artikelnummer oder eine Postleitzahl ist aber nicht gleichzusetzen mit einem Integer, nur weil sie durch einen solchen abbildbar ist. Eine Postleitzahl ist in Deutschland eine fünfstellige Ziffernfolge, die als erste Stelle die Zone [0-9] und als zweite Stelle die Region [1-9] spezifiziert. Wir können hier also durchaus von dem Datentyp »Postleitzahl« sprechen. Nehmen wir an, wir wollen mit typisierten Daten arbeiten und ein Keyword hat solche Datentypen zugewiesen. Dann könnte ein Editor für Keyword-Driven Testing im besten Fall den Benutzer auch anleiten, Daten des korrekten Datentyps zu nutzen.

Datentypen könnten zudem auch strukturiert sein. Sie können also aus weiteren Datentypen zusammengesetzt sein. Solche Datentypen können als Klassen betrachtet werden.

Nehmen wir noch einmal unseren Benutzer, so können wir definieren, dass ein jeder Benutzer am System ein Objekt oder eine Instanz der Klasse »Benutzer« ist. »René Rohner« und »Matthias Daigl« sind also Objekte. Eine solche Datenklasse »Benutzer« könnte jetzt verschiedene Felder haben. Felder dieser Klasse könnten beispielsweise »Name«, »Adresse«, »Personalnummer«, »Loginname« und »Passwort« sein. Die Felder »Name« und »Adresse« könnten wiederum aus weiteren Feldern bestehen.

Der Benutzer René Rohner hätte also die folgende Struktur:

```
{
  "Name": {
    "Vorname": "René",
    "Nachname": "Rohner"
  },
  "Adresse": {
    "Straße": "Hauptstraße",
```

→

```
    "Hausnummer": "35",
        "PLZ": "53111",
    "Stadt": "Bonn"
  },
  "Personalnummer": 123456,
  "Loginname": "rene",
  "Passwort": "123456"
}
```

Dieses Datenobjekt könnte wie hier zu sehen in Textform als JSON abgelegt werden. Auch XML, YAML oder ähnliche Formate, die multidimensionale Daten abbilden können, kommen hier als Transportformat infrage. Leider lassen sich solche multidimensionalen Daten nicht sinnvoll in zweidimensionale Tabellen quetschen. Excel scheidet also sowohl für den Transport als auch für die Datenverwaltung aus.

JSON und XML hingegen sind für viele Menschen eher unzugängliche Formate, Daten darin zu pflegen ist keine Freude. Wir hätten bei der Verwaltung von Testdaten gerne mehr Unterstützung.

Eine Datenbank für Testdaten müsste also her. Eine Datenbank, in der es möglich ist, typisierte Datenstrukturen zu definieren und Objekte/Instanzen davon zu erzeugen. Diese Datenbank könnte mit einer Benutzeroberfläche versehen werden, um Daten einzugeben und zu verwalten. Daten sollten im- und exportierbar sein. Hier wiederum wären Excel, CSV oder JSON brauchbare Formate.

Leider sind Werkzeuge, die in der Lage sind, typisierte, strukturierte Daten in einer Datenbank zu verwalten, sehr rar gesät. Die imbus TestBench ist eines dieser wenigen Werkzeuge. Aufgrund unserer Arbeit mit diesem Werkzeug in sehr großen, komplexen Projekten haben wir diese Funktion so dermaßen lieben gelernt, dass wir sie eigentlich nicht mehr missen möchten. Das wird uns immer dann schmerzlich bewusst, wenn wir in einem Kundenprojekt mit einem Testmanagement- oder Testautomatisierungswerkzeug arbeiten müssen, das Testdaten nur als Strings in Dokumenten oder Tabellen speichern und lesen kann. In Abschnitt 6.3.2 zeigen wir, wie diese Funktion aussieht.

3.4.3 Page Objects

Page Objects oder zu deutsch Seitenobjekte sind vor allem in der Webautomatisierung ein Begriff. Es handelt sich hierbei um GUI-Elemente innerhalb einer Seite. Beispielsweise könnten der »LoginButton« oder das »UsernameField« als Page Objects verwaltet werden.

Damit das klarer wird, sollten wir einen kleinen Exkurs in die Automatisierungstechnologie machen. Wie bei vielen GUI-

Automatisierungen werden GUI-Elemente auch bei der Webautomatisierung über sogenannte Lokatoren bzw. Selektoren angesprochen. Diese sind notwendig, um eindeutig bestimmen zu können, welches Element bei einer Aktion angesprochen werden soll.

Im besten Fall können Elemente über eindeutige Automation-IDs angesprochen werden, die von der Entwicklung speziell zum Zweck der Identifikation während der Testautomatisierung vorgesehen wurden. Ohne diese IDs müssen Testautomatisierer andere Wege zur Identifikation der Elemente finden, beispielsweise über die Pfade, also die Hierarchie, der GUI-Elemente navigieren. In der Webautomatisierung werden häufig »XPath« oder »CSS-Selektoren« verwendet. Solche Pfade sind teilweise abhängig von der Seitenstruktur, da in ihnen regelmäßig Eltern-Kind-Beziehungen genutzt werden. Beispielsweise könnte man den Login-Knopf mit der theoretischen Beschreibung identifizieren, dass es ein »Input«-Element ist, das den Text »Login« enthält und ein direktes Kind der Division mit der ID »loginPanel« ist. Als XPath würde das so aussehen: `//div[@id='loginPanel']/input[text()='Login']`

Ändert sich die Struktur einer Seite und der Login-Knopf wird auf ein eigenes Panel gesetzt oder der Typ des Feldes wird geändert, so müssen oft diese Selektoren angepasst werden. Abhängig davon, wie gut die Entwicklung den Test unterstützt und wie stark beim Design des Testobjektes Wert auf Automatisierbarkeit gelegt wurde, können Selektoren robuster und somit wartungsärmer und einfacher verständlich gebaut werden.

Das eigentliche Konzept hinter Page Objects ist dasselbe Konzept, das hinter dem »technischen Layer« im Keyword-Driven Testing steckt. Es geht darum, diese Technologie in einer weiteren Abstraktionsschicht zu verstecken (siehe auch Fowler in [22]). Sollte sich also an der Implementierung eines Elements auf einer Seite etwas ändern und müssten ggf. andere Selektoren verwendet werden, so sollte sich das Interface des Page Object und entsprechend die Verwender nicht ändern müssen. Mit anderen Worten, es muss zwar die interne Implementierung angepasst werden, nach außen hin sollte der Aufruf eines solchen automatisierten Schritts immer noch identisch sein.

Das »Page Object Pattern« ist eine Methode der objektorientierten Programmierung und mit dem Wort »Object« werden hier tatsächlich entsprechende Softwareobjekte gemeint. Solche Objekte sind konkrete Instanzen einer Objektklasse. Gemeint sind jedoch nicht die Seiten (Pages) als das Page Object, sondern die Objekte auf einer Seite. Ein »Login-Knopf« ist beispielsweise eine Objekt (Instanz) der Klasse »Knopf« und hat typische Eigenschaften, wie einen Text und eine Größe. Außerdem können Funktionen wie beispielsweise »click«, »doubleClick« oder »rightClick« eines solchen Knopfs ausgelöst werden. Andererseits hat das Objekt »usernameField«, das eine Instanz der Klasse »TextField« ist, eine Funktion zum Setzen des Textes und eine Funktion zum Lesen des Textes. Unter Umständen gibt es weitere Funktionen zum Lesen der Beschriftung, Position oder Größe. Diese Page Objects sind also typisiert.

Jedes GUI-Framework besitzt eine begrenzte Menge von Elementtypen, wobei alle Elemente desselben Typs jeweils technologisch identisch funktionieren. Entsprechend brauchen wir für alle Elemente eines Typs nur eine Implementierung, um diese zu steuern. Die Elemente unterscheiden sich über ihren Selektor und das eine oder andere Eigenschaftsfeld.

Sicherlich gibt es in einem Testobjekt nicht zwangsläufig nur eine Art von Buttons, aber alle Buttons desselben Typs haben die gleichen Fähigkeiten und können auf die gleiche Weise automatisiert werden. Wird in der Entwicklung ein neuer Button-Typ eingeführt, so kann die Automatisierungsentwicklerin eine neue Page-Object-Klasse implementieren, die die Funktionen anbietet, die die Fähigkeiten des neuen Button-Typs bedienen können.

Für einen konkreten Button auf einem spezifischen Dialog wird nun ein Page Object erstellt, das genau diesen einen konkreten Button mit seinem spezifischen Selektor abbildet und von der Typ-Klasse abgeleitet ist. Anschließend kann dieses konkrete Page Object im Test verwendet werden und dessen Methoden lassen sich aufrufen.

Alle Objekte, die sich auf einer Webseite oder einem Webseitenbereich befinden, werden innerhalb einer spezifischen »Page« (Seite) gruppiert. Dadurch ist es für den Anwender einfacher, spezifische Seitenobjekte zu finden, während der automatisierte Test implementiert wird.

Keyword-Driven Testing ist nun aber nicht objektorientiert, sondern kennt eigentlich nur statische Methoden, also die Keywords. Der Keyword-Aufruf **`Set Username`** *rene* wäre equivalent zu dem Funktionsaufruf `setUsername('rene')` in einer Programmiersprache.

Das Gleiche als Page Object würde im Gegensatz hierzu über die Funktion »set« des Objekts »usernameField« bedient werden. Beispiel: `usernameField.set('rene')` In der Regel sind diese Page Objects auch entsprechende Kinder der Page, also der Seite. Demnach wäre der vollständige Aufruf: `loginPage.usernameField.set('rene');`

Hierbei haben objektorientierte Ansätze klare Vorteile gegenüber dem prozeduralen Ansatz von KDT, da für einen weiteren Knopf auf einer Seite nur ein einziges zusätzliches Objekt der Klasse »TextField« unter Verwendung des spezifischen Selektors erzeugt werden müsste. Nehmen wir an, wir können einen Text eintippen (»type«), einen Text setzen oder einfügen (»set«) und den Text löschen (»clear«) und dass wir die Eigenschaften der Position und Größe und des Textinhaltes sowie des Namens des Textfeldes auslesen können. So müssten wir hierfür mit KDT sechs Keywords bereitstellen, wohingegen mit objektorientierten Page Objects nur ein Objekt notwendig wäre.

Dennoch kann man die Idee des Page Object Pattern auch im Keyword-Driven Testing nutzen, indem man alle Keywords nach einer klaren Konvention aufbaut. So fangen alle Keywords, die Texte eingeben, mit »Type« an, gefolgt von den Namen der Elemente (Page Objects). Daraus entstehen dann Keywords wie **`Type Username`**, **`Set Username`**, **`Get Username`** oder **`Verify Username`**. Das Finden und Nutzen dieser Keywords folgt also einem klar reproduzierbaren Muster und ist leicht anzuwenden. Wir würden nicht so weit gehen und dies »Page Object Pattern« im Keyword-Driven Testing nennen, da es eben nicht objektorientiert ist, aber dieses Vorgehen ist ein gutes Hilfsmittel, sinnvolle Namen im Layer der technischen Keywords zu definieren.

Den Nachteil des Keyword-Driven Testing, dass potenziell mehr Keywords erstellt werden müssten, machen wir im Bereich Lesbarkeit der Spezifikation jedenfalls wieder wett. Während das erste der folgenden Beispiele in (Abbildung 3-2) als einfacher Test in JavaScript, für das Mocha Framework geschrieben, doch vergleichsweise schwer zu lesen ist, ist der zweite Keyword-Driven Test (Abbildung 3-3) in der Syntax des Robot Framework sehr verständlich geschrieben.

Abb. 3-2
Login-Test mit Mocha Framework

```
import LoginPage from '../pageobj/login.page'

describe('login test', () => {
  it('should login successfully', async () => {
    await LoginPage.open()
    await LoginPage.usernameField.type('tester')
    await LoginPage.passwordField.type('123456')
    await LoginPage.loginButton.click()
    await expect(WelcomePage).toBePresent()
    await expect(WelcomePage.username)
          .toHaveText('Toni Tester')
  })
})
```

Man findet unter dem Stichwort »Page Objekt Pattern« häufig einen ganz ähnlichen Ansatz wie beim Keyword-Driven Testing, bei dem mehrere statische Funktionen, wie `typeUsername()`, je Seitenobjekt implementiert werden. Das ist sicher eine Option, um die Lesbarkeit zu erhöhen, aber das würden wir dann eben eher ein »Keyword-Driven Pattern« nennen. Da das »Page Object Pattern« nicht wirklich standardisiert ist, findet man unterschiedlichste Definitionen und mehr

```
*** Settings ***
Resource     login_keywords.resource

*** Test Cases ***
Login Test
  Open Login Page
  Type Username            tester
  Type Password            123456
  Click Login Button
  Verify Welcome Page
  Verify Username          Toni Tester
```

Abb. 3-3
Login-Test mit Robot Framework

oder weniger nützliche Interpretationen davon. Das hier vorgestellte Konzept ist unserer Erfahrung nach das sinnvollste, wenn für die Testspezifikation objektorientierte Programmiersprachen genutzt werden sollen.

3.5 Keyword-Review

Eine der größten Herausforderungen beim Keyword-Driven Testing ist es, Keywords auf Dauer konsistent zu halten.

Anfangs ist das noch kein Problem. Wenn man mit Keyword-Driven Testing beginnt, gibt es nur wenige Keywords und nur wenige Personen, die sich mit Keywords beschäftigen. Somit ist es auch einfach, den Überblick über die bestehenden Keywords zu behalten und dafür zu sorgen, dass sie auf einheitliche Weise gebildet, beschrieben und genutzt werden.

Keywords entwickeln sich.

Auf Dauer jedoch – dies gilt zumindest für größere Organisationen – werden sich immer mehr Testerinnen mit dem Thema beschäftigen und das vorhandene Vokabular an die neu entstehenden Herausforderungen anpassen. Wenn man hier nicht achtgibt, kann leicht ein Wildwuchs von Keywords entstehen, mit unterschiedlicher Granularität, Struktur, zunehmender Redundanz und ganz eigenen Wartungsproblemen – für die Keyword-Driven Testing ja eigentlich ein Gegenmittel sein sollte.

Es ist also eine gute Idee, sich beizeiten damit auseinanderzusetzen, solch eine Entwicklung zu verhindern.

Hierfür gibt es folgende Mittel:

Regelungen für die Erstellung von Keywords: In den Abschnitten 2.1.1 und 3.3 haben wir Überlegungen zu Eigenschaften und zur Formulierung von Keywords dargestellt. Regelungen zu diesem Punkt können auf diese Überlegungen aufbauen.

Einrichtung einer Instanz: Diese Instanz hat das Mandat, die Erstellung von Keywords zu begrenzen und zu regeln. Eine Person – oder besser eine Gruppe von Personen – ist dafür verantwortlich, neue Keywords zuzulassen. Mehrere Personen sind vorteilhaft, um ein Bottleneck zu vermeiden, das man bei einer Person erhält, wenn diese aus irgendeinem Grund – und wenn es nur Urlaub ist – nicht verfügbar ist. Diese Personengruppe kennt stets alle Keywords und kann daher auch beurteilen, ob ein vorgeschlagenes neues Keyword sinnvoll ist und in den Kanon der bestehenden Keywords passt.

Ob die Einbindung der hier beschriebenen Instanz beim Anlegen neuer Keywords der Disziplin der Teammitglieder überlassen bleibt, organisatorisch geregelt wird oder über ein Werkzeug mit geeignetem Rechtemodell beschränkt wird, hängt von der konkreten Situation und den Möglichkeiten ab.

Mehrere Ebenen

Der Geltungsbereich dieser Kontrolle, Einschränkung oder Genehmigungspflicht kann unterschiedlich sein, und ein wesentlicher Faktor dabei ist die Frage, über welches Level von Keywords wir sprechen. Low-Level Keywords können auch in einer größeren Organisation durchaus zentral gepflegt und konsistent gehalten werden. Bei High-Level Keywords wird es oft sinnvoller sein, diese nur innerhalb eines Projektes zu betrachten, da sie fachlich spezifisch für das Projekt sind. Solche Keywords projektübergreifend zu steuern erzeugt unnötigen Overhead.

Es kann also sinnvoll sein, in einer Organisation an zentraler Stelle eine solche Instanz zur Steuerung der Low-Level Keywords zu etablieren und weitere (eventuell weniger formale) projektspezifische Instanzen für High-Level Keywords zu haben. Bei letzteren kann bei kleinen Teams die Besetzung durch eine Testerin ausreichend sein.

Checkliste nutzen

Regelmäßige Überprüfung: Die erstellten Keywords werden regelmäßig gegen die festgelegten Regeln geprüft. Die definierten Regelungen aus dem ersten Punkt können durch die Instanz aus dem zweiten Punkt beispielsweise in Form einer Checkliste als Prüfkriterien genutzt werden.

Falls in einer Organisation keine »Gatekeeper-Funktion« wie oben beschrieben eingerichtet wurde, können regelmäßige (beispielsweise alle zwei Monate) Keyword-Reviews der bestehenden, und vor allem der seit dem letzten Review neu hinzugefügten Keywords durchgeführt werden.

Wenn eine zentrale für Keywords verantwortliche Stelle vorhanden ist, steht man vor der Wahl, die Durchführung von Keyword-Reviews entweder projektlokal oder eben von dieser zentralen Stelle[3] durchführen zu lassen. Letzteres bietet sich gerade dann an, wenn wir an projektspezifische High-Level Keywords denken: Ein Blick von außen bringt oft frische Ideen oder hinterfragt scheinbare Selbstverständlichkeiten.

Voraussetzung dafür ist, dass besagte zentrale Stelle diese Review- oder Beratungsaufgabe annimmt und auch dafür aufgestellt ist, sie annehmen zu können, ihr also genügend Kapazität dafür zur Verfügung steht.

Die bisherige Betrachtung von Reviews bezieht sich auf die Keywords an sich, ihre Benennung und ihre Beschreibung.

Wenn Keywords mit einer Testautomatisierung verknüpft sind, sollten zusätzlich Reviews in Bezug auf die Keyword-Skripte eingeführt werden. Immerhin handelt es sich bei den Implementierungen zu Keywords um Bibliotheken, die robust, wiederverwendbar und langlebig sein sollen. Entsprechend lohnt es sich, etwas Aufwand in die Qualitätssicherung zu stecken.

Reviews an sich werden wir an dieser Stelle nicht weiter vertiefen, dazu gibt es umfangreiche Literatur: angefangen mit Klassikern wie Fagan [15] (dem Erfinder der »Inspections«) über Gilb, Graham und Finzi [6] bis hin zu aktueller Literatur wie Rösler, Schlich und Kneuper [9]. Auch mit Normen sind wir hier gut versorgt: die »gute alte« IEEE 1028 [42] oder moderner und deutlich eher zu empfehlen die ISO/IEC 20246 [46].

Hier kann man sich also Hilfe holen, um Reviews besser zu verstehen und besser anzuwenden – und das lohnt sich, nicht nur für Keywords.

3.6 Keywords und Domain Specific Language

Ein vollständiger Satz von Keywords kann als DSL (Domain Specific Language) verstanden werden.

Eine DSL (einen Einstieg bietet [21], wer ein vollständiges Buch dazu sucht, kann auf [5] zurückgreifen) ist eine formale Sprache, mit der *alle* Probleme innerhalb einer Domain (eines Problemfelds) beschrieben werden können, die aber darüber hinaus (außerhalb der Domain) nichts

[3] Das wäre ein Berateransatz. So wie es hier beschrieben ist, können Berater von einer internen Stabsstelle kommen, wenn die Erfahrung in der Organisation vorhanden ist. Um frische Ideen einzubringen oder – initial – wenn es noch wenig eigene Erfahrung gibt, ist der Einsatz externer Berater empfehlenswert.

weiter darstellen kann. Sie ist also klar abgegrenzt und enthält nichts Unnötiges.

Wenn eine DSL richtig umgesetzt ist, dann können Domänenspezialisten sie ohne Weiteres verstehen.

Domain beim KDT

Die Domain, über die wir hier sprechen, ist nicht die Fachlichkeit der Anwendung, sondern der *Test* der Anwendung. Hierbei besteht zwar ein starker Bezug zur Fachlichkeit, aber weder ist es nötig, in diesem Feld alles beschreiben zu können, noch reicht das aus, weil es uns ja darum geht, den Test zu modellieren. Folgende Vorteile entstehen, wenn die Keywords eine DSL bilden:

- Vollständig: Wenn diese Forderung an eine DSL erreicht ist, können alle denkbaren, also auch alle notwendigen Testfälle damit beschrieben werden.
- Wenig redundant: Redundanzen aus der natürlichen Sprache fallen weg. Beispiel: `Drücke OK-Button` und `Bestätige` könnten das Gleiche bedeuten. In einer DSL versucht man zu vermeiden, dass ein Sachverhalt auf verschiedene Weise ausgedrückt werden kann. Das ist auch beim Keyword-Driven Testing wünschenswert, denn so werden Missverständnisse vermieden.
- Formal: Wenn die Sprache formal definiert ist, dann ist ihre korrekte Verwendung auch formal überprüfbar – hier können uns Werkzeuge helfen, Fehler zu vermeiden – und sie kann von Programmen interpretiert werden. In unserem Anwendungsfall bedeutet das, Tests können automatisiert durchgeführt werden – zumindest, wenn das Test Interface dem Automaten zugänglich ist.
- Spezifisch: Eine DSL ist durch ihre Limitierung auf eine Domain spezifisch. Alle Vokabeln sind den Domain-Experten vertraut. Wir reden hier aber über drei verschiedene Domains: die Domain »Test«, die Domain »Fachlichkeit der Anwendung« und die Domain, die wir mit Keywords abdecken wollen, also »Test der Anwendung«. Letztere setzt sich aus Teilen der ersten beiden Domains zusammen, mit einem deutlichen Schwerpunkt auf der Fachlichkeit der Anwendung. Wenn wir nun wollen, dass auch Fachexperten für die Domain *Fachlichkeit der Anwendung* Testfälle schreiben können, dann kann es schon passieren, dass sie in unserem Vokabular Aspekte finden, die ihnen nicht vertraut sind. Das wird aber nur in wenigen Fällen vorkommen, und die Sprache der Keywords ist sehr schnell für sie erlernbar.
- Begrenzt: Die Begrenzung auf ausschließlich das, was für die Domain relevant ist, hilft Fehler und Missverständnisse zu vermeiden.

Das klingt alles sehr gut.

Aber: Auch wenn ein Satz von Keywords als DSL gestaltet werden *kann*, so geschieht das doch nicht automatisch.

All diese positiven Eigenschaften einer DSL würden uns im Test zugutekommen. Aber Keywords sind nicht zwangsweise frei von Redundanz, und manchmal werden auch problemübergreifende Keywords definiert und Bibliotheken zwischen Projekten geteilt, ohne Überflüssiges auszublenden. Und die Keywords müssen auch nicht von Anfang an vollständig sein.

Es steht uns jedoch frei, zu versuchen, mit der Gestaltung von Keywords die Prinzipien einer DSL zu verfolgen, um möglichst weitgehend von den Vorteilen zu profitieren.

3.7 Migration von Testfällen in schlüsselwortbasierten Test

Wenn in einem laufenden Projekt mit Keyword-Driven Testing begonnen wird, sind meist schon Testfälle vorhanden, die in einem anderen Format vorliegen.

Dieses Format kann ganz unterschiedlich aussehen. Im Fall von manuell durchzuführenden Tests können Testfälle in Form einer Testdatei, einer Excel-Tabelle oder auch strukturiert in einem Testmanagementtool dokumentiert sein. Letzteres ist auch bei automatisierten Tests möglich, häufig findet man die aber eher in Form von Skripten für das verwendete Automatisierungswerkzeug.

Da stellt sich für den frischgebackenen KDT-Enthusiasten natürlich die Frage, ob man nicht als Erstes die bestehenden Testfälle in Keyword-Driven umwandelt – oder lieber die Finger davon lässt und nur neue Testfälle aus Keywords erstellt.

Der Aufwand einer Migration ist jedenfalls nicht zu unterschätzen und hängt von den bereits verwendeten Werkzeugen ab, aber auch davon, wie die Tests bislang spezifiziert wurden. Einige Werkzeuge bieten direkte Unterstützung bei der Migration von bereits erfassten Testschritten in Keywords an. Das greift aber nur, wenn vorher schon recht einheitlich spezifiziert wurde, und offensichtlich gar nicht, wenn Testfälle ohne klar unterscheidbare Schritte in Fließtext beschrieben sind. Dann jedenfalls wird es schnell aufwendig, und die Migration stellt sich nicht viel anders dar als ein Neuschreiben der Testfälle.

So oder so: Als Fingerübung und um den direkten Vergleich zwischen dem bislang praktizierten Vorgehen und Keyword-Driven Testing zu haben, ist es sicher eine gute Idee, zwei oder drei bestehende Testfälle zu migrieren.

Aber flächendeckend? Viele gewachsene Testfälle sind von der Struktur her gar nicht so gut für eine Migration geeignet. Andere möchte man, wo man schon dabei ist, gleich noch in Data-Driven Testfälle umwandeln. Aufwand entsteht ...

Demnach wäre unser Rat eher, wenigstens so lange, wie neue Testfälle benötigt werden, den Fokus auf diese neuen Testfälle zu legen. Eine spätere schrittweise Migration der bestehenden Testfälle kann man dann nach und nach vorantreiben, wenn die Lage es zulässt.

Ein Gutes hat so eine Migration jedenfalls: Bestehende Testfälle werden hinterfragt und nicht selten entstehen in der Folge Testsuiten mit weniger, aber schlagkräftigeren Testfällen.

3.8 Wirtschaftliche Betrachtung

Die in Abschnitt 1.6 genannten Vorteile von KDT hatten Sie vielleicht schon überzeugt. Inzwischen sind wir ein Stück weiter: Sie haben erfahren, was Keywords sind, und in diesem Kapitel viele Details kennengelernt, die man berücksichtigen sollte. Es ist an der Zeit, einen Blick auf die wirtschaftlichen Aspekte zu werfen.

Wir wissen wohl, dass der Nutzen von Keyword-Driven Testing nicht allein in wirtschaftlichen Vorteilen liegt, ähnlich wie auch Testautomatisierung nicht allein aus wirtschaftlichen Gründen betrieben wird[4]. Wenn Sie aber mit wirtschaftlichen Vorteilen argumentieren können, brauchen Sie voraussichtlich viel weniger zu erklären.

Wirtschaftliche Vorteile kann Keyword-Driven Testing sowohl mit als auch ohne Testautomatisierung zu erreichen helfen.

3.8.1 Kostenfaktoren bei Keyword-Driven Testing

Bevor auf die wirtschaflichen Vorteile von Keyword-Driven Testing eingegangen wird, wollen wir uns dem unangenehmen Teil zuwenden: Keyword-Driven Testing ist nicht umsonst, es anzuwenden, erzeugt Kosten. In der Gesamtbetrachtung müssen diese Zusatzaufwände durch die Ersparnisse (Abschnitte 3.8.2 und 3.8.3) ausgeglichen werden, um von einem wirtschaftlichen Erfolg sprechen zu können.

Kosten entstehen durch:

Konzept erstellen: Ein sauberes Einführungs- und Einsatzkonzept kann viele späteren Probleme, Schmerzen und Unzufriedenheit er-

[4] Bei Testautomatisierung können zum Beispiel folgende Gründe eine Rolle spielen: Motivation des Teams, Ingenieuranspruch, Geschwindigkeit oder die schiere Notwendigkeit, wenn manueller Test nicht möglich ist.

sparen. Leider wird es oft als unwichtig erachtet und weggelassen. Es gut zu machen kostet zwar auch einiges an Zeit und Mühe, aber nicht so viel, wie später die Fehler wieder auszubügeln, die ohne Plan entstehen. Inhalte des Konzepts sollten beispielsweise das Vorgehen bei der Einführung sein, wer beteiligt ist, welche Rollen und Verantwortlichkeiten festgelegt sind, Regeln für die Gestaltung der Keywords, welche Ebenen es gibt, wie Keywords abgelegt werden, wie sie gepflegt und gesichert werden und wie die Automatisierung erfolgt, falls das gewünscht ist.

Ausbildung/Schulung: Nicht sparen sollte man bei der Ausbildung der Mitarbeiter im Test zu Keyword-Driven Testing. Das Vorhaben kann scheitern, wenn die Konzepte nicht richtig verstanden wurden – und dann beispielsweise viele feingranulare redundante Keywords ohne Wiederverwendung erstellt werden.

Im weiteren Sinne gehört hierzu auch das Bekanntmachen und Bewerben des Keyword-Driven Testing in der Organisation (engl. »dissemination«), auch außerhalb des Personenkreises, der Keywords erstellt und verwendet.

Framework: Ein Framework – bestehend aus Tools, Skripten, Infrastruktur und Prozessen – wird benötigt und muss entweder selbst erstellt oder gekauft werden. Dementsprechend fallen Kosten für Lizenzen und Arbeitsaufwand an. Fairerweise sind den Lizenzkosten die Kosten für Lizenzen entgegenzuhalten, die ohnehin anfallen würden. Beispiel: Ein Testmanagementwerkzeug wird unabhängig von Keyword-Driven Testing benötigt. Die angemessene Unterstützung von Keyword-Driven Testing bedeutet nicht unbedingt höhere Lizenzkosten.

Change: Wie jede Änderung in Prozessen oder Werkzeugen verursacht auch die Einführung von Keyword-Driven Testing (betrifft meist Prozesse *und* Werkzeuge) Kosten: Die betroffenen Menschen verhalten sich oft abwehrend gegenüber Neuem. Selbst wenn dies nicht der Fall ist, senkt die Änderung der Vorgehensweisen alleine schon die Effizienz. Dies ist ein temporärer Faktor, er darf aber nicht übersehen werden.

Keywords erstellen: Die Identifikation der benötigten Keywords, einschließlich Dokumentation, muss eingangs erfolgen, falls Testfälle migriert werden sollen, und später immer dann, wenn neue Keywords (meist wegen neuer Funktionalität) benötigt werden. Der Aufwand dafür ist überschaubar, wenn geeignete Werkzeugunterstützung für die Dokumentation vorhanden ist.

Ausdrücklich ausgenommen ist hier die Erstellung von Automatisierungsskripten zu jedem Keyword: Dieser Aufwand fällt zwar auch an, ist aber Teil der Testautomatisierung und nicht durch KDT zu begründen. Er ist nämlich geringer als bei einer monolithischen Testautomatisierung und vergleichbar mit einer gut strukturierten modularen Testautomatisierung.

Keywords pflegen: Die erstellten Keywords müssen über die Zeit aktuell gehalten und gepflegt werden. Das kann Änderungen an der Bezeichnung, der Semantik, der Beschreibung oder auch der Implementierung beinhalten, muss aber immer so geschehen, dass die Änderungen in dem gesamten Kontext aller Keywords in allen Testfällen stimmig bleiben. Das ist anfangs kein Problem, kann aber auf Dauer herausfordernd werden. Unterstützen dabei kann der letzte Punkt:

Keyword-Reviews: Der Einsatz von Keyword-Driven Testing erfordert auch eine Auseinandersetzung mit den Artefakten, die dabei entstehen. »Keyword-Reviews« (Abschnitt 3.5) sind ein Beispiel dafür: Um auf Dauer sicherzustellen, dass die Keywords die gewünschten Qualitätsaspekte erfüllen (etwa Einheitlichkeit, vergleichbare Granularität oder Freiheit von Redundanz), ist regelmäßig ein gewisser Aufwand notwendig, der sich aber auf Dauer auszahlt.

3.8.2 Wirtschaftlicher Nutzen ohne Testautomatisierung

Beim manuellen Test spielt, sofern mit schriftlich dokumentierten Testfällen gearbeitet wird (»scripted testing«), das Schreiben und später das Lesen der Testfälle eine erhebliche Rolle in Bezug auf den Zeitaufwand.

Wenigstens dann, wenn die Testfälle von unterschiedlichen Personen gelesen und geschrieben werden, sind die Formulierungen Interpretationen unterworfen. Das kostet nicht nur Zeit und bremst den Arbeitsfluss, sondern lässt überdies Fehler zu, die weitere Aufwände und Kosten verursachen können. Durch die Normierung mit Keywords lässt sich dieser permanente Interpretationsbedarf minimieren (vgl. Abschnitt 1.6.1).

Bessere Effizienz

Aus der Praxis liegt uns ein Bericht vor, laut dem sich durch die Umstellung der Testfälle von Prosa auf Keywords die Geschwindigkeit bei der Testdurchführung derselben Tests um 30 % verbessert hat. Gleichzeitig erhöhte sich anfangs die Fehlerfindungsrate um 40 %. Dieser Effekt wurde darauf zurückgeführt, dass die frei werdende Zeit für zusätzliche Tests genutzt werden konnte. Es handelte sich hier um rein manuelles Testen.

Auch als Verfechter des Keyword-Driven Testing waren wir überrascht von diesem deutlichen Ergebnis, und es mögen noch andere

Faktoren (wie ein bewussterer Umgang mit dem Thema Testspezifikation) eine Rolle gespielt haben. Dessen ungeachtet ist dieser Bericht ein starkes Indiz dafür, dass Keyword-Driven Testing selbst beim rein manuellen Testen Effizienzsteigerungen mit sich bringen kann.

3.8.3 Wirtschaftlicher Nutzen mit Testautomatisierung

Die Vorteile von Keyword-Driven Testing in Verbindung mit Testautomatisierung (siehe auch Abschnitt 1.6.6) zeigen sich am deutlichsten beim Aspekt »Wartbarkeit« der Automatisierung. Schließlich sollen automatisierte Tests oft durchgeführt werden, damit sich der Aufwand überhaupt lohnt, die man in die Automatisierung investiert hat. Dass dabei Wartbarkeit ein Schlüsselfaktor ist, lässt sich mit einer Modellrechnung leicht nachvollziehen.

Für diese Modellrechnung wurden einige Annahmen getätigt:

Annahmen für Modellrechnung

- Wir gehen von einer festen Anzahl von Testfällen aus, die sich über die Testzyklen nicht ändert.
- Die Wartungskosten werden immer über die gesamte Betrachtungsdauer (alle Testzyklen) hinweg auf alle Testfälle bezogen und sind durchschnittliche Kosten in Bezug auf die Neuerstellung.
- Wartung bezieht sich hier auch nur auf die Testautomatisierung, die Änderung der Tests aufgrund von geänderter Fachlichkeit wird hier für beide Fälle »automatisiert« und »manuell« als gleich angenommen und geht daher nicht in den Vergleich ein.

Wir gehen von einigen festen Werten für die Kosten der Durchführung eines einzelnen Testfalls manuell und automatisiert aus (Tabelle 3-1).

Tabelle 3-1 *Werte für Modellrechnung*

Parameter	manuell	automatisiert 10 % Wartung	automatisiert 30 % Wartung
Einführung K_{init}	0	10000	10000
Aut. 1 Testfall K_{aut}	0	500	500
1 Durchführung K_{run}	200	10	10
Anzahl Testfälle Anz_{TF}	100	100	100
Wartung K_{maint}	0	50	150

Verglichen werden hier manueller Test mit zwei Varianten der Testautomatisierung, die sich voneinander nur im Wartungsaufwand unterscheiden – einmal gehen wir von 10 % durchschnittlichem Wartungsaufwand im Verhältnis zur Neuerstellung der Automatisierung aus, einmal von 30 %.[5]

Wie rechnen wir nun im Detail? Nehmen wir n als Bezeichner für die Anzahl Durchführungen. Dann ist die Formel für den jeweiligen mittleren Aufwand bei dieser Anzahl von Durchführungen:

$$Aufwand_n = \frac{K_{init}}{n * Anz_{TF}} + \frac{K_{aut}}{n} + K_{run} + K_{maint}$$

Das ist natürlich vereinfacht; wir ignorieren beispielsweise die Kosten für die Ausarbeitung und Dokumentation der Testfälle in der Annahme, dass dies jeweils auf gleiche Weise geschieht.

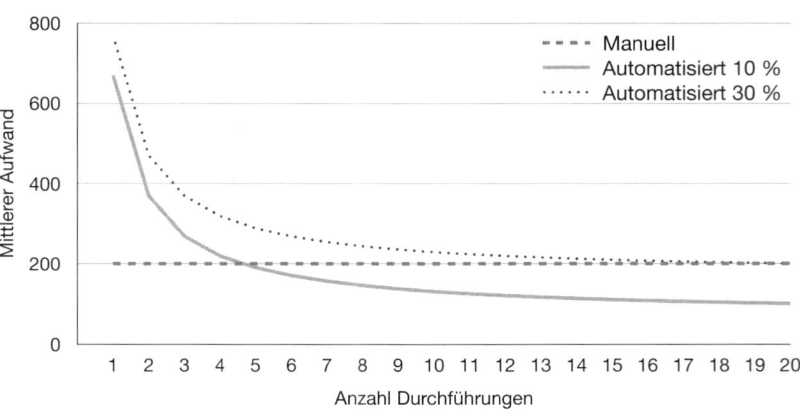

Abb. 3-4 *Testautomatisierung – Kalkulation*

Einen geringen Wartungsanteil von 10 % – oder weniger – erreicht man meist nur in sehr günstigen Fällen oder wenn die Automatisierung sehr gut strukturiert ist, wie eben beim Keyword-Driven Testing. Eine Situation, in der 30 % Wartungsaufwand – oder noch mehr – anfällt, ist leider sehr viel leichter zu erreichen, und könnte bei einem typischen »Capture & Replay«-Ansatz eintreten.

Geben wir diese Werte also in eine Tabellenkalkulation ein und berechnen die Kosten[6] pro Durchführung, dann lassen sich Graphen wie Abbildung 3-4 erzeugen. Die gestrichelte Linie steht für manuellen

[5]Die restlichen Zahlen sind nicht unrealistisch, spielen aber auch keine so große Rolle – probieren Sie es aus, Änderungen hier bewirken erstaunlich wenig.

[6]Die Währungseinheit fehlt in der Tabelle und in den Graphen? Hoppla, stimmt. Die Werte sind qualitativ zu verstehen, das Modell basiert auf Annahmen, und wir wollten keine Scheingenauigkeit erzeugen. Sie können aber gerne € oder $ einsetzen, es geht hier nur um das Verhältnis der Zahlen zueinander.

Test, die durchgezogene Linie für automatisierten Test mit 10 % Wartungsanteil und die gepunktete Linie für automatisierten Test mit 30 % Wartungsanteil. Man sieht, dass im »guten« Fall, bei nur 10 % Wartungsaufwand, die Testautomatisierung bei rund fünf Durchführungen wirtschaftlich rentabel wird. Bei 30 % Wartungsaufwand – zugegeben hoch, aber es gibt schlimmere Fälle – benötigt man dagegen 20 Wiederholungen.

Diese Modellrechnung sieht vielleicht zu simpel aus, um die Realität abzubilden – aber sie deckt sich tatsächlich mit unseren Praxiserfahrungen.

Schlüsselfaktor Wartung

Damit sollte plausibel sein, warum geringe Wartungskosten so essenziell sind für eine wirtschaftlich rentable Testautomatisierung. Tatsächlich ist es *der* Schlüsselfaktor.

Es geht aber noch weiter: Wir verfeinern das Modell und gehen von einem konstanten Wachstum der Menge der Testfälle aus. Das wird in einem realen Fall so stattfinden, da neue Funktionalität auch neue Testfälle erfordert, die bestehenden aber – wenigstens zum Teil – als Regressionstestfälle erhalten bleiben sollen.

Und nun betrachten wir die kumulativen Kosten der Testfälle, vergleichen aber einen soliden »klassischen« Testautomatisierungsansatz mit Keyword-Driven Testing.

Die Ausgangsdaten sind weitgehend konstant geblieben (Tabelle 3-2). Um defensiv zu rechnen, wurden für Keyword-Driven Testing die dreifachen Einführungskosten gerechnet, und es wurde davon ausgegangen, dass die initiale Erstellung der Automatisierung doppelt so viel kostet wie bei einem guten, soliden Testautomatisierungsansatz. Das sind zwei sehr pessimistische Annahmen! Nach unserer Erfahrung sieht es bei Keyword-Driven Testing wesentlich günstiger aus.

Für die Anzahl der Keywords sind wir von konstant 100 ausgegangen. Das ist eine Vereinfachung. In der Realität wird man anfangs weniger Keywords brauchen, dafür kommen später nach und nach einige weitere hinzu. Bei einem soliden hierarchischen Ansatz bewegt sich hier tatsächlich nicht viel!

Die Werte für die Kosten der einfachen Durchführung und die Wartungskosten in Prozent haben wir für beide Ansätze gleich gelassen, um nicht zu sehr vom obigen Modell abzuweichen. Beide Zahlen darf man aber bei einer guten Implementierung getrost geringer annehmen.

Tabelle 3-2 Werte für Modellrechnung – kumuliert

Parameter	automatisiert	KDT
Einführung	10000	30000
Aut. 1 Testfall/ 1 Keyword	500	1000
Kosten einfache Durchführung	10	10
Anzahl Testfälle initial	500	500
Anzahl neuer Testfälle je Zyklus	100	100
Anzahl Keywords		100
Wartungskosten in Prozent der Ersterstellung	10 %	10 %

Was wir nun in Abbildung 3-5 beobachten können, ist, dass die durchgezogene Kurve für die klassische Testautomatisierung steil nach oben geht, während die gestrichelte Kurve für Keyword-Driven Testing nur sehr moderat steigt.

Dass die Steigung beider Kurven zunimmt, liegt an der Zunahme der Testfälle, die wir für jeden Testzyklus mit einem Plus von 100 angenommen haben. Das wirkt sich in beiden Fällen auf die Gesamtkosten der Testausführung aus, jedenfalls in diesem Modell – in der Realität hat eine zunehmende Anzahl von Testfällen zwar auch einen höheren Zeitaufwand zur Folge, aber hauptsächlich Maschinenzeit, für die Testautomatisierer macht es keinen so großen Unterschied.

Abb. 3-5 Testautomatisierung – kumuliert

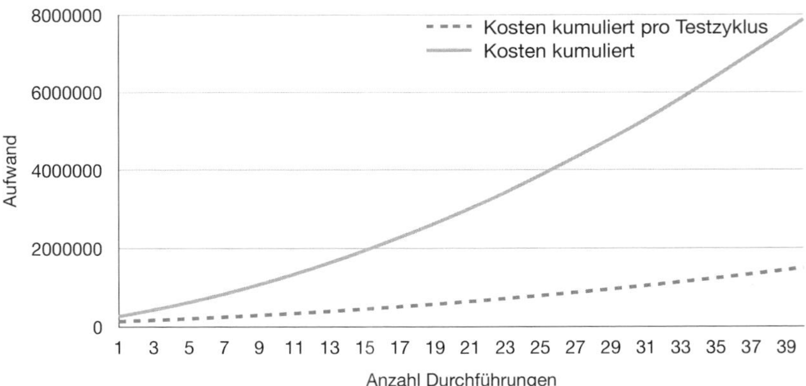

Viel wichtiger ist, dass mehr Testfälle für eine klassische Automatisierung auch immer mehr Aufwand für die Erstellung benötigen, und es sind immer mehr Testfälle zu pflegen.

Für Keyword-Driven Testing hingegen ist der Pflegeaufwand nicht abhängig von der Anzahl der Testfälle, sondern nur von der Anzahl der Keywords, die wiederum nahezu konstant ist. Die Erstellung neuer

Testfälle führt lediglich zu einem Spezifikationsaufwand (unumgänglich, bei allen Ansätzen notwendig, geht daher nicht in die Modelle ein), nicht aber zu einem Automatisierungsaufwand, sofern keine neuen Keywords benötigt werden. Und die Wartung ist ebenfalls als konstant zu betrachten, weil ja nur pro Keyword ein Skript zu warten ist.

Es ist realistisch, anzunehmen, dass die Kurve für Keyword-Driven Testing in der Praxis sogar noch günstiger verläuft.

Ohne Keyword-Driven Testing jedoch kann man genau das beobachten, was die Grafik andeutet: Innerhalb von kürzester Zeit steigt der Aufwand für die Pflege der Testautomatisierung immer weiter an. Es steht aber nicht mehr Personal und auch nicht mehr Zeit zur Verfügung, und so kämpft die Testtruppe gegen Windmühlen. Das geht erfahrungsgemäß nicht gut aus.

Fassen wir zusammen: Keyword-Driven Testing kann dabei helfen, eine optimale Wartbarkeit durch Trennung der Testlogik von den Testskripten zu erreichen:

1. Die Testlogik ist in einem Testskript aus Keywords zusammengesetzt abgebildet. Zur Änderung der Testlogik, sogar zum Erstellen neuer Testfälle, muss die technische Implementierung nicht berührt werden.
2. Die Automatisierung ist in viele kleine Skriptbausteine aufgeteilt, die sich inhaltlich möglichst nicht überlappen. Eine technische Änderung der Test Interfaces (z.B. das User Interface, UI) erfordert daher im besten Fall nur die Anpassung eines einzigen kleinen Automatisierungsskripts. Die Testlogik bleibt unbeeinflusst.

Im Gegensatz zu diesem Ansatz muss bei monolithischen Automatisierungsskripten pro Testfall bei jeder Änderung, sei es in der Testlogik oder in der Technik, immer sowohl Logik als auch Technik angefasst werden, und das oft an vielen Stellen. Das bedeutet hohen Wartungsaufwand.

Keyword-Driven Testing unterstützt durch systematische Modularisierung das Erreichen eines minimalen Wartungsaufwandes, der annähernd konstant ist, und bietet damit einen langfristigen wirtschaftlichen Vorteil der Testautomatisierung.

3.8.4 Wann lohnt sich Keyword-Driven Testing?

Die Gretchenfrage, auf die es hier hinausläuft, ist diese: Wann sollten wir Keyword-Driven Testing in unseren Projekten nutzen und wann sollten wir es lieber sein lassen?

Grundsätzlich kann man eine Empfehlung aussprechen, sobald der Nutzen[7] den zusätzlichen Aufwand in unserem speziellen Fall übersteigt, also der Kosten-Nutzen-Faktor gut ist.

Das ist zumindest die »immer richtige« Beraterantwort. Aber welche Aspekte spielen hier konkret eine Rolle?

Die Kosten von KDT können zunächst in Einführungs- und Nutzungskosten unterteilt werden.

Einführungskosten: Betrachten wir zuerst die Einführungskosten. Hierzu gehören von den in Abschnitt 3.8 beschriebenen Faktoren insbesondere »Konzept erstellen«, »Ausbildung/Schulung«, das »Framework« und »Change«.

Diese Kosten relativieren sich im Bereich der Testautomatisierung sehr schnell, wenn man sie einer vergleichbaren Aufgabe gegenüberstellt wie der Einführung von Testautomatisierungsframeworks, die auf einer Programmiersprache basieren, etwa JUnit (Java), NUnit (C#), PyTest (Python) oder Mocha (JavaScript).

Kann eine Testerin noch kein Java, so wäre das Erlernen davon viel aufwendiger als das Erlernen einer einfachen Keyword-Syntax. Haben wir im Gegensatz dazu nur ausgebildete Entwicklerinnen, dann ist der Vorteil von Keyword-Driven Testing offensichtlich geringer.

Auch GUI-basierte, mit der Maus und Drag & Drop bedienbare Testautomaten gehen mit einem nicht unerheblichen Einführungsaufwand einher. Sie bieten, was das angeht, relativ gesehen zu KDT kaum Vorteile. Oft wird hier zwar mit der einfacheren Erlernbarkeit bzw. den geringeren Trainingsaufwänden argumentiert, aber unserer Erfahrung nach spielen die oft höheren Wartungskosten und die geringere Effizienz in der produktiven Arbeit solcher Werkzeuge eine deutlich größere Rolle.

Im Übrigen widerspricht die Methode des Keyword-Driven Testing nicht der Verwendung einer modernen Benutzerschnittstelle, einschließlich Drag & Drop und anderem Komfort (siehe dazu auch das Beispiel in Abschnitt 6.4.1).

Wenn wir jetzt also im Wesentlichen gesagt haben: »Keine Sorge, es wird nicht so schlimm werden« – und es auch richtig ist, dass wir diesen Fixposten bei der Einführung möglichst schlank halten wollen, so spielt er eigentlich gar keine so große Rolle: Die Einführungskosten können nämlich beinahe beliebig hoch sein, wenn

[7]Nutzen ist ja, wie in Abschnitt 1.6 ausgeführt, nicht unbedingt nur monetär – der Einfachheit halber sehen wir jetzt aber nur auf das Geld.

sie von der Einsparung durch verringerte Nutzungskosten getragen werden. Das haben die Modellrechungen im vorigen Abschnitt ja gezeigt.

Also müssen wir uns hauptsächlich fragen, ob unsere Aufwände bei der Verwendung von Keyword-Driven Testing, also die *Nutzungskosten*, die initialen Kosten egalisieren.

Nutzungskosten: Betrachten wir also jetzt die Nutzungskosten.

Dazu gehören von den in Abschnitt 3.8 angesprochenen Punkten »Keywords erstellen«, »Keywords pflegen« und »Keyword-Reviews«.

In der Modellrechnung aus Abschnitt 3.8.3 wird deutlich, wie wichtig der Faktor »Wartung« ist – und um nichts anderes geht es bei den letzten beiden Punkten.

Wenn also Wartung ein Faktor ist, den wir mit Keyword-Driven Testing positiv beeinflussen können, spricht das für dessen Einsatz.

Ganz allgemein gesprochen: Es ist um so wichtiger, dass etwas effizient getan wird, je häufiger es getan werden muss.

Ein Beispiel: Wenn wir in unserer Testspezifikation in jedem Test schreiben müssen, wie das System zu starten ist, sollte dies möglichst mit minimalen Aufwand machbar sein.

Je höher also die Wiederverwendung eines einzelnen Keywords ist, um so wichtiger ist es, dass dieses Keyword einfach zu verwenden ist – denn das führt zu geringen Wiederverwendungskosten.

Wird ein Keyword sehr oft verwendet, haben wir gigantische Vorteile im Hinblick auf Wartbarkeit. Liegt jedoch ein niedriger Wiederverwendungsgrad nicht nur für ein Keyword, sondern schlimmstenfalls über alle Keywords in unserem ganzen Projekt vor, dann kann es gut sein, dass die Erstellungskosten unserer Keywords den Nutzen durch die Wiederverwendung übersteigen.

Auf der anderen Seite spielt auch die Änderungsrate des Testobjektes eine große Rolle in dieser Kalkulation.

Ändert sich nämlich das Testobjekt häufig, kann Keyword-Driven Testing die Vorteile bezüglich Wartbarkeit ausspielen – also, ein hoher Änderungsgrad, sonst der Feind aller Testautomatisierer, spielt uns als Freunden des Keyword-Driven Testing in die Hände.

Geänderte Workflows im Testobjekt können im Idealfall alleine durch Änderung eines einzelnen Keywords aktualisiert werden. Man stelle sich vor, was das ohne Keyword-Driven Testing für Aufwände verursacht, wenn Tests über Tests per Hand angepasst werden müssen.

Zusammengefasst ist Keyword-Driven Testing dann sinnvoll, wenn eine hohe Wiederverwendbarkeit einzelner Testschritte und die häufige Ausführung von Regressionstests zu erwarten ist.

Diesen Fall haben wir auch dann, wenn »nur« manuell getestet wird, dies jedoch mit jedem Release wiederholt wird. Häufig auszuführende manuelle Tests mit sauber spezifizierten Keywords sind einfacher und effizienter auszuführen als rein textuell beschriebene Tests mit ihren erfahrungsgemäß immer anderen Formulierungen.

Ändert sich ein Produkt häufig, etwa aufgrund wechselnder Marktanforderungen, kann gerade die Wartbarkeit von Keyword-Driven Testing ein Schlüsselattribut für den Erfolg unserer Tests sein.

KDT lohnt nicht immer.

In Projekten, wo Automatisierung und damit die kostengünstige Wiederholbarkeit von Tests nicht vorhanden ist und wo in der Regel nur neue Funktionen getestet werden, aber vorhandene Interfaces nicht genutzt werden können, ist der Nutzen von Keyword-Driven Testing kaum vorhanden.

In manchen sequenziell entwickelten Projekten nach »Wasserfall-« oder »V-Modell«, bei denen nicht inkrementell gearbeitet wird, kann dies der Fall sein. Nach Abschluss einer jeden Phase wird einmalig getestet. Der Regressionsaufwand geht, abgesehen von Fehlernachtests, gegen null und somit können die Kosten, die aufgrund des etwas erhöhten initialen Erstellungsaufwandes entstehen, nicht wieder eingespielt werden.

Anmerkung

Man könnte nun auf die Idee kommen, dass weit fortgeschrittene Projekte, in die schon viele Jahre Entwicklungsaufwand geflossen ist, keine guten Kandidaten für Keyword-Driven Testing sind. Gerade solche Projekte profitieren jedoch oft davon:

Bei alten Projekten hat man nämlich häufig ein Wartungsproblem. Viele Tests sind bereits vorhanden, jedoch gealtert und nicht mehr auf der Höhe der Zeit. Mit der Einführung von Keyword-Driven Testing hat man die Möglichkeit, sukzessive diese Tests umzubauen, wenn man sie ohnehin anfassen muss. Es ist nicht ratsam, in einem »Big Bang« alles umzuwerfen; eher sollte man zunächst neue Tests mit KDT erstellen und bestehende dann umbauen, wenn sie sowieso geändert werden müssen. Ein großer Vorteil bei solchen Projekten: Sehr vieles ist bekannt – auch die Lücken.

Wir postulieren nicht, dass Keyword-Driven Testing ein Allheilmittel ist – sondern dass es ein Werkzeug ist, das richtig eingesetzt viele Probleme lösen kann.

4 Keywords und Normen

Für den Themenkomplex Softwaretest gibt es einige Normen, die sich in der Praxis als nützlich erweisen können. Darunter befindet sich mit der ISO/IEC/IEEE 29119-5 [49] auch eine Norm, die sich ausdrücklich dem Thema Keyword-Driven Testing (also schlüsselwortbasierter Test) widmet.

Nach einem generellen Überblick über verfügbare Testnormen legt dieses Kapitel den Schwerpunkt auf die ISO 29119-5, auf die Inhalte und die Bedeutung für Testerinnen.

4.1 Testnormen

Normen zum Thema Softwaretest sind seit Jahrzehnten verfügbar. Lange Zeit war die bekannteste Norm zu diesem Thema die IEEE 829 [41], die aber mittlerweile durch die Normenfamilie ISO/IEC/IEEE 29119 (insbesondere durch deren Teil 3 [47]) abgelöst ist – mittlerweile schon zum Teil in der zweiten Auflage.

Einen Überblick über die aktuell (zur Drucklegung dieses Buches) für den Softwaretest wichtigsten Normen bietet Abbildung 4-1.

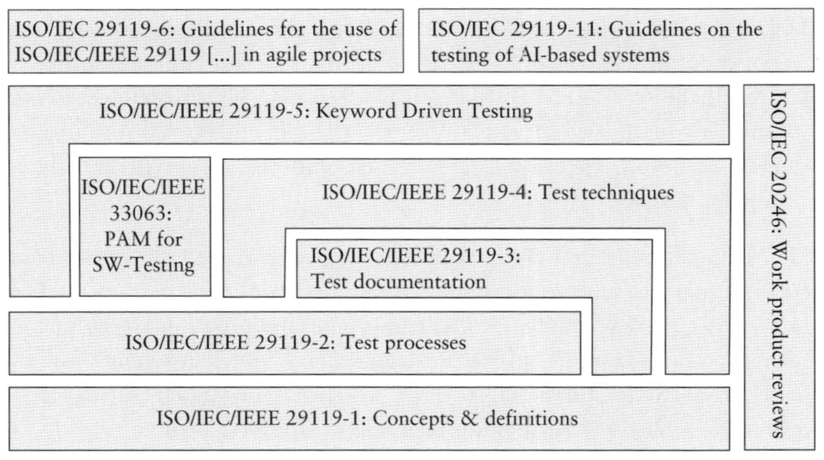

Abb. 4-1
ISO-Normen rund um den Softwaretest

Zu den Normen im Einzelnen:

- *Grundlagen* Die Norm ISO/IEC/IEEE 29119-1 [51] behandelt Grundlagen und wesentliche Basiskonzepte des Testens.
- *Prozesse* Die Norm ISO/IEC/IEEE 29119-2 [52] basiert auf der ISO/IEC/IEEE 29119-1 und beschreibt Testprozesse auf drei Ebenen – organisationsweit, im Bereich Testmanagement und für die dynamischen Aspekte, die Testdurchführung.
- *Dokumente* Die Norm ISO/IEC/IEEE 29119-3 [47] setzt auf den beiden Teilen 1 und 2 der ISO/IEC/IEEE 29119 auf. Sie beschreibt die Dokumente, bzw. die zu erfassenden Informationselemente, die typischerweise beim Softwaretest benötigt werden.
- *Techniken* Die Norm ISO/IEC/IEEE 29119-4 [48] beschreibt Testtechniken, die zum Ableiten von Testfällen verwendet werden können. Grundlage dafür sind die Begriffe aus Teil 1 der ISO 29119, die Prozesse aus Teil 2 und die Dokumente aus Teil 3, in denen die erzeugten Testfälle dokumentiert werden.
- *Assessments* Die Norm ISO/IEC/IEEE 33063 [43] dient bei der Durchführung von Assessments, die mittels der ISO/IEC/IEEE 29119-2 als Prozessreferenzmodell (PRM) durchgeführt werden sollen, als Prozess-Assessment-Modell (PAM).
- *Schlüsselworte* Die Norm ISO/IEC/IEEE 29119-5 [49] beschreibt Aspekte des schlüsselwortbasierten Testens. Das ist also für dieses Buch *unsere* Norm – und daher wird diese Norm im weiteren Verlauf des Kapitels vertieft erläutert.
- *Reviews* Die Norm ISO/IEC 20246 [46] beschreibt Reviewtechniken und Reviewprozesse. Sie setzt auf die ältere Norm IEEE 1028:2008 [42] auf, ersetzt diese zwar nicht – ist aber moderner als diese und für die meisten Praktiker vermutlich die nützlichere Quelle.
- *Agile* Der Technical Report TR ISO/IEC 29119-6 [45] gibt Hinweise zur Anwendung der ersten Teile der Normenreihe im agilen Kontext.
- *KI* Der Technical Report TR ISO/IEC 29119-11 [44] gibt Hinweise darauf, was beim Testen von Systemen, die auf künstlicher Intelligenz (KI) basieren, zu berücksichtigen ist und wie dabei vorgegangen werden kann.

Die Normenfamilie ISO 29119 beschreibt gerade mit ihren vier zentralen Teilen 1 bis 4 wichtige Grundlagen für den Softwaretest und sollte daher jeder professionellen Softwaretesterin zumindest in Grundzügen bekannt sein. Wer die Lektüre der eigentlichen Normen scheut – sei es aus Kostengründen oder weil Normen zu schwer verdaulich erscheinen –, kann mit [4] und [8] auf Sekundärliteratur zurückgreifen.

4.2 ISO 29119-5: Keyword-Driven Testing

Die Norm ISO/IEC/IEEE 29119-5 [49] wurde im November 2016 erstmals veröffentlicht. Ziel bei der Erstellung der Norm war es, Keyword-Driven Testing zu beschreiben, Hinweise für die Anwendung zu geben und festzustellen, welche Anforderungen an ein Framework für Keyword-Driven Testing minimal oder auch im Idealfall zu stellen sind.

Abbildung 4-2 gibt einen schematischen Überblick über die inhaltliche Struktur der Norm. Ein Großteil der Norm hat »informativen« Charakter. Das bedeutet, diese Inhalte können hilfreich sein und es ist empfehlenswert, ihnen zu folgen, es werden aber in diesen Teilen der Norm keine Anforderungen gestellt, denen man folgen müsste, um konform zu sein.

Diejenigen Teile, die relevant sind, falls man Konformität mit der Norm in Anspruch nehmen möchte, werden als »normativ« bezeichnet. In der Abbildung sind sie durch einen etwas fetteren Rahmen und hellen Hintergrund hervorgehoben (Frameworks und Datenaustausch).

Aus dem Schwerpunkt, den die Norm im Hinblick auf Konformität legt, lässt sich ableiten, wie die Norm verwendet werden will:

Für Anwender von Keyword-Driven Testing: Für sie werden keine Anforderungen aus der Norm heraus gestellt. Sie erhalten Impulse und Hilfestellungen.

Für Hersteller von Werkzeugen für Keyword-Driven Testing: Für sie werden Anforderungen gestellt, die einerseits eine Minimalfunktionalität für KDT-Werkzeuge sicherstellen sollen, andererseits auch das Zusammenspiel solcher Werkzeuge ermöglichen sollen. Von beidem soll der Anwender profitieren. Als Drittes soll die Möglichkeit bestehen, anhand der Erfüllung von Anforderungen aus der Norm auch sehr unterschiedliche Werkzeuge hinsichtlich ihrer Mächtigkeit beurteilen zu können – gemessen an den eigenen Bedürfnissen, welche Anforderungen der Norm im eigenen Kontext wichtig erscheinen.

Die folgenden Absätze bieten einen kurzen Überblick darüber, welche Inhalte in der ISO 29119-5 vermittelt werden (vgl. Abbildung 4-2):

Präambel: Die Präambel einer Norm dient dazu, die Norm richtig einzuordnen und Metainformationen zu der Norm bereitzustellen (Beispielsweise: Welche Normen müssen wir uns noch beschaffen, um mit dieser hier richtig arbeiten zu können). Für die Zwecke dieses Buches ist dieser Punkt am wenigsten spannend.

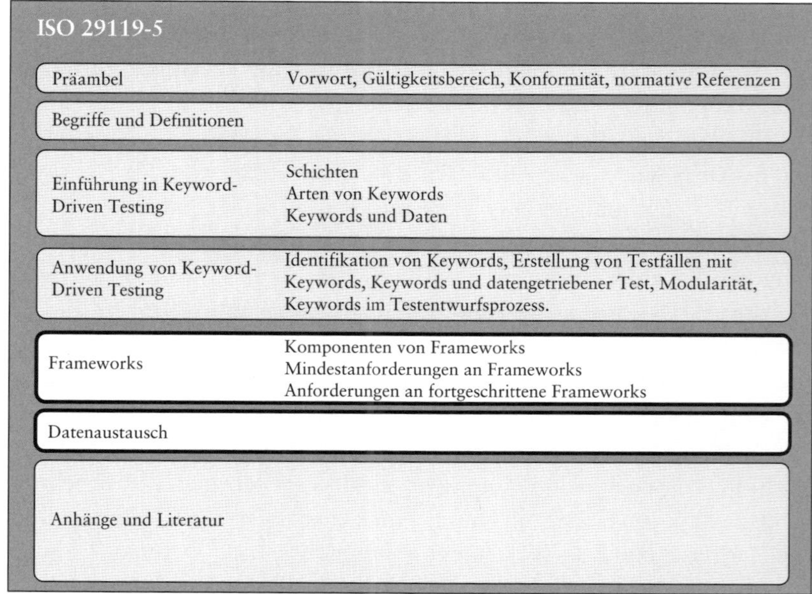

Abb. 4-2 *Überblick über die Inhalte von ISO 29119-5*

Begriffe und Definitionen: In diesem Abschnitt findet man die spezifischen Begriffsdefinitionen, erfährt also beispielsweise, was die Norm unter dem Begriff »Keyword« versteht. Diese Definitionen sind entscheidend für das Verständnis der nachfolgenden Kapitel.

Einführung in Keyword-Driven Testing: Hier wird erklärt, was Keyword-Driven Testing eigentlich ist, und grundlegende Konzepte werden erläutert (vgl. dazu in diesem Buch: Kapitel 2).

Anwendung von Keyword-Driven Testing: In diesem Abschnitt werden Hinweise zur Anwendung von Keyword-Driven Testing gegeben. Dies ist eine wichtige Voraussetzung für das nachfolgende Kapitel. Da nämlich Keyword-Driven Testing in den unterschiedlichsten Ausprägungen erfolgen kann, muss man sich als Anwender im Klaren darüber sein, welches das eigene Vorgehen ist oder sein soll. Nur dann kann die richtige Entscheidung für das passende Framework fallen.

Frameworks: Dieses Kapitel definiert Komponenten von Frameworks für Keyword-Driven Testing und legt im Anschluss für die jeweiligen Komponenten fest, welche Eigenschaften sie bieten müssen, damit Keyword-Driven Testing in einer bestimmten Ausprägung erfolgreich stattfinden kann.

Datenaustausch: Hier werden einige Randbedingungen genannt, die beim Austausch von Daten im Keyword-Driven Testing zwischen unterschiedlichen Werkzeugen zu berücksichtigen sind.

Anhänge und Literatur: In den Anhängen behandelt die Norm Themen, wie empfehlenswerte Konventionen, Vorteile des Keyword-Driven Testing und Rollen, und gibt einige Anwendungsbeispiele sowie Literaturhinweise.

> **Hinweis**
>
> Auch wenn im Folgenden ein Überblick über die Inhalte der Norm ISO 29119-5 gegeben wird, gilt selbstverständlich:
>
> Wer die Norm verwenden möchte, wird sie sich beschaffen müssen – die hier vermittelte Vorstellung der Inhalte reicht dann nicht. Für die meisten Leser wird dafür der Beuth-Verlag die richtige Anlaufstelle sein ([38]).

4.3 Frameworks in der Norm

Die Norm ISO 29119-5 beschäftigt sich in Abschnitt 7 mit den Elementen – die Norm spricht von Komponenten (»components«) – eines Frameworks für Keyword-Driven Testing.

Eine solche Komponente ist nicht notwendigerweise *ein* Tool. Hier wurde bewusst darauf verzichtet, sich an bestehenden Werkzeugen, wie beispielsweise Testmanagementwerkzeugen, zu orientieren. Denn die Praxis zeigt, dass die verschiedenen Aufgaben, die im Zusammenhang mit Keyword-Driven Testing anfallen, nicht von einem Werkzeug, sondern von mehreren ausgeführt werden. Dabei kann ein Werkzeug typischerweise mehrere Aufgaben übernehmen, aber je nach Design der Werkzeuge unterscheidet sich, was das Werkzeug tun kann — und was von anderen Tools übernommen wird. Häufig genug liegt es auch bei einem gegebenen Satz von Werkzeugen in der Entscheidung der Anwender, was welches Werkzeug ausführen soll, denn gerade die kommerziell verfügbaren Werkzeuge überschneiden sich in ihrer Funktionalität.

Aus diesem Grunde sind die Komponenten in der Norm an funktionalen Eigenschaften ausgerichtet, die ein aus mehreren Tools bestehendes Framework idealerweise in ihrer Gesamtheit abdecken sollte.

Der Begriff »Framework« umfasst hier etwas mehr als Werkzeuge – und zwar:

1. Konzepte: Erläuterung, wie Keyword-Driven Testing im konkreten Umfeld betrieben werden soll, welche Ebenen beispielsweise verwendet werden und wie oder welche Werkzeuge für welchen Zweck einzusetzen sind.

2. Dokumente: Das kann beispielsweise eine Beschreibung von vorgegebenen Keywords sein, die verwendet werden sollen.
3. Werkzeuge (ja, natürlich diese auch): Es wird davon ausgegangen, dass Hersteller von Testwerkzeugen mit Fokus auf Keyword-Driven Testing anstreben, zumindest eine der Komponenten abzudecken.

Einen ersten Überblick über Komponenten eines Frameworks für manuellen Keyword-Driven Test gibt Abbildung 4-3. Benötigt wird mit Sicherheit ein Editor (in welcher Form auch immer), in dem Testfälle aus Keywords zusammengesetzt werden können. Die Keywords sind in der »Keyword Library« enthalten. Vorausgesetzt, dass es hierarchische Keywords gibt, werden diese vom »Decomposer« in ihre atomaren Bestandteile zerlegt.

Der »Data Sequencer« dient dazu, ggf. Kombinatoriken von Daten in individuelle Sequenzen zu zerlegen (also implizite Schleifen aufzulösen) und die konkreten Testdaten aus dem Datenpool (»Data Repository«, in der Norm schlicht »data«) anstelle ihrer Platzhalter in die Testsequenz einzufügen.

Schließlich werden die für die manuelle Testerin zur Durchführung der Tests benötigten Schritte durch den »Manual Test Assistant« häppchenweise aufbereitet und für eine effiziente Testdurchführung dargestellt.

Abb. 4-3 *Framework-Elemente für manuellen Test, Abb. nach [49] (figure 7)*

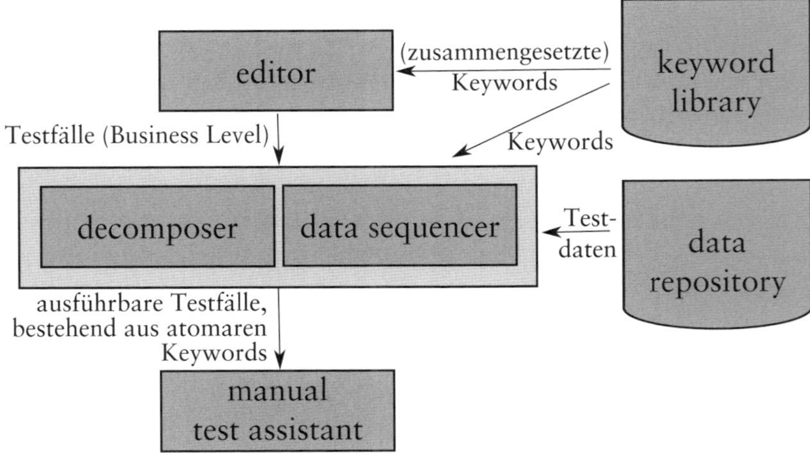

Vieles davon erfolgt in gleicher Weise, wenn statt manueller Testdurchführung eine automatisierte Testdurchführung gewählt wird. Abbildung 4-4 zeigt den Aufbau eines Frameworks für Keyword-Driven Test, wenn die Tests automatisiert durchgeführt werden sollen. Der erste Unterschied zum Framework für manuellen Test liegt darin, dass der »Manual Test Assistant« durch die »Tool Bridge« ersetzt ist, deren

Funktion darin liegt, die Sequenz der Keywords mit ihren Daten für ein Ausführungswerkzeug – die »Execution Engine« – aufzubereiten, so wie der »Manual Test Assistant« es für einen Menschen tut.

Zu dem Zweck werden die vorbereiteten Skriptbausteine aus dem »Script Repository« benötigt.

Die eigentliche Durchführung der Tests erfolgt dann durch die »Execution Engine« in der Testausführungsumgebung, in der auch das Testobjekt (»SUT«[1]) installiert ist.

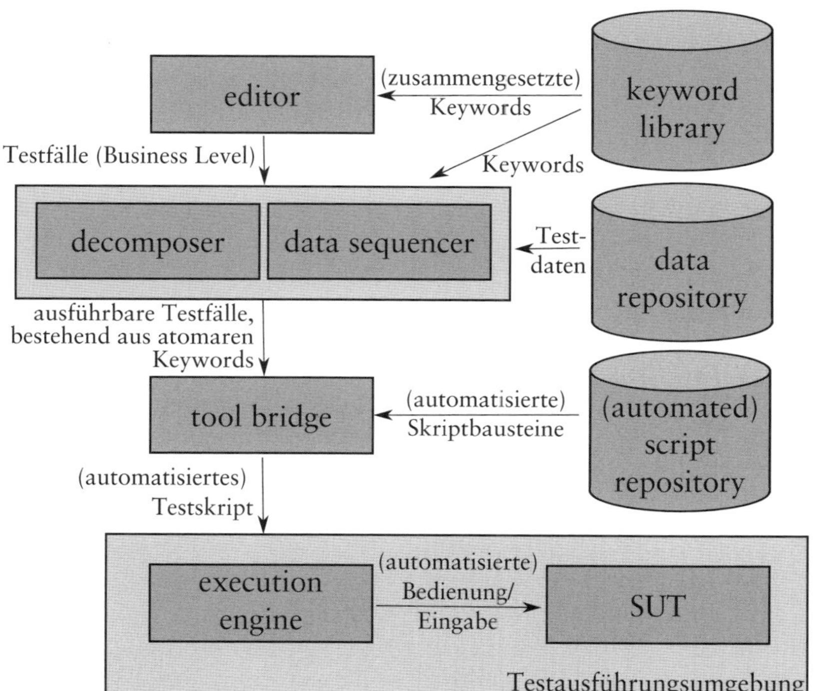

Abb. 4-4 *Framework-Elemente, Abb. nach [49] (figure 8)*

Anhand der Abbildungen 4-3 und 4-4 lässt sich leicht ablesen, welche der Komponenten für Keyword-Driven Test in manueller oder automatisierter Ausprägung erforderlich sind. Falls beide Varianten gewünscht werden (was sehr sinnvoll ist), dann werden alle diese Komponenten gebraucht.

In den nun folgenden Abschnitten werden die Komponenten eines Frameworks für Keyword-Driven Test erläutert.

[1]SUT steht je nach Lesart für »Software under Test« oder »Subject under Test«, jedenfalls für das, was zu testen ist.

4.3.1 Editor

Für den Testdesigner ist der Editor die alltäglich genutzte Schnittstelle für die Erstellung und die Wartung von Testfällen. Man sollte also davon ausgehen können, dass hierfür besonders sorgfältig gestaltete und entwickelte Software eingesetzt wird.

Dies ist nicht unbedingt der Fall: Je nach Ausprägung des Frameworks findet man zwar spezialisierte Software, die mit Keywords (mehr oder weniger ausgefeilt) umgehen kann. Gerade bei einfacheren Frameworks trifft man aber auch auf Lösungen, die auf Standardtools wie Excel als Editor setzen. Tatsächlich ist Excel wahrscheinlich das am häufigsten verwendete Werkzeug an dieser Position.

Wohlgemerkt: Auch wenn es jedem vergönnt sein sollte, für das Design von Keyword-Driven-Testfällen spezialisierte Werkzeuge einsetzen zu dürfen, die mehr Unterstützung bieten – technisch betrachtet erfüllt Excel[2] offenbar (ausgehend von der Praxis) genug Anforderungen, dass wir es (aber nur unter Protest) als »Editor« in diesem Kontext akzeptieren müssen.

Es klingt durch, dass wir einen spezialisierten Editor für Keyword-Driven Testing bevorzugen würden. Folgende Dinge könnte man von einem dedizierten Editor für Keyword-Driven Testing erwarten:

- Ein spezialisierter Editor kann auch bei der Auswahl von passenden Testdaten zu den Keywords unterstützen und diese angemessen darstellen.
- Ein spezialisierter Editor kann sicherstellen, dass die notwendigen Parameter eines Keywords auch belegt werden, eventuell sogar die Parameter auf Gültigkeit[3] überprüft werden.
- Ein spezialisierter Editor kann für jedes Keyword die hinterlegte Zusatzinformation darstellen – die Beschreibung des Keywords, seiner Parameter oder des notwendigen Kontexts.
- Ein spezialisierter Editor kann für ein zusammengesetztes Keyword auf Wunsch die Keywords zeigen, aus denen es besteht.
- Ein spezialisierter Editor kennt die bereits definierten Keywords. Er kann daher schon bei der Eingabe der ersten Zeichen eines Keywords

[2]Falls hier eine gewisse Abneigung der Autoren gegenüber Excel erkennbar zu sein scheint, so trügt der Schein: Excel ist ein wunderbares Werkzeug – für Kalkulationen zum Beispiel oder um Tabellen zu verwalten. Als Datenbank oder als High-End-Testwerkzeug gibt es aber bessere.

[3]Mit »Gültigkeit« ist hiermit nicht gemeint, ob der Wert im Kontext des Testobjektes gültig ist oder nicht – also ob der Wert wohl akzeptiert oder abgewiesen werden müsste –, sondern ob der Wert dem entspricht, was für das Keyword festgelegt wurde.

aus dem Vokabular passende Keywords vorschlagen (auto complete, vgl. Intellisense) oder, falls unbekannte Keywords eingegeben wurden, darauf hinweisen – sei es, um Tippfehler zu vermeiden oder neue Keywords zu dokumentieren.

4.3.2 Keyword Library

Keyword-Bibliothek

Die »Keyword Library«, also die Keyword-Bibliothek, ist der Ablageort für die Keywords. Es ist ein Repository, in dem die Information enthalten ist, welche Keywords es in dem Kontext (z.B. Projekt) gibt, und in dem die Informationen über das Keyword abgelegt sind. Je nach Implementierung kann das mehr oder weniger Information sein. Denkbar ist:

- Beschreibung, was das Keyword bedeutet oder wozu es dient.
- Beschreibung, was zu tun ist, um das Keyword auszuführen. Das kann ein kurzer Text sein, eine Liste von Schritten oder eine Liste von Keywords einer anderen Ebene, aus denen sich unser Keyword zusammensetzt.
- Beschreibung der Parameter, die das Keyword hat oder haben kann. Dazu kann eine kurze Beschreibung der Bedeutung des Parameters gehören, der Typ (numerisch oder alphanumerisch oder auch komplexere Typen wie Adressen) und die Festlegung, ob der Parameter notwendig oder optional ist.

Die Keyword-Bibliothek ist ein wichtiges Instrument, um im Team, in größeren Projekten und vor allem auf Dauer die Übersicht über die Keywords zu behalten, um Dubletten zu vermeiden, die Wartungsaufwände an den Keywords langfristig gering zu halten, kurz, um auf Dauer Spaß am Keyword-Driven Testing zu behalten.

4.3.3 Decomposer

Der Decomposer hat die Aufgabe, hierarchische Keywords in ihre Bestandteile zu zerlegen, sodass am Ende, wenn die Keywords ausgeführt werden, für den Menschen oder den Automaten nur noch die kleinen atomaren Aktionen sichtbar sind, von denen aber dann wirklich klar ist, wie sie auszuführen sind.

Streng genommen braucht man den Decomposer also nicht, wenn nur mit einer Ebene von Keywords gearbeitet wird.

Da wir aber bei einem leistungsfähigen Framework davon ausgehen, dass es zumindest die Möglichkeit bietet, mit hierarchischen Keywords zu arbeiten, erwarten wir auch das Vorhandensein eines Decomposers.

4.3.4 Data Sequencer

Der »Data Sequencer« wird dafür benötigt, die in der Keyword-Testspezifikation verwendeten Testdaten so zu bearbeiten, dass sie den atomaren Keywords, die der Decomposer aufbereitet hat, beigeordnet sind. Hierzu muss er eng mit dem Decomposer zusammenarbeiten. Häufig werden beide daher gemeinsam implementiert und auch von einem Testwerkzeug abgebildet.

Notwendig ist ein Data Sequencer streng genommen nur, wenn Keyword-Driven Testing auch als Data-Driven Testing verwendet wird. Selbst wenn möglicherweise nicht alle Testdesigner Data-Driven Testing verwenden wollen (kaum vorstellbar), ein Framework sollte das auf jeden Fall unterstützen.

Wird also Data-Driven Testing verwendet, dann gehört Folgendes zu den Aufgaben des Data Sequencer:

- Daten sind in einer Tabelle abgelegt. Einem Keyword wird in der Testspezifikation nicht ein Wert aus der Tabelle zugeordnet, sondern gleich mehrere Werte. Meist wird dazu die Spalte in der Tabelle oder ein Bezeichner für diese Werte angegeben. Damit wird bezweckt, dass bei der Testdurchführung innerhalb eines Testfalls nacheinander alle diese Werte verwendet werden.

  Ein Anwendungsfall hierfür könnte sein, dass in der Vorbereitungsphase des Testfalls die später benötigten Datensätze – beispielsweise User des Systems – angelegt werden sollen.

  Implizit wird hier eine Schleife innerhalb des Testfalls durchlaufen. Aufgabe des Data Sequencer ist es nun, die für den jeweiligen Schleifendurchlauf benötigten Daten dem atomaren Keyword im Ablauf zuzuordnen.
- Testfälle sind als abstrakte (logische) Testfälle definiert, die erst durch die Zuordnung von konkreten Werten zu konkreten, ausführbaren Testfällen werden. Sind diese Werte in einer Tabelle hinterlegt, dann haben wir es auch hier mit einer Schleife zu tun – etwas weniger implizit vielleicht. Jedenfalls werden aus einem abstrakten Testfall meist mehrere, oft sehr viele konkrete Testfälle abgeleitet.

  Die Aufgabe des Data Sequencer besteht nun darin, auch hier jedem einzelnen Testfall in der richtigen Reihenfolge die richtigen konkreten Daten zuzuordnen.
- Daten können zu Strukturen zusammengefügt sein. Das ist vor allem dann sehr nützlich, wenn zusammengesetzte Keywords komplexe Vorgänge ausführen und dazu auch eine gewisse Anzahl von Daten benötigen. Diese Daten könnte man dem Keyword zwar auch als Liste einzelner Parameter zuordnen, aber es müssen gar nicht viele

Parameter sein, damit dies unübersichtlich, schwer zu handhaben und letztendlich auch fehleranfällig wird.

Wie beim Programmieren ist es daher auch beim Spezifizieren von Testfällen nützlich, auf Datentypen zugreifen zu können, sodass unter einem Bezeichner mehrere Einzelwerte verfügbar sind. Ein Beispiel wäre eine »Adresse« – hinter der sich dann »Strasse«, »Hausnummern«, »Postleitzahl«, »Ort« etc. verbergen.

Die Aufgabe des Data Sequencer ist in einem solchen Fall, die benötigten Einzelwerte aus der Datenstruktur, die dem komplexen Keyword in der Testspezifikation zugeordnet ist, zu extrahieren und dem atomaren Keyword zuzuordnen.

Die hier genannten drei Fälle sind natürlich kombinierbar – so kann es abstrakte Testfälle geben, die Datenstrukturen verwenden und, weil sie auch innerhalb von Testfällen Wiederholungen von Keywords mit unterschiedlichen Werten vorsehen, im Grunde mit zwei geschachtelten Schleifen arbeiten.[4]

Ein Data Sequencer muss mit so etwas klarkommen.

4.3.5 Data Repository

Das »Data Repository« ist der Ablageort für die in den Testfällen verwendeten Daten[5]. Falls kein Data-Driven Testing eingesetzt wird, dann können die Daten auch innerhalb der Testspezifikation abgelegt sein, aber meist wird man sich damit nicht zufrieden geben wollen.

Praktisch gibt es viele Möglichkeiten, Testdaten getrennt von der Testspezifikation abzulegen. Gängig ist in vielen Frameworks die Ablage in Excel-Tabellen oder anderen Dateistrukturen. Wenn dafür nicht auch ein Verwaltungsmechanismus vorhanden ist, besteht die Gefahr, dass die Übersichtlichkeit leidet und damit die Wartung der Testdaten auf lange Sicht sehr schwierig wird.

Besser geeignet für die Ablage von Daten ist eine Datenbank. Aber auch dabei kommt man nicht darum herum, die dort erfassten Daten mit Metainformationen anzureichern, wenn man langfristig Freude daran haben will.

Was sind das für Daten in dem Datensatz? Von wann sind sie? Sind sie für einen bestimmten Testfall gedacht oder universell? Stellen

[4]Explizite Schleifen würden wir nicht empfehlen, aber Frameworks können diese natürlich anbieten – dann wird es nochmals komplizierter.

[5]Gemeint sind hier diejenigen Testdaten, die während der Testausführung Eingaben für das Testobjekt darstellen, und nicht so sehr die Testdaten, die in Form einer Datenbank oder Konfiguration ebenfalls Grundlage für die erfolgreiche Testdurchführung sind.

sie einen Standardfall dar oder einen exotischeren Fall – oder sind es ungültige Daten? Decken sie eine bestimmte Äquivalenzklasse ab?

Solche Fragen möchte man anhand der Metainformationen zu den Testdaten beantwortet bekommen.

4.3.6 Manual Test Assistant

Mit dem »Manual Test Assistant« ist das Framework vollständig, *falls* man damit ausschließlich manuell testen möchte.

> Falls man nicht nur manuell testen möchte, dann tritt an die Stelle des »Manual Test Assistant« die »Tool Bridge« (siehe nächster Abschnitt 4.3.7).
>
> Auch wenn die beiden getrennten Diagramme in Abbildung 4-3 und Abbildung 4-4 möglicherweise einen anderen Eindruck erwecken – diese beiden Framework-Elemente schließen sich natürlich nicht aus: Wer sowohl manuell als auch automatisiert testen möchte, kann beide Elemente in seinem Framework nutzen und braucht dann eben auch beide.

Der »Manual Test Assistant« bereitet die Keyword-Driven-Testfälle für eine menschliche Testerin auf und stellt sie möglichst praktisch dar.

Dabei gibt es einige Dinge, die er idealerweise leisten sollte:

- Übersichtliche Darstellung der Testschritte
- Möglichkeit, Testschritte zu überspringen oder auch einen Schritt zurückzugehen
- Übersichtliche Darstellung der den Schritten zugeordneten Testdaten
- Übersicht über den Gesamtfortschritt bei der Testdurchführung
- Möglichkeit, eine umfangreiche Testsequenz zu unterbrechen und wieder aufzunehmen
- Unterstützung bei der Erfassung der Testergebnisse

4.3.7 Tool Bridge

Die »Tool Bridge« dient als Bindeglied zwischen den spezifizierten Keyword-Driven-Testfällen und dem Automatisierungswerkzeug. Sie greift auf die Bausteine aus dem »Script Repository« zu und bildet aus ihnen und den Keyword-Driven-Testfällen für das Automatisierungswerkzeug ausführbare Sequenzen. Wie das genau funktioniert, ist implementierungsabhängig und spielt für das gesamte Framework keine Rolle. Hauptsache, es funktioniert.

Dabei kann es natürlich jede Menge von Randbedingungen geben, die Gründe für eine spezifische Art der Implementierung sind:

- Einfachheit der Implementierung
- Wartbarkeit
- Weitgehende Unabhängigkeit vom Automatisierungswerkzeug
- Möglichkeiten des Werkzeugs

Letztlich genießt der Testautomatisierungsarchitekt hier aber alle Freiheiten, eine »Tool Bridge« zu erzeugen, ohne hierbei von der Norm eingeschränkt zu sein.

Zu den typischen Wegen der Implementierung gehören folgende:

1. Generierung der Skripte: Hierbei wird ein Skript aus vorbereiteten Bausteinen generiert. Eine Grundvoraussetzung hierfür ist eine exakte Kenntnis der Struktur, die im jeweiligen Automatisierungswerkzeug den Skripten zugrunde liegt. Je nach Werkzeug kann das trivial sein, aber auch »Druidenwissen« erfordern.

   Nachteil ist dabei auch eine starke Abhängigkeit des Generators – dieser ist dann ein Teil der Tool Bridge – vom konkreten Werkzeug. Wählt man diesen Weg, so wird es schwierig, das Automatisierungswerkzeug auf die Schnelle auszutauschen oder gar alternativ mit mehreren Werkzeugen zu arbeiten.

   Darüber hinaus entstehen durch die Generierung unter Umständen eine Vielzahl von »Einwegskripten«, die man kaum aufbewahren möchte. Auf der anderen Seite beziehen sich die bei der Testdurchführung erzeugten Protokolle ja auf genau diese Skripte, und sind möglicherweise nur in dem Kontext zu interpretieren. Man muss also eine Möglichkeit schaffen, dieselben Skripte auch später aus denselben Bausteinen mit demselben Generator wieder zu erzeugen – eine Aufgabe für das Konfigurationsmanagement.
2. Aufruf von Skripten über ein Kontrollskript: Auch hier werden Skripte als Bausteine vorbereitet. Es sind jedoch vollständige Skripte aus Sicht der Testautomatisierung, die jeweils ein Keyword (Low-Level) repräsentieren.

   Ein »intelligentes« Skript – dies stellt hier einen wesentlichen Teil der Tool Bridge dar – übernimmt nun die Aufgabe, bei der Testdurchführung diese Skripte in der richtigen Reihenfolge mit den richtigen Parametern aufzurufen. Ad hoc – könnte man sagen.

   Voraussetzung dafür ist die Fähigkeit des Testwerkzeugs, aus Skripten heraus andere Skripte wahlfrei zu starten. Wenn das gegeben ist, dann liegt hier eine sehr elegante Lösung der Aufgabe vor. Die Skripte sind meist vom Automatisierungswerkzeug gut zu verwalten und können sehr einfach einzeln bearbeitet und getestet werden und als einzelne Elemente einem Konfigurationsmanagement unterzogen werden.

3. Aufruf von Funktionen über ein Kontrollskript: Der Aufruf von Funktionen über ein Kontrollskript ist verwandt mit der Variante, ganze Skripte aufzurufen. Der Unterschied besteht darin, dass es nun Funktionen oder Methoden sind, die Keywords repräsentieren. Damit ist diese Lösung fast immer auch bei den Werkzeugen einsetzbar, die keinen Aufruf von Skripten aus Skripten heraus vorsehen.

   Dieser Weg ist nicht ganz so elegant: Die Funktionen müssen ja alle definiert sein und das bedeutet, dass man sozusagen an einem großen Monolithen arbeitet. Aber es funktioniert.

4.3.8 Script Repository

Im »Script Repository« sind die Bausteine abgelegt, mit denen die Tool Bridge die Ausführungssequenz für das Automatisierungswerkzeug erzeugt. Je nach Umsetzung können das also Skriptbausteine, ganze Skripte, Methoden oder Funktionen des Automatisierungswerkzeugs sein.

Dementsprechend kann auch das Script Repository ganz unterschiedlich gebaut sein. Es kann sich im einfachsten Fall um eine Verzeichnisstruktur im Dateisystem oder im Konfigurationsmanagement handeln, es kann eine durch eine IDE verwaltete Bibliothek von Funktionen sein oder es kann eine spezielle durch ein Werkzeug umgesetzte Ablagestruktur in einer Datenbank sein.

Jeder dieser Ansätze hat seine Vor- und Nachteile. Der Testautomatisierungsarchitekt sollte sich hier im Rahmen seiner Möglichkeiten daher wohlüberlegen, welchen Weg er wählt.

Die Elemente im Script Repository jedenfalls repräsentieren jedes einzelne Keyword auf der untersten Ebene (das bedeutet: Keywords, die sich aus anderen Keywords zusammensetzen, haben hier wahrscheinlich keinen Repräsentanten).

Es gibt Fälle, in denen parallel oder abwechselnd mit mehreren Automatisierungswerkzeugen gearbeitet wird. Das kann beispielsweise nötig sein, um denselben Testfall auf einem Mobilgerät und auf dem Desktop auszuführen. Beide Plattformen lassen sich möglicherweise nicht mit demselben Werkzeug ansteuern[6]. Dann kann dasselbe

[6]Das soll ein Beispiel sein – ohne Beschränkung der Allgemeinheit. Sie haben ein Werkzeug, das auf all Ihren Plattformen alles Nötige tun kann? Schätzen Sie sich glücklich!

Keyword in dem Script Repository durch *mehrere* Elemente – für unterschiedliche Automatisierungswerkzeuge – abgebildet werden.

4.3.9 Execution Engine

Die »Execution Engine« ist dasjenige Element in unserem Framework, das die Durchführung der automatisierten Testfälle übernimmt. Sie ist das eigentliche Kernstück unserer Automatisierung. Man könnte sie auch als den eigentlichen Automaten oder Roboter bezeichnen.

Während unsere Testfälle und die darin enthaltenen Keywords mit den sequenzierten Daten nur die Anweisungen für den Automaten abbilden und das Script Repository den auszuführenden Maschinencode mit den Adaptertechnologien beinhaltet, sorgt die »Execution Engine« dafür, dass alles in geregelten Bahnen abläuft und dokumentiert wird. Sie kümmert sich um die Auswahl der Testfälle, die Reihenfolge der Ausführungen, das Aufrufen der automatisierten Funktionen, das Protokollieren der Ergebnisse und das Abbrechen eines Tests im Falle eines Fehlers.

Die »Execution Engine« kann ein Teil eines proprietären Testautomatisierungswerkzeugs sein, wie beispielsweise Ranorex. Sie kann aber auch ein Teil eines Testframeworks, wie JUnit, Mocha, Robot Framework oder Cucumber, sein.

Vom Konzept der Norm her ist die »Execution Engine« ein generischer Teil des Frameworks und kann grundsätzlich jegliche Art von automatisiertem Code des »Script Repository« aufrufen. Sie kümmert sich also nicht um konkrete Implementierungen einzelner Keywords und deren technologische Adaptierung an das Testobjekt, sondern ruft eben die von der »Tool Bridge« zur Verfügung gestellten automatisierten Skripte in der Testumgebung auf und behandelt deren Rückgaben.

Die »Execution Engine« kümmert sich darum, Variablen, die innerhalb eines Testlaufs zwischengespeichert werden, entgegenzunehmen, zu verwalten und an die Skripte zu reichen, die sie weiterverarbeiten.

Nehmen wir beispielsweise an, dass wir ein Keyword haben, das den Nettopreis eines Artikels unseres Webshops ausliest und in eine Variable zurückgibt. Ein weiteres Keyword liest den gelisteten Bruttopreis des Artikels aus. Beide Preise werden von der Execution Engine gespeichert und im dritten Schritt an ein Keyword gegeben, das verifiziert, dass ein gegebener Mehrwertsteuersatz für die beiden Preise korrekt berechnet wurde. Diese Variable wird zwar im Editor benannt, jedoch werden die Werte erst zur Laufzeit ermittelt und gespeichert.

Auch Testergebnisse einzelner Keyword-Implementierungen werden an die »Execution Engine« zurückgegeben und sie protokolliert diese als Pass oder Fail. Die Art, wie Fails an die Engine übermittelt werden, unterscheidet sich je nach Art der Implementierung.

Handelt es sich bei unseren automatisierten Skripten tatsächlich um einzeln ausführbare Skripte, übermitteln sie häufig über Fehlercodes ihr Ergebnis an die aufrufende Engine zurück. 0 (null) ist in der Regel eine erfolgreiche Ausführung und jede andere Zahl klassifiziert einen spezifischen Fehlertyp.

Sind die Keywords jedoch als einzelne Methoden oder Funktionen abgebildet, so werden im Falle eines Fehlers Exceptions (Ausnahme) ausgelöst. Diese können sich ebenfalls in Typ und Inhalt unterscheiden. Somit kann die »Execution Engine« nicht nur den Fehler, sondern auch den Grund bzw. die Fehlermeldung protokollieren.

Im Falle eines Fehlers sieht die Norm vor, dass weitere Testschritte übersprungen und sogenannte »Clean-up Steps« ausgeführt werden. Diese »Aufräumschritte« werden je nach Tool auch »Teardown« oder »Nachbereitung« genannt.

4.3.10 SUT

Das Testobjekt (SUT) ist eigentlich kein Element des Frameworks, auch wenn es in den Diagrammen der ISO-Norm vorkommt. Die Norm bezieht sich darauf, da die Tests ja daran durchgeführt werden sollen. Anforderungen an das SUT stellt sie natürlich nicht.

4.4 Bewertung von Framework-Komponenten

Für Anwender von Keyword-Driven Testing kann diese Strukturierung von Komponenten eines Keyword-Driven Testing Framework für die Bewertung und Auswahl von Komponenten – oder Werkzeugen – nützlich sein. Dabei sind für Anwender wenigstens zwei Situationen denkbar: wenn ein neues Framework aufgebaut werden soll oder wenn das vorhandene Werkzeug auf den Prüfstand gestellt wird, weil beispielsweise eine Komponente ausgetauscht werden soll.

Dafür bietet die Norm ISO 29119-5 eine Liste von Attributen, die ein Framework mindestens bieten soll – in der Norm benannt mit »basic attributes« (Basisattribute) –, und eine weitere Liste von Kriterien, die darüber hinaus wünschenswert sind – in der Norm mit »advanced attributes« (fortgeschrittene Attribute) bezeichnet.

Diese Kriterien sind als »requirements« (Anforderungen) formuliert. Das bedeutet, dass die Norm an dieser Stelle »normativ« ist, dass also in Abhängigkeit von der Erfüllung oder Nichterfüllung dieser Anforderungen Konformität (oder wenigstens eingeschränkte Konformität) mit der Norm in Anspruch genommen werden kann. Was eine Anforderung ist, wird in einer Norm mit dem Schlüsselwort »Shall« markiert, wenn es verpflichtend ist, und mit »Should«, wenn es sich um eine (dringende) Empfehlung handelt.

Konformität

Für Werkzeughersteller gibt es daher einen zusätzlichen Anwendungsfall der Norm: Sie können diese Anforderungen heranziehen, wenn es darum geht, die Konformität ihres Werkzeugs mit der Norm abzugleichen.

Insgesamt sind hier 32 Basisattribute (mit »shall« markiert) und 37 fortgeschrittene Attribute (mit »should« markiert) aufgeführt. Diese Attribute können nun also als Kriterien zur Bewertung kompletter Frameworks oder für Teile von Frameworks herangezogen werden.

Checkliste

Die folgenden Tabellen 4-1 bis 4-4 sind als Vorschlag gedacht, wie eine solche Bewertung vorgenommen werden kann.

In den Spalten »Attribut« sind jeweils nur Stichworte enthalten. Wer wissen möchte, was sich hinter diesen Stichworten im Detail verbirgt, kann die vollständigen Requirements in der ISO 29119-5 [49] nachschlagen, und zwar an der in Spalte »Abschnitt« vermerkten Stelle.

Manche Stichworte tauchen dabei mehrfach auf. Das hat durchaus seine Richtigkeit, denn das Thema »Parameter« beispielsweise ist sowohl für die Dokumentation (man muss Parameter dokumentieren können) als auch für den Editor (wir wollen Parameter im Editor Keywords hinzufügen können) als auch in der Execution Engine (der Testautomat soll mit Parametern umgehen können) relevant.

Anforderungen der Norm

»Parameter« taucht als Anforderung (in der Norm: Requirement) mehrfach auf, da davon ausgegangen wird, dass die verschiedenen Aufgaben innerhalb des Frameworks von unterschiedlichen Werkzeugen abgebildet werden.

So, wie die Tabellen hier aufgebaut sind, können die jeweiligen Werkzeuge, die eine Anforderung erfüllen sollen, in der Spalte »Tool« eingetragen werden. Exemplarisch wurde das hier durch Platzhalter »Tool 1« bis »Tool 3« gemacht.

Bitte beachten Sie: Genau diese Aufteilung auf gerade drei Werkzeuge ist wirklich nur ein Beispiel! Ihr eigenes Framework kann natürlich aus mehr oder weniger Werkzeugen bestehen, daraus ergibt sich eine ganz andere sinnvolle Aufgabenteilung.

Darüber hinaus werden Sie möglicherweise Werkzeuge zur Verfügung (oder in der engeren Auswahl) haben, die sich in einer oder mehreren Disziplinen überschneiden. Als Beispiel: Ihr Automatisierungswerkzeug bietet eine rudimentäre Unterstützung von Keywords – aber Ihr Testmanagementwerkzeug unterstützt Sie dabei viel mehr.

Tabelle 4-1
Basisanforderungen, Teil 1

Abschnitt	Attribut	Prio.	Tool	Bewertung
	Allgemein/Dokumentation			
7.3.2 a)	keywords	2	Tool 1	3
7.3.2 b)	parameters	2	Tool 1	3
7.3.2 c)	default value	2	Tool 1	3
7.3.2 d)	hierarchies	2	Tool 1	3
7.3.2 e)	data	2	Tool 1	3
	Editor			
7.3.3 a)	actions in keywords	2	Tool 1	3
7.3.3 b)	go to low-level keywords	2	Tool 1	3
7.3.3 c)	parameters	2	Tool 1	3
7.3.3 d)	comments	2	Tool 1	3
7.3.3 e)	data sources	2	Tool 1	3
7.3.3 f)	references	2	Tool 1	3
7.3.3 g)	order	2	Tool 1	3
	Decomposer und Data Sequencer			
7.3.4 a)	Decomposer – parameters	2	Tool 1	3
7.3.4 b)	Data Sequencer – parameters	2	Tool 1	3
	Manual Test Assistant			
7.3.5 a)	manual execution	2	Tool 1	3
7.3.5 b)	defect tracking	2	Tool 1	3

In diesem oder ähnlich gelagerten Fällen entscheiden Sie, welches Werkzeug den fraglichen Bereich abdecken soll, und tragen das Werkzeug und die Bewertung dazu in den jeweiligen Zeilen ein.

Mit der hier gezeigten Form der Tabelle lässt sich ein Framework, bestehend aus mehreren Werkzeugen, für sich alleine betrachten, um zum Beispiel Lücken zu erkennen, die geschlossen werden sollen.

Tabelle 4-2
Basisanforderungen, Teil 2

	Tool Bridge			
Abschnitt	Attribut	Prio.	Tool	Bewertung
7.3.6 a)	execution code	2	Tool 2	3
	Execution Engine			
Abschnitt	Attribut	Prio.	Tool	Bewertung
7.3.7 a)	sequential execution	2	Tool 2	3
7.3.7 b)	identify missing impl.	2	Tool 2	3
7.3.7 c)	literals and variables	2	Tool 2	3
7.3.7 d)	execution results	2	Tool 2	3
7.3.7 e)	timestamps	2	Tool 2	3
7.3.7 f)	error recognition	2	Tool 2	3
7.3.7 g)	PASS/FAIL	2	Tool 2	3
7.3.7 h)	ID for execution	2	Tool 2	3
7.3.7 i)	ID for environment	2	Tool 2	3
7.3.7 j)	ID for test item	2	Tool 2	3
7.3.7 k)	multiple implementation	2	Tool 2	3
7.3.7 l)	test results	2	Tool 2	3

	Keyword Library			
Abschnitt	Attribut	Prio.	Tool	Bewertung
7.3.8 a)	basic attributes	2	Tool 3	3
	Script Repository			
Abschnitt	Attribut	Prio.	Tool	Bewertung
7.3.9 a)	execution code	2	Tool 2	3
7.3.9 b)	references	2	Tool 2	3

Alternativ kann es gewünscht sein, mehrere Werkzeuge gegenüberzustellen. Dazu kann man auf die Spalte »Tool« verzichten und dafür dann für jedes betrachtete Werkzeug eine eigene Spalte (sinnvollerweise mit dem Werkzeugnamen im Titel) hinzufügen, in der für jede Anforderung vermerkt werden kann, ob und wie gut dieses Werkzeug nach Einschätzung der Gutachter die Anforderung erfüllt.

Tabelle 4-3
Erweiterte Anforderungen, Teil 1

Allgemein/Dokumentation				
Abschnitt	**Attribut**	**Prio.**	**Tool**	**Bewertung**
7.4.2 a)	composition rules	2	Tool 1	3
7.4.2 b)	parameter description	2	Tool 1	3
7.4.2 c)	parameter passing	2	Tool 1	3
7.4.2 d)	keyword definition	2	Tool 1	3
Editor				
Abschnitt	**Attribut**	**Prio.**	**Tool**	**Bewertung**
7.4.3 a)	syntax checking	2	Tool 1	3
7.4.3 b)	track usage	2	Tool 1	3
7.4.3 c)	check for existance	2	Tool 1	3
7.4.3 d)	mark missing keywords	2	Tool 1	3
7.4.3 e)	exception handling	2	Tool 1	3
7.4.3 f)	auto completion	2	Tool 1	3
7.4.3 g)	versioning	2	Tool 1	3
Decomposer und Data Sequencer				
Abschnitt	**Attribut**	**Prio.**	**Tool**	**Bewertung**
7.4.4 a)	hierarchical keywords	2	Tool 1	3
7.4.4 b)	hierarchical data	2	Tool 1	3
Manual Test Assistant				
Abschnitt	**Attribut**	**Prio.**	**Tool**	**Bewertung**
7.4.5 a)	attachments	2	Tool 1	3

	Execution Engine			
Abschnitt	Attribut	Prio.	Tool	Bewertung
7.4.7 a)	access test item	2	Tool 2	3
7.4.7 b)	name space	2	Tool 2	3
7.4.7 c)	context switching	2	Tool 2	3
7.4.7 d)	name space switching	2	Tool 2	3
7.4.7 e)	parallel testing	2	Tool 2	3
7.4.7 f)	handle blocking	2	Tool 2	3
7.4.7 g)	»blocking« attributes	2	Tool 2	3
7.4.7 h)	data driven tests	2	Tool 2	3
7.4.7 i)	conditional testing	2	Tool 2	3
7.4.7 j)	configuration file	2	Tool 2	3
7.4.7 k)	multiple configurations	2	Tool 2	3
7.4.7 l)	cleanup	2	Tool 2	3
7.4.7 m)	allocate information	2	Tool 2	3
7.4.7 n)	integration check	2	Tool 2	3
7.4.7 o)	finite loops	2	Tool 2	3
7.4.7 p)	loops by count	2	Tool 2	3
7.4.7 q)	loops by time	2	Tool 2	3

Tabelle 4-4 *Erweiterte Anforderungen, Teil 2*

	Keyword Library			
Abschnitt	Attribut	Prio.	Tool	Bewertung
7.4.8 a)	composite keywords	2	Tool 3	3
7.4.8 b)	versioning of keywords	2	Tool 3	3
7.4.8 c)	aliasing	2	Tool 3	3
	Test Data Support			
Abschnitt	Attribut	Prio.	Tool	Bewertung
7.4.9 a)	versioning of data	2	Tool 1	3
7.4.9 b)	hierarchical data	2	Tool 1	3
	Script Repository			
Abschnitt	Attribut	Prio.	Tool	Bewertung
7.4.10 a)	versioning of code	2	Tool 2	3

5 Testautomatisierungsarchitektur

In diesem Kapitel beschäftigen wir uns mit der grundsätzlichen Architektur von Testautomaten. Wenn wir in Gesprächen mit Testautomatisierern fragen, welche Testautomaten sie verwenden, bekommen wir oft Aussagen wie »Selenium« oder »Cucumber«. Beides ist nur ein Drittel der gewünschten Antwort, denn wie wir sehen werden, gehört zu einem Testautomaten mehr.

Aber worin unterscheiden sich Tools wie Ranorex®, Selenium®, Cucumber® und Robot Framework® voneinander? Welche Teilkomponenten besitzen Automatisierungslösungen?

Wir möchten Hilfestellungen bieten, die eigene Automatisierungslösung zu bewerten und den Auswahlprozess geeigneter Frameworks methodischer und einfacher zu gestalten. Unser Ziel soll es ja am Ende sein, mit den geeigneten Teilkomponenten ein für uns passendes Keyword-Driven Testing Framework aufzubauen.

Dieses Kapitel hat viele Berührungspunkte mit der »Generischen Testautomatisierungsarchitektur« des »ISTQB® Specialist Advanced Level«-Lehrplans [31] zum »Testautomatisierungsentwickler«/»Test Automation Engineer«. Daher sehen wir uns die ISTQB®-Darstellung in Abschnitt 5.4 noch genauer an.

Diese Testautomatisierungsarchitektur ist anders als das in Abschnitt 4.3 gezeigte ISO-29119-Modell nicht auf Keyword-Driven Testing spezialisiert, sondern generischer anwendbar, weist aber trotzdem einige Parallelen auf.

Beide Ansätze sind nur Modelle, um eine Softwarearchitektur bildlich darzustellen und einzuordnen. Sie schließen sich nicht aus und wir wollen beide nicht gegeneinander ausspielen. Je nach Situation passt das eine Modell besser als das andere.

5.1 Komponenten eines Testautomaten

Im Folgenden stellen wir die Komponenten vor, die jede Testautomatisierungslösung vorweisen sollte. Manchmal ist es nicht offensichtlich, dass diese Komponenten vorhanden sind. Das ist unter anderem dann der Fall, wenn eine Programmiersprache oder -framework als Testautomatisierungslösung verwendet wird. Beispielsweise würde man einen einzelnen »Try-Catch-Block« nicht als dedizierte Komponente bezeichnen. Im Sinne einer Testautomatisierung gehört dieses Feature jedoch zur Komponente des »Error-Handling«.

5.1.1 Testspezifikation

Jede Automatisierungslösung, egal ob für Test oder Prozessautomatisierung, hat eine Softwarekomponente, um Tests oder Aufgaben zu spezifizieren. Teilweise kümmert sich diese Framework-Komponente auch um das Speichern und Laden der Spezifikation.

Testautomatisierungslösungen oder Testautomaten unterscheiden sich darin, wie Tests spezifiziert werden. Die Syntax der Sprachen und der Tests unterscheiden sich, die Herangehensweise und die sprachlichen Mittel ebenfalls.

Die einen Tools verwenden Keyword-Driven Testing, andere nutzen Behavior-Driven Testing mit Gherkin oder setzen zu 100 % auf gemeingebräuchliche Programmier- oder Skriptsprachen wie C#, Java, Python, Visual Basic oder JavaScript.

Andere Vertreter nutzen grafische, an UML angelehnte Spezifikationstechniken.

Was viele Testautomaten jedoch gemeinsam haben, ist eine jeweils proprietäre Art, Tests zu spezifizieren. Dazu gehören sowohl proprietäre Skriptsprachen als auch GUI-basierte Ansätze, bei denen die Testprozedur mit der Maus aus wiederverwendbaren Testschritten mit Drag & Drop zusammengeklickt wird. Der Vorteil solcher programmierfernen Ansätze besteht darin, dass Fachtesterinnen, die wenig oder keine Programmierkenntnisse haben, einfacher an Testautomatisierung herangeführt werden können.

Viele dieser Ansätze teilen sich Eigenschaften mit Keyword-Driven Testing. So kann man von fast allen Ansätzen behaupten, dass sie wiederverwendbare Testschritte/Funktionen/Prozeduren nutzen. Auch können fast alle Testautomaten die Testdaten, die zur Testspezifikation gehören, von der Implementierung eines Testschrittes trennen und diese variabel halten.

Losgelöst Eine Best Practice ist unserer Meinung nach, zumindest außerhalb des Komponententests, die Spezifikation der Tests von der Implementierung einzelner Schritte stark zu lösen. Es sollte möglich sein, die Implementierungstechnologie und sogar die Implementierungssprache zu wechseln, ohne die Testspezifikation austauschen zu müssen.

Angemessen Eine weitere Best Practice ist, dass die gewählte Spezifikationssprache/-methode zur Zielgruppe der Nutzer passt. Es bringt nichts, wenn wir einer Entwicklerin ein »Klicki-Bunti-Tool« an die Hand geben oder wenn wir eine Fachtesterin ohne Programmierkenntnisse dazu zwingen, Tests mit C# zu programmieren.

Keyword-Driven Testing und Behavior-Driven Testing sind je nach Teststufe geeignete Mittelwege, mit denen wir beide Gruppen abholen können. BDT zwingt Entwicklerinnen dazu, sich auf niedrigen Teststufen ohne viel Mehraufwand menschenverständlich auszudrücken, und Keyword-Driven Testing ermöglicht es, ohne große Programmierkenntnisse wartbare Tests zu programmieren.

Zu der Testspezifikation gehört auch die Spezifikation von Testdaten, die beispielsweise für Data-Driven Testing verwendet werden.

Auch der Testablauf, also die Spezifikation, in welcher Reihenfolge Testfälle während der Durchführung abgearbeitet werden, ist Teil der Testspezifikationskomponente.

5.1.2 Automatisierungstechnologie

Als Automatisierungstechnologie bezeichnen wir die konkrete Technologie, die benötigt wird, eine bestimmte Funktion am Testobjekt zu stimulieren und eine Reaktion oder ein Verhalten des Testobjektes entgegenzunehmen oder zu verifizieren.

Mit einer Technologie alleine kann man keine Testautomatisierung erstellen – genauso wenig, wie man mit Feuer zum Mond fliegen kann. Es wird immer eine Rakete benötigt, die das Feuer mit Treibstoff speist, es unter Kontrolle hält und den Impuls in die richtige Richtung lenkt.

Zugriff auf das SUT

Das zentrale, initial zu lösende Problem ist schon die eigentliche Adaption oder Steuerung eines Testobjektes. Ist diese Aufgabe nicht lösbar und können wir maschinell bzw. programmatisch nicht auf unser Testobjekt zugreifen und es kontrollieren, brauchen wir mit dem Aufbau eines Automatisierungsframeworks nicht wirklich fortzufahren.

Möchten wir eine GUI (Graphical User Interface) automatisieren, benötigen wir eine Technologie, die es uns möglich macht, maschinell auf die GUI zuzugreifen. Je nach GUI-Technologie (Web, Windows GUI, Mobile-Apps etc.) werden hier unterschiedliche Ansätze genutzt.

Verlassen wir die grafische Benutzeroberfläche und wenden uns den APIs oder Schnittstellen eines Testobjektes zu, so ist die Problemlösung in der Regel einfacher. Die meisten Schnittstellen von Testobjekten sind ja darauf ausgelegt, maschinell angesprochen zu werden. REST-API, SQL oder auch ein CAN-Bus sind maschinenlesbare Schnittstellen. Nichtsdestotrotz ist das Testen auf diesen Ebenen mit Sicherheit keine triviale Aufgabe.

In der heutigen Welt können wir uns in der Testautomatisierung in den seltensten Fällen auf eine Technologie beschränken. Die meisten

Testobjekte haben neben einer Benutzerschnittstelle zum Menschen mehrere Schnittstellen zu anderen Systemen. Nicht selten interagieren Testobjekte mit anderen Hard- oder Softwarekomponenten, die es gleichermaßen zu automatisieren gilt. Ein einfacher Test einer Weboberfläche benötigt häufig bereits mehrere Technologien, wie beispielsweise REST/HTTP, WebDriver und Datenbankzugriff.

Problematisch wird es häufig dann, wenn in einem Test technologieübergreifend getestet werden soll. Mit Blick auf die Testspezifikation wird nun deutlich, warum wir von der Implementierung einer Technologie unabhängig sein wollen. Wird die Datenbanktechnologie unseres Testobjektes ausgetauscht, so möchten wir nur die Testschritte neu implementieren müssen, die auf die Datenbank zugegriffen haben. Die Tests sollten bei unverändertem fachlichem Ablauf nicht angepasst werden müssen.

Kommerzielle Testautomaten bringen oft leistungsfähige Automatisierungstechnologien mit, die nicht selten ein Alleinstellungsmerkmal sind. Doch gerade deswegen haben kommerzielle Testautomaten eher ein Problem damit mehrere unterschiedliche (nicht eigene) Technologien gleichzeitig zu nutzen. Häufig fokussieren sich diese Tools somit auf eine Technologie oder einen Technologiebereich, wie GUI oder Webservices.

5.1.3 Automatisierungsbibliotheken

Zwischen einem Testschritt »Neukunde anlegen«, der in einem Test verwendet wird, und dem implementierten REST-Call »POST New Customer« besteht eine große Lücke. Wir benötigen also eine Bibliothek, in der wir den fachlichen Schritt aus technischen Funktionen zusammenbauen.

Diese Bibliotheken sind in der Regel von den Automatisierern selbst implementiert. Sie enthalten beispielsweise den Java-Code, der notwendig ist, um mit einer entsprechenden Technologie, beispielsweise Selenium, den Testschritt oder die Funktion `Benutzer anmelden` zu implementieren.

Das jeweilige Framework gibt vor, in welcher Form diese Testschritte geschrieben werden müssen, um in einer Testspezifikation verwendet und aus einer Testausführung heraus aufgerufen werden zu können.

Die Automatisierungsbibliothek regelt auch, wie aus einem Stück Sourcecode ein verwendbarer Testschritt wird. Bleiben wir in derselben Sprache und würden im Falle von Java mit JUnit automatisieren, regelt dies alles die Programmiersprache Java für uns. Unsere Automatisierungsbibliothek wäre in dem Fall eine oder mehrere Java-Klassen, die als aufrufbare Schritte Funktionen anbieten.

Ist unsere Implementierungssprache jedoch Java und unsere Testspezifikation ist in Gherkin mit dem Cucumber Framework geschrieben, so müssen wir, um eine Java-Funktion aus Cucumber heraus verwenden zu können, einen sogenannten Decorator verwenden – das kann etwa so aussehen:

```
@When('ein Neukunde angelegt wird')
```

Wir müssen also unsere automatisierte Funktion um ein Stückchen Code anreichern, damit unser Framework weiß, um welchen Testschritt es sich hierbei handelt.

Diese Bibliotheken verbinden also die Testspezifikation mit den Technologien.

5.1.4 Logging & Reporting

Während einer automatisierten Testdurchführung sollten Protokolle (logs) und Berichte (reports) erzeugt werden.

Unter Protokollen oder Logs versteht man rein sequenziell geschriebene Tätigkeitsberichte von Programmen. Eine protokollierungswürdige Tätigkeit wird mit Angabe einiger Metadaten (z.B. Datum, Quelle, Art, Nachricht) in eine Textdatei oder als Konsolenausgabe aus dem Programm ausgegeben.

Unter Berichten oder Reports versteht man hingegen die strukturierte Dokumentation der durchgeführten Tätigkeiten. Reports können einerseits für den Menschen erstellt werden (z.B. HTML-Berichte oder PDF-Berichte), andererseits werden sie maschinenlesbar für die Weiterverarbeitung in anderen Systemen (z.B. Continuous Integration System oder Testmanagementsystemen) erzeugt. Der wohl am weitesten verbreitete »Standard« für maschinenlesbare Berichte ist das JUnit-XML-Format.

Im Gegensatz zu reinen Logs sind Berichte idealerweise so strukturiert, dass man die darin enthaltenen Informationen nach Wichtigkeit aufbereitet bekommt. Beginnend mit einem Überblick aller Tests inklusive der Testergebnisse hat der Nutzer die Möglichkeit, zielgerichtet in einen spezifischen Test zu springen und sich dort weitere Details zu holen. Hierzu bieten Testautomaten meist eigene Komponenten an. Fehlt eine zentrale Testprotokollierung, so gibt es in jedem Fall die Möglichkeit, explizit im Testcode Ausgaben in die Konsole oder eine Logdatei zu schreiben. Wünschenswert ist hierfür aber eine einzelne zentrale Komponente, die den Ablauf und möglicherweise auftretende Fehler automatisch dokumentiert und sowohl Protokolle als auch Berichte erzeugt.

5.1.5 Error-Handling

Manchmal passieren in der Testautomatisierung Dinge, die so nicht gewünscht oder nicht erwartet wurden. Schlägt zum Beispiel ein Testschritt schlicht fehl, dann ist besonders jetzt die Protokollierung und das Reporting wichtig, schließlich ist genau diese Situation der eigentliche Zweck der Tests: Fehlerwirkungen finden und nachvollziehbar dokumentieren.

Prüfschritte – in der Automatisierung auch oft als »Assertions« bezeichnet –, die fehlschlagen, sind für einen Testautomatisierer nicht schwer zu protokollieren. Wir sind dann bereits an dem Testziel angekommen und stellen nun fest, dass das erwartete Ergebnis nicht mit dem aktuellen Verhalten übereinstimmt. Im Falle eines expliziten Prüfschrittes handelt es sich also um »erwartetes« Fehlverhalten. Zumindest könnte man sagen, dass wir damit gerechnet haben, dass dieser Schritt fehlschlagen kann. Es ist also einfach, hier eine Bedingung zu platzieren, die einen Fehler protokolliert, wenn das Ergebnis nicht dem Soll entspricht, und ansonsten erfolgreich weiterläuft.

Schwieriger ist es, wenn bereits bei der Vorbereitung oder den stimulierenden Testschritten ein Problem auftritt. Ein GUI-Element konnte nicht gefunden werden oder ein REST-Call liefert einen Fehler 404 zurück, obwohl dieses Element oder diese Funktion vorhanden sein sollte. In diesem Fall soll natürlich der Testschritt ebenfalls als fehlerhaft markiert werden. Jedoch möchte man, dass der Test nicht einfach mit dem nächsten Testschritt weitermacht: Denn tut er das, ist zu erwarten, dass die folgenden Testschritte wieder einen erwarteten Zustand nicht vorfinden und möglicherweise erneut einen Timeout abwarten oder sogar destruktive Aktionen ausführen. Das Testobjekt ist nun offensichtlich in einem Zustand, in dem das eigentliche Testziel überhaupt nicht mehr erreicht werden kann.

An dieser Stelle sollte ein Automat den Test abbrechen, ggf. aufräumen und mit dem nächsten Test fortfahren. Diese Fehlerbehandlung ist eine wichtige Komponente, für die der Testautomat Lösungen anbieten sollte.

Der aufgetretene Fehler muss an das »Logging & Reporting« weitergegeben werden. Und je nach Lösung könnten besondere Maßnahmen ergriffen werden, wie das Erstellen eines Screenshots oder das Abbrechen der gesamten Testdurchführung, um Hardwareschaden zu vermeiden.

Teardown

Häufig findet man in Testautomaten Testschritte, die am Ende eines Tests als »Teardown« oder »Nachbereitung« markiert werden können. Diese Schritte sorgen dafür, dass der Test in einem definierten Endzustand verlassen wird, sodass der folgende Test mit seinem »Setup« oder seiner »Vorbereitung« einen sauberen Startzustand herstellen kann.

5.1.6 Testdurchführung

Auch die eigentliche Durchführung der Testspezifikationen ist eine eigene Komponente im Testautomaten. Die Durchführungskomponente ist häufig nicht klar umrissen, muss aber immer vorhanden sein.

Die Testdurchführungskomponente interpretiert die Testspezifikation und ruft die entsprechenden Testschritte aus der Automatisierungsbibliothek auf. Sie nimmt Testergebnisse entgegen und übergibt diese an die zuständige Reporting-Komponente.

Egal ob wir von einer Laufzeitinterpretation oder einem kompilierten Test sprechen, diese ggf. virtuelle Komponente ist das zentrale Verbindungsstück während der Ausführung. Dieses Kernstück unseres Automaten ist der eigentliche aktive Teil. Das Programm, das gestartet wird, um Tests auszuführen.

Die Testdurchführungskomponente bietet häufig Schnittstellen nach außen an, um Tests zu starten, die auszuführenden Tests zu filtern oder Ergebnisse von Tests zu erhalten. Teilweise wird sie auch als »Runner« oder »Execution Engine« bezeichnet.

5.2 Layer der Testautomatisierungsarchitektur

All diese Komponenten kann man in verschiedene Zuständigkeitsschichten einteilen. Diese Schichten, die quasi jeder Testautomat hat, werden in den folgenden Abschnitten besprochen. Wichtig ist es unserer Meinung nach, diese Zuständigkeitsschichten nicht zu vermischen.

5.2.1 Testspezifikationsschicht

Die Testspezifikationsschicht (Test Definition Layer) enthält Toolkomponenten, Spezifikationen und Artefakte, die dafür zuständig sind, die Tests zu spezifizieren und zu speichern.

Der eigentliche Editor, in dem Tests erstellt werden, ist eine solche Toolkomponente. Die Sprache, Syntax und die Dateiformate, in denen Tests geschrieben und gespeichert werden, sind solche Spezifikationen. Die Dateien oder Datenbanken, in denen die fertig spezifizierten Tests abgespeichert werden, sind Artefakte dieser Schicht. Die Datentreibertabellen, die für das Data-Driven Testing notwendig sind, gehören ebenfalls dazu.

Wie zuvor erwähnt, sollten wir in dieser Testspezifikationsschicht keine anderen Probleme zu lösen versuchen und uns auf die Spezifikation von Tests, und nicht auf das Programmieren konzentrieren.

Viele erliegen hier der Versuchung, komplexe Anweisungen zu programmieren, die jedoch viel besser auf der untersten Schicht aufgehoben wären. Resultat einer solchen Vermischung von Aufgabengebieten sind unleserliche Tests und komplexe Umwege anstelle einer direkten Lösung in der Technologieschicht.

In Bezug auf Keyword-Driven Testing finden wir hier neben den aus Keywords bestehenden Testfällen auch die verschiedenen Keyword Layer bis hin zu den Low-Level Keywords. Die Implementierung der Low-Level Keywords selbst findet in der Technologieschicht (siehe Abschnitt 5.2.3) statt.

Aus Sicht der ISO 29119-5 gehören zu dieser Schicht die Komponenten »Editor« (siehe Abschnitt 4.3.1), »Keyword Library« (siehe Abschnitt 4.3.2) und das »Data Repository« (siehe Abschnitt 4.3.5).

5.2.2 Testdurchführungsschicht

Die Testdurchführungsschicht (Test Execution Layer) enthält all das, was für die eigentliche Ausführung der Tests nötig ist.

Die Schichten müssen natürlich zueinander passen. Eine Hauptaufgabe der Durchführung ist es, die eingelesene Spezifikation auszuführen und die einzelnen Methoden oder Skripte der Technologieschicht aufzurufen. Ob das Lesen und Interpretieren tatsächlich mit einem Lexer und Parser bei einer interpretierten Spezifikationssprache, wie beispielsweise Cucumber oder Robot Framework, passiert oder ob die Spezifikation gemeinsam mit dem Ausführungscode und den Technologien kompiliert wird, ist je nach Framework unterschiedlich.

Zu den Komponenten der Testdurchführung gehören auch das Error-Handling und das Reporting. Auf die Testdurchführungsschicht greifen Umsysteme wie ein Continuous Integration System zu, indem sie Tests starten und deren protokollierte Ergebnisse lesen.

In dieser Schicht sind Aufgaben und Schnittstellen angesiedelt, die für alle Tests gleichartig funktionieren. Es sollte beispielsweise keinen Unterschied machen, ob wir eine Webseite automatisieren oder ein Steuergerät testen. Ein erfolgreich durchgeführter Schritt muss als »PASS« und ein Fehler an einem Schritt mit seiner entsprechenden Fehlermeldung als »FAIL« markiert und in einem Bericht menschenlesbar aufbereitet werden. Das Reporting ist also eine zentrale Komponente, die unabhängig von den jeweiligen Tests ist. Die Spezifikationen der Tests und die eingesetzten Technologien können dabei natürlich völlig unterschiedlich sein.

Aus dem ISO-29119-5-Modell gehören zu dieser Schicht die Komponenten »Decomposer« (siehe Abschnitt 4.3.3), »Data Sequencer« (siehe

Abschnitt 4.3.4), »Tool Bridge« (siehe Abschnitt 4.3.7) und natürlich die »Execution Engine« (siehe Abschnitt 4.3.9).

5.2.3 Technologieschicht

Die Technologieschicht (Test Adaption Layer) beinhaltet alle Automatisierungstechnologien und die Automatisierungsbibliotheken, die notwendig sind, um die Automatisierungslösung an das Testobjekt zu adaptieren. Auch ganze Technologiestacks, die beispielsweise die Distributierung von Befehlen an entfernte Testobjekte handhaben, können Teil der Technologieschicht sein. Hier findet die eigentliche Softwareentwicklung statt, die technische Hürden überwindet und Lösungen entwickelt, um Testobjekte besser automatisieren zu können.

Aus der ISO 29119-5 würden wir hier am ehesten das »Script Repository« (siehe Abschnitt 4.3.8) ansiedeln – wobei die ISO sich stark auf Keyword-Driven Testing konzentriert und die Frage, wie ein Automat das Testobjekt adaptiert, nicht wirklich im Fokus steht. Daher könnte man durchaus auch argumentieren, dass die Implementierungen der Skripte ein Teil der Spezifikation sind.

Man sieht, die beiden Frameworks von ISTQB® und ISO haben Anknüpfungspunkte und ähneln sich in mancherlei Hinsicht, lassen sich aber nicht 1:1 aufeinander abbilden. Der Grund dafür sind die unterschiedlichen Schwerpunkte – schließlich geht es bei ISTQB®um Testautomatisierung allgemein, während es in der ISO-Norm 29119-5 um Keyword-Driven Testing geht, mit und ohne Testautomatisierung.

5.2.4 Schichten sauber halten

Ein fehlendes Bewusstsein für diese Schichten und ihren Zweck führt zu einer Vermischung der Schichten, gerade wenn die Testspezifikation in Code erfolgt. Das resultiert später in Abhängigkeiten, die kaum noch auflösbar sind.

Abbildung 5-1 zeigt hierfür ein abschreckendes Beispiel. Darin ist kaum noch zu verstehen, was der Test eigentlich testet. Bei jedem neuen Test müssen wir uns darum kümmern, was im Fehlerfall getan werden soll. Der Try/Catch/Finally-Block ersetzt das Error-Handling. Die `logger()`-Aufrufe gehören eigentlich zum Reporting und sollten für jeden Schritt erfolgen.

Leider haben wir nicht nur einmal solche Tests bei Kunden gesehen, und die Auswirkungen waren erwartungsgemäß. Die Aufwände für die Wartung waren hoch und die Tests waren nicht leserlich. Der Wunsch nach einem besseren Reporting konnte nicht umgesetzt werden, da dann jeder Test hätte angepackt werden müssen.

Abb. 5-1
So nicht: Vermischung der Schichten

```
@Test
public void mySuperTest(){
  boolean testresult = false;
    try
    {
       startApplication("myTestApp.exe");
       logger("Application started");
       setUsername("tester");
       setPassword("123456");
       clickLoginBtn();
       logger("tester with 123456 tried to log in.")
       testresult = verifyLogin();
       if (testresult) {
           logger("PASS: Login was successful!");
       } else {
           logger("FAIL: Login denied");
       }
    }
    catch(Exception e)
    {
       logger(e.message());
    }
    finally
    {
       closeApplication("myTestApp.exe");
       deleteErrorLogs();
    }
    return testresult;
}
```

Dieses Beispiel haben wir schon stark vereinfacht, denn tatsächlich wurden oft sogar technologische Funktionen direkt im Test aufgerufen.

```
WebDriver browser = new ChromeDriver();
browser.get("https://www.example.com");
browser.findElement(By.cssSelector(
  "input.srchbox[placeholder='Suchen']"
)).sendKeys("123456");
```

In Abschnitt 7.2 »Praxisbeispiel« gehen wir noch etwas intensiver auf einen konkreten Fall ein.

Ein Wechsel der Technologie ist in einem solchen Fall völlig undenkbar, da hier von der Testspezifikation bis in die Technologieschicht komplett durchgängig in Java programmiert wurde und aufgrund der

Verzahnung ein Austausch einen nicht vertretbaren Aufwand bedeuten würde.

Die Technologie zu wechseln ist dann gleichbedeutend mit einem Neuanfang – und *das* könnte sogar die beste Entscheidung sein.

5.3 Werkzeugbeispiele und ihre Architektur

In diesem Abschnitt werden wir verschiedene Werkzeugtypen, die wir bereits in der Einleitung in Abschnitt 1.7 »Werkzeuge für Keyword-Driven Testing« eingeführt haben, anhand von konkreten Beispielen besprechen. Wir werden kurz darauf eingehen, aus welchen Komponenten diese Werkzeuge bestehen und welche Komponenten wo in der Automatisierungsarchitektur einzuordnen sind. Mit diesen Beispielen sollte es einfacher sein, die Architektur in der Praxis anzuwenden und marktübliche Tools in die Werkzeugkategorien einzusortieren.

5.3.1 Beispiel 0: Full-Stack-Testautomat

Betrachten wir einmal einen Full-Stack-Testautomaten wie Ranorex, also einen Automaten, der alle drei Schichten enthält und damit als eine eigenständige Automatisierungslösung anzusehen ist.

Auf Ebene des »Test Definition Layer« gibt es das Ranorex Studio, einen Editor, der den Nutzer in die Lage versetzt, Ranorex-Tests zu spezifizieren, GUI-Komponenten zu katalogisieren und neue Testschritte aufzuzeichnen oder zu programmieren. Die erzeugte Testspezifikation wird in eigenen XML-Dateien gespeichert. Neu erstellte Testschritte werden teilweise auch als generierter C#-Code abgelegt. Da hier eine C#-Entwicklungsumgebung eingebaut ist, hat der Nutzer die Möglichkeit, auch komplexe Testschritte zu implementieren und direkt auf Funktionen der Technologie zuzugreifen.

Als »Test Adaptation Layer« bietet Ranorex mehrere C#-Klassen an, die in der Lage sind, GUI-Objekte anzusprechen, Anwendungen zu starten und Verifikationen durchzuführen. Einer der großen Vorteile von Ranorex ist in diesem Zusammenhang, dass der »Test Adaptation Layer« frei erweitert werden kann. Wir könnten also eigene C#-Klassen entwickeln die in das Projekt eingebunden und in Testschritten verwendet werden. So nutzen wir bei einem Kunden das kundeneigene SDK (Software Development Kit), das in C# direkten Zugriff auf die Server und die Hardware des Kunden ermöglicht, um aus Ranorex auch das Backend ansprechen zu können. Somit können wir mit dem eigentlich für GUI-Automatisierung konzipierten Ranorex auch heterogene Tests schreiben.

Die Durchführung ist jedoch ein geschlossenes System. Sind die Tests fertig spezifiziert, werden sie mit Ranorex in eine Durchführungsanwendung kompiliert. Das Ergebnis ist eine *.exe-Datei, die die komplette Ausführung tätigt. In dieser Anwendung werden alle notwendigen Aufgaben durchgeführt. Dazu gehören die Lizenzprüfungen des Tools selbst, Reporting, Error-Handling und Weiteres.

5.3.2 Beispiel 1: Keyword-Driven-Testmanagement

Das hier betrachtete Beispiel unter Verwendung eines Testmanagementwerkzeugs mit Unterstützung von KDT entstammt demselben Praxisbeispiel wie in Abschnitt 6.4.1 beschrieben – dort werden wir also noch mal darauf zurückkommen.

Die Testspezifikation wird in diesem Fall vollständig in der imbus Test*Bench* erledigt. Die Keywords (Interaktionen) der Test*Bench* liegen ebenso wie die spezifizierten Tests und deren Daten in der zentralen Datenbank des Test*Bench*-Servers.

Da mehrere HiL-Systeme unterschiedlicher Hersteller bedient werden und diese Systeme nicht dieselbe Spezifikationssprache nutzen, werden die Tests zuerst in die jeweilige Sprache übertragen. Die Übertragung erfolgt in zwei Schritten:

- Zunächst werden mit einer Komponente der Test*Bench* die Testspezifikationen aufbereitet und die Testdaten darauf angewendet. Diese Aufgabe entspricht dem »Decomposer« und dem »Data Sequencer«, wie sie in der ISO 29119-5 beschrieben sind.
- Als Nächstes werden diese aufbereiteten Testsequenzen mit einer auf den jeweiligen HiL angepassten »Tool Bridge« zu HiL-spezifischen Testspezifikationen generiert.

Die nun folgende eigentliche Testdurchführung mit Reporting und Fehlerbehandlung findet je nach Hersteller unterschiedlich auf den HiLs statt.

Die Technologieschicht ist als Kernbereich der HiLs natürlich auch hier vertreten.

5.3.3 Beispiel 2: Open Source Keyword-Driven Testing Framework

Auch zu diesem Beispiel – diesmal mit Schwerpunkt auf Open Source – findet sich später im Buch, in Abschnitt 6.4.2 ein Praxisbeispiel.

Anhand des Robot Framework können wir besonders gut die Trennung der einzelnen Schichten beobachten.

Robot Framework selbst ist eigentlich nur der »Test Execution Layer«. Weder ein Editor noch spezifische Technologien werden vom eigentlichen Werkzeug bereitgestellt.

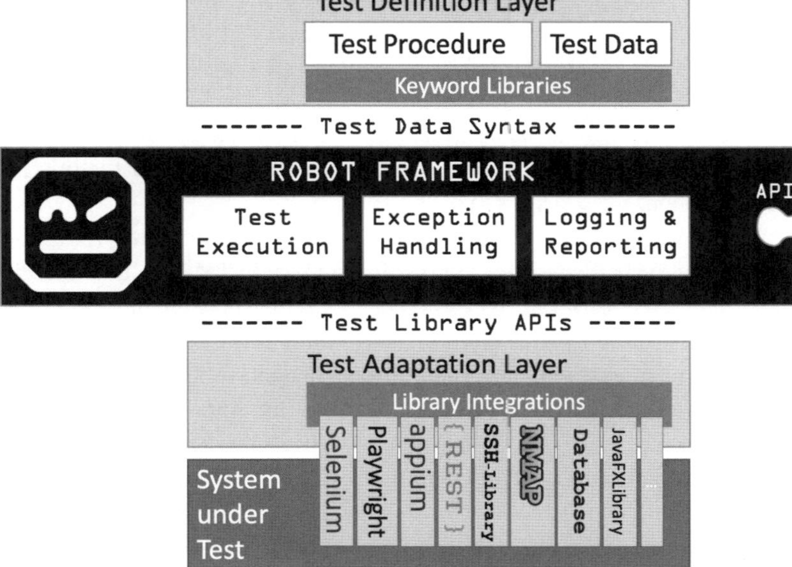

Abb. 5-2
Architektur von Robot Framework

Das Framework definiert eine Syntax, die bei der Testspezifikation einzuhalten ist. Dazu gehört auch, welche Dateiendungen standardmäßig gelesen werden, aber vor allem, wie diese Textdateien intern aufgebaut sind.

Auch zur Anbindung spezifischer Technologien definiert Robot Framework eine Schnittstelle – das »Test Library API«.

Im »Test Definition Layer« werden sowohl die Tests als auch die Keywords der höheren Schichten definiert. Hier werden weitere Werkzeuge benötigt.

Für die Testdurchführung ist der Kern vom Robot Framework zuständig. Zu den Aufgaben gehört das Lesen der Spezifikationsdateien, Aufbauen eines Testdatenmodells, Laden der automatisierten Keywords aus der Technologieschicht und die eigentliche Testdurchführung. Robot Framework bietet einige APIs, die es ermöglichen, weitere Funktionen in die Durchführung einzubauen. Erweitertes Reporting, mit dem in Echtzeit die durchgeführten Testschritte an ein Dashboard berichtet werden, oder das Manipulieren oder Debuggen von Tests sind nur einige wenige Beispiele.

Eine dieser Schnittstellen nutzen wir in einer Erweiterung: Der Robot Framework DataDriver ist eine Open-Source-Komponente, die das Robot Framework in die Lage versetzt, Data-Driven Testing auf

Basis von externen Datenquellen durchzuführen. Hier werden während der eigentlichen Durchführung die Daten geladen und weitere Testfälle erzeugt. Die ISO 29119 würde hier vom »Data Sequencer« sprechen.

Die Technologieschicht ist im Falle von Robot Framework etwas Besonderes und ein Paradebeispiel dafür, was eine gut funktionierende Open Source Community leisten kann: Es gibt über 300 Keyword-Bibliotheken (Libraries), die verschiedenste Technologien implementieren. Das ist nur aufgrund der Tatsache möglich und sinnvoll, dass Robot Framework verschachtelte Keywords unterstützt. Wäre das nicht der Fall, könnte man mit diesen Bibliotheken nur extrem technische Tests erstellen.

In unserem konkreten Kundenprojekt wurden in erster Linie die Bibliotheken »Browser«, die Microsoft Playwright [34] als Technologie nutzt, und »Requests Library«, die HTTP-Requests implementiert, eingesetzt. Diese Bibliotheken können fertig von GitHub geladen und sofort verwendet werden. Sie liefern dem Nutzer beispielsweise Keywords wie **`Open Browser`**, **`Type Text`**, **`Select Option By Name`** oder **`Get Text`**. Diese Technologie-Keywords wurden in technischen Keywords verwendet, die ihrerseits in Tests oder anderen Keywords eingesetzt wurden.

Ergänzend wurden auch kundenspezifische Keywords in Python implementiert, um beispielsweise eine TAN für eine Testüberweisung aus einer dafür bereitgestellten API zu lesen.

5.3.4 Beispiel 3: Technologie Selenium

Oft wird Selenium als Testautomat bezeichnet. Wir würden Selenium eher eine Automatisierungstechnologie nennen, denn zum Automaten fehlen noch zwei der drei Layer. Noch genauer gesagt ist Selenium eine Implementierung eines standardisierten APIs zur Steuerung von Webbrowsern in verschiedenen Programmiersprachen.

WebDriver [39] ist ein mittlerweile vom W3C standardisiertes REST-API. Auf Seite der Webbrowser gibt es Adapter, sogenannte Browser-Driver, die WebDriver-Befehle in herstellerspezifische Browserbefehle übersetzen.

Es gibt nun für verschiedene Programmiersprachen Implementierungen, die es einer Entwicklerin ermöglichen, mithilfe des WebDriver-APIs einen Browser zu steuern, ohne das REST-API selbst implementieren zu müssen. Eine dieser Implementierungen ist Selenium.

Nehmen wir als Beispiel die Java-Implementierung von Selenium. Mit Selenium alleine können wir als Automatisierer noch nichts anfangen: Denn Selenium setzt nur den »Test Adaptation Layer« um.[1] Um einen Test zu schreiben, müssen wir mindestens etwas Java-Code programmieren, der Selenium nutzt, um einen Browser zu starten, auf eine Seite zu navigieren und auf der Seite etwas zu testen. Häufig erfolgt dies in Verbindung mit einem Testframework wie JUnit oder Cucumber. Jeder Testschritt in JUnit ist ein Funktionsaufruf und muss in Java unter Verwendung von Selenium-Funktionen implementiert werden.

Als »Test Definition Layer« würde beispielsweise Eclipse als Editor und *.java-Dateien als Testartefakte genutzt.

Der »Test Execution Layer« wäre in dem Fall die Ausführung des kompilierten Java-Codes innerhalb der Java Virtual Machine unter Verwendung von JUnit. JUnit kümmert sich hier um Exception-Handling und Reporting. Ohne JUnit würde zwar der Programmcode ausgeführt und der Browser würde sich automatisch bewegen, aber es gäbe kein Artefakt namens »Test« und auch keine Logs und Berichte.

Oben schreiben wir, dass wir Selenium nicht als Testautomaten verstehen. Es wird jedoch in sehr vielen Testautomaten als Technologie eingesetzt, um Browser zu steuern. Auch Ranorex, QFTest und andere bauen auf dieser Technologie auf.

5.4 Generische Testautomatisierungsarchitektur im ISTQB®

KDT in ISTQB®

Das ISTQB® hat zum Thema Testautomatisierung im Advanced Level für »Test Automation Engineer« einen Lehrplan herausgegeben [31], in dem auch das Keyword-Driven Testing behandelt wird. Hervorzuheben ist hierbei die Definition der »Generic Test Automation Architecture« (im Lehrplan formschön als »gTAA« abgekürzt). Abbildung 5-3 zeigt die Darstellung dieser »Generic Test Automation Architecture«.

Diese Architektur ist an sich keine Erfindung des ISTQB®, sondern wie im vorigen Kapitel beschrieben gängige Best Practice bei der Testautomatisierung. Es ist jedoch sehr schön zu sehen, dass diese Architektur nun auch in Schulungen vermittelt wird.

Es gibt auch hier, wie in der ISO 29119-5, ein Framework. Da es aber um Testautomatisierung allgemein geht, und nicht spezifisch um Keyword-Driven Testing, ist die Ausrichtung eine andere. Hier werden allgemeinere Forderungen gestellt, wie nach der Möglichkeit

[1] Es gibt zwar auch einen Full-Stack-Automaten namens Selenium IDE, der hier aber nicht Thema sein soll.

eines Reporting oder des Tracing der Testautomatisierung zu den Testfällen.

Die »Test Automation« wird hier wie zuvor beschrieben in mehrere Schichten (Layer) aufgeteilt. Das wirkt in der Grafik ein wenig wie die Darstellung eines Prozesses, aber die einzelnen Layer definieren eher Werkzeugkomponenten oder Testartefakte. Die Layer der gTAA entsprechen abgesehen von der zusätzlichen Generierungsschicht den bereits beschriebenen Schichten.

Test Generation Layer

Dass der »Test Generation Layer« grafisch nicht vom Framework eingerahmt ist, deutet schon darauf hin, dass diese Schicht nicht ein Teil des Frameworks darstellt, sondern als Quelle von Informationen zu verstehen ist. Automatisierte Testfälle müssen erstellt werden. Entweder können diese von manuellen Tests abgeleitet und von einem Menschen geschrieben oder aus einem Modell (Model-Based Testing, MBT) generiert werden.

Letzteres kann im Idealfall automatisiert passieren, auch wenn »modellbasiert« (vgl. auch Abschnitt 2.6) ebenfalls manuell bedeuten kann. Dann muss aber immerhin das Modell noch von einem Menschen erzeugt werden (jedenfalls bis auf Weiteres).

Auch Werkzeuge können zu dieser Schicht gehören. Je nach Prozess kann es beispielsweise notwendig sein, die Methode zu dokumentieren, wie bestimmte Testdaten oder Testsequenzen entstanden sind. Verknüpfungen zu Anforderungen oder die Anforderungen selbst können als Teil dieser Schicht betrachtet werden.

Mit Blick auf die Norm ISO 29119-5 ist hier insbesondere ein Bezug zum »Editor« vorhanden, aber streng genommen müsste man noch einen Schritt zurücktreten, denn das eigentliche Erstellen der Testfälle ist laut ISO in der Norm ISO 29119-2 [52] oder ISO 29119-4 [48] beschrieben.

Details zu Test Definition, Test Execution und Test Adaption Layer finden sich in den Abschnitten 5.2.1, 5.2.2 und 5.2.3.

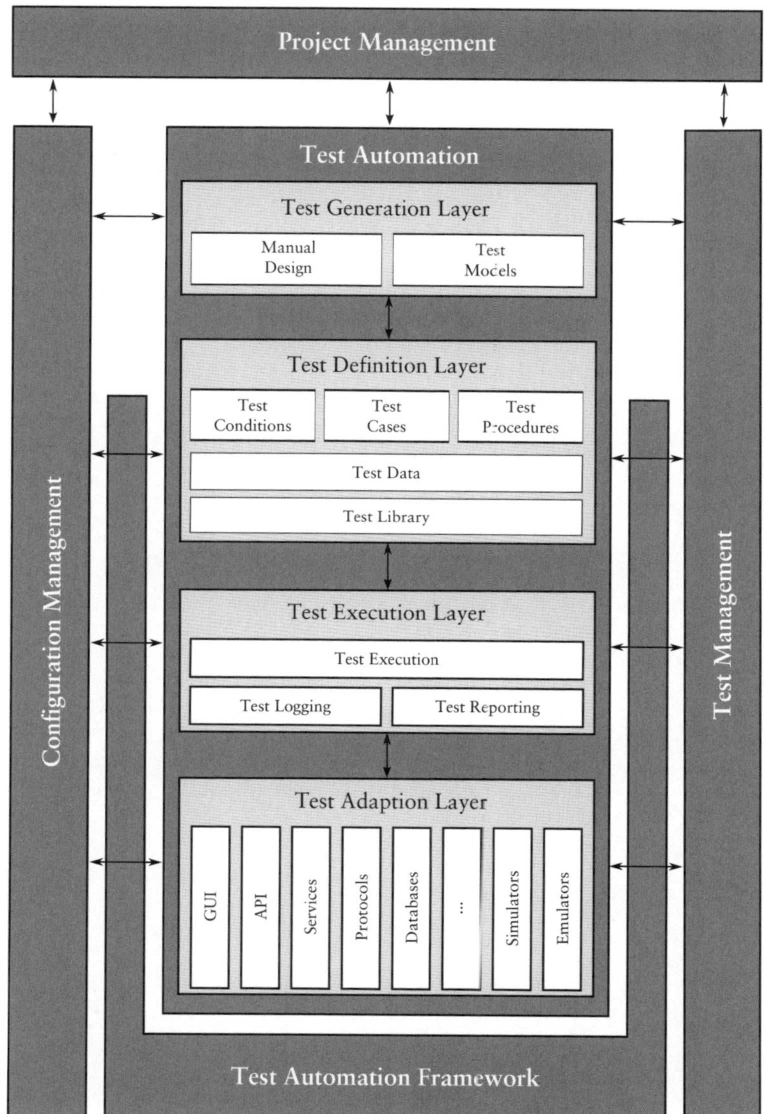

Abb. 5-3
Generic Test Automation Architecture nach ISTQB®

6 Keyword-Driven Testing Frameworks

Stand heute ist kein einzelnes Werkzeug mit allen Funktionen ausgestattet, um Keyword-Driven Testing vollständig umzusetzen. Das ist an sich kein Problem – es ist schlicht der Grund, warum wir von »Frameworks« sprechen.

In der Praxis werden also mehrere Werkzeuge zu einem Keyword-Driven Testing Framework zusammengesetzt. Die notwendigen Komponenten haben wir bereits in Kapitel 4 »Keywords und Normen« besprochen.

Werkzeuge, aus denen wir unser Keyword-Driven Testing Framework zusammenstellen, sollten entsprechend der Norm alle Anforderungen abdecken, die an ihren Teilbereich gestellt wurden.

Im Erstellungsprozess des Frameworks und auch in diesem Kapitel besteht unser erster Schritt darin, die Anforderungen zu definieren, die auf jeden Fall von unseren Komponenten erfüllt werden sollen.

Als Nächstes stellen wir uns der Frage, ob wir diese Komponenten selbst entwickeln sollten, uns Open-Source-Komponenten beschaffen oder ob wir nicht doch lieber zu einer kostenpflichtigen Komponente greifen.

Dann werden wir uns kurz drei Bausteine – zwei kommerzielle, einer Open Source – ansehen, die Bestandteile eines Frameworks sein können.

Zuletzt sehen wir uns exemplarisch zwei konkrete Szenarien an und zeigen eine mögliche Framework-Bewertung dieser Lösungen anhand der ISO 29119.

6.1 Anforderungen an ein Framework

Was darf man denn von einem Framework für Keyword-Driven Testing erwarten – oder andersherum: Was muss ein solches Framework denn bieten, damit wir damit zufrieden sind?

Bei der Beantwortung dieser Frage orientieren wir uns hier nicht an dem, was die ISO 29119-5 dazu schreibt – wenn Sie den Inhalt dieses Abschnitts gegen die Norm halten, werden Sie Parallelen finden, aber auch Abweichungen. Denn es ist klar: Was jemand wichtig findet, ist subjektiv und situationsabhängig. Wir Autoren haben unsere Erfahrungen mit Keyword-Driven Testing und unterschiedlichen Frameworks dazu, und darauf basieren die folgenden grundsätzlichen Anforderungen, die wir stellen. In einem konkreten Projektkontext, für Sie als Leserin, können ganz andere Anforderungen wichtig sein.

Dies ist unser Beispiel für Minimalanforderungen an ein Framework für Keyword-Driven Testing:

Editor: Ein eigener Editor, der Keyword-Driven Testing explizit unterstützt und möglichst auch Fehler vermeiden hilft, ist vorhanden.

Data-Driven Testing: Das Framework muss auf jeden Fall Data-Driven Testing unterstützen.

Manuell/automatisiert: Sowohl das automatisierte als auch das manuelle Durchführen desselben Testfalls muss möglich sein.

Hierarchische Keywords: Für manuelles Testen mag man mit einer Ebene von Keywords auskommen, für Testautomatisierung hingegen sind mehrere Ebenen von Keywords erforderlich.

Verwaltung: Unterstützung bei der Verwaltung von Keywords, das Speichern wichtiger Attribute und Auffinden eines gewünschten Keywords gehören dazu.

Arbeitsteiligkeit: Arbeit mit mehreren Teammitgliedern an demselben Projekt muss gewährleistet sein. Ein Testdesigner muss mit Keywords in einem Test arbeiten können, während ein Teammitglied sich mit dem Nachbartest beschäftigt oder ein Automatisierer Anpassungen an den Keywords vornimmt.

Aus jeder dieser grundsätzlichen Anforderungen können weitere detaillierte Anforderungen abgeleitet werden. Mit den Checklisten aus Abschnitt 4.4 bewaffnet können wir uns mit unseren konkreten projektspezifischen Anforderungen als Referenz an die Bewertung konkreter Frameworks machen.

Zunächst wenden wir uns aber einem anderen Thema zu, nämlich der Frage, ob wir uns Komponenten aus dem Open-Source-Bereich oder kommerzielle Komponenten beschaffen sollen.

6.2 Open Source versus kostenpflichtig

Die Frage, ob man Geld für Software ausgeben sollte oder nicht besser damit bedient ist, Open-Source-Software einzusetzen, ist zwar grundsätzlich unabhängig von Keyword-Driven Testing, aber sie beschäftigt uns hier eben auch. Sie kann nicht unabhängig vom Angebot betrachtet werden: Angenommen, unsere technischen Anforderungen würden ausschließlich von einem Open-Source-Produkt erfüllt, wir wären aber auf eine Gewährleistung durch einen Hersteller angewiesen – dann müssten wir uns schon überlegen, was uns wichtiger ist: die technischen Anforderungen oder die bezahlte Wartung. Oder wir müssten Wege finden, trotz Open Source Gewährleistung zu bekommen. Das Gleiche gilt selbstverständlich genauso für den umgekehrten Fall.

Beschäftigen wir uns doch erst mal mit der Frage, was Open Source denn überhaupt bedeutet.

6.2.1 Definition von Open Source

Es gibt unterschiedliche Definitionen von Open Source, doch die Definition der »Open Source Initiative« ist die geläufigste [27].

Die Definition lässt sich auf die folgenden Grundsätze reduzieren:

Kostenfreie Weitergabe: Die Software muss kostenfrei zur Verfügung gestellt werden und die Lizenz darf niemanden daran hindern, die Software als Teil eines Softwarepaketes zu verteilen oder sogar zu verkaufen.

Offener Quellcode: Die Software muss quelloffen, also in nicht kompilierter und für Menschen lesbarer Form, zur Verfügung gestellt werden.

Modifikationen und Verwendung: Die Lizenz muss es ermöglichen, die Software zu verändern und veränderte oder abgeleitete Werke weiter zu verteilen. Auch die Weiterverteilung in kostenpflichtigen Programmpaketen oder als Teil neuer Software muss erlaubt sein.

Diskriminierungs- & einschränkungsfrei: Die Softwarelizenz darf weder Personen oder Gruppen diskriminieren noch darf sie Einschränkungen für den Nutzerkreis oder den Verwendungszweck definieren. Auch darf die Lizenz andere Software nicht einschränken und beispielsweise die Open-Source-Lizenzierung einer Software verlangen, die mit der Open-Source-Software gemeinsam auf einem Datenträger oder Computer ist.

Lizenzweitergabe: Die Rechte der freien Nutzung, Verbreitung und weitere durch die Lizenz eingeräumte Rechte für die Softwarekomponente müssen für alle weiter gelten, die diese Software erhalten. Ein Abmildern der Lizenz für Nutzer ist nicht erlaubt.

Open Source beinhaltet also mehr als einfach nur die Kostenfreiheit. Für uns als Nutzer sind zwei Aspekte dieser Definition essenziell. Die kostenfreie Nutzung und Weitergabe ist erst mal schon ganz nett. Die garantierte Möglichkeit der Modifikation kann für uns aber richtig wichtig werden.

Lizenzen

Für Open-Source-Software gibt es eine Vielzahl unterschiedlicher Lizenzen. Die häufigste Frage und einer der wichtigsten Unterschiede der Lizenzen ist, inwiefern die Lizenz Einschränkungen in der Nutzung bedeutet.

Copyleft

Es gibt sogenannte starke »Copyleft«-Lizenzen, zu denen die GPL-Lizenzen gehören. Diese Lizenzen verlangen, dass Software, die auf diesem GPL-lizenzierten Code aufbaut oder daraus modifiziert wurde, bei Weitergabe ebenfalls unter der GPL-Lizenz lizenziert werden muss. Es sagt nicht aus, dass diese Software zu veröffentlichen ist! Solange wir also nicht vorhaben, unsere Automatisierungslösung an jemand Drittes zu verkaufen, ist das völlig irrelevant. Dennoch gibt es in manchen Unternehmen Vorbehalte und Unsicherheit und daraus resultierend ein Verbot zur Verwendung von GPL-Software. Fragen Sie vorsichtig nach, aber versuchen Sie keine schlafenden Hunde zu wecken.

Freizügige Lizenzen

Die am häufigsten anzutreffenden Lizenzen im Bereich Testautomatisierung sind sogenannte »Freizügige Open-Source-Lizenzen« (Permissive licence). Diese Lizenzen haben nicht die zuvor beschriebenen Einschränkungen, was die Abwandlung und Weiterverwendung angeht. Die bekanntesten Vertreter dieser Lizenzen sind die »Apache 2.0 License«, die »MIT-License« und die »BSD-License«. Diese Lizenzen stellen eine wichtige Anforderung an die Nutzer: Es ist meist nicht erlaubt, den Lizenztext und den Urheber der Software aus dem Quellcode zu entfernen. Wenn wir Open-Source-Code verwenden, der unter der Apache 2.0 lizenziert ist, müssen wir also in diesem Sourcecode stehen lassen, von wem er ursprünglich unter welcher Lizenz entwickelt wurde.

LGPL

Eine abgeschwächte Copyleft-Lizenz ist die LGPL (Lesser General Public License). Sie zählt zwar auch zu den Copyleft-Lizenzen, sie fordert aber nur bei Modifikation des originalen Werks, diese Modifikation erneut unter der LGPL zu lizenzieren, nicht aber bei der Einbettung dieser in eigene Software.

Haftungsausschluss

Eines haben eigentlich alle Open-Source-Lizenzen gemein: Sie schließen jegliche Haftung des Urhebers aus. Sollte also die Software nicht wie angekündigt funktionieren oder einen Schaden verursachen, haftet der Nutzer, nicht der Hersteller. Dies ist tatsächlich der Hauptgrund, warum manche Firmen oder Behörden die Nutzung von Open-Source-Software limitieren, solange kein Wartungsvertrag abgeschlossen wurde. Wir sind im Zweifel also selbst dafür verantwortlich, einen Bug zu beheben, wohingegen bei einer gekauften oder sogar gemieteten Software der Hersteller eine Gewährleistung für ein mängelfreies Produkt geben muss.

6.2.2 Nachteile von Open Source

Welche Probleme und Nachteile bringt Open Source denn nun so alles mit sich?

Unzuverlässigkeit: Es ist ein weitverbreiteter Glaube, dass Open Source immer von »der Community« entwickelt wird und dass damit irgendwelche Nerds in irgendwelchen Kellern gemeint sind, die die Software zum Spaß schreiben. Gut, zugegeben, auch das ist teilweise der Fall, aber immer häufiger stehen hinter größeren Open-Source-Projekten Firmen, Stiftungen oder Vereine, die die Pflege finanzieren. Dennoch kommt es immer wieder vor, dass Projekte stillgelegt und nicht weiterentwickelt werden.

Das ist aber kein alleiniges Problem im Open-Source-Bereich. Wir erleben gerade, dass es ein paar größere Investoren im Bereich Testwerkzeuge gibt, die fleißig den Markt konsolidieren. Wir beobachteten gerade in den letzten Jahren, dass mehrere Testmanagementsysteme und Testautomaten vom Hersteller abgekündigt wurden und die Kunden mit ihrer jahrelang aufgebauten Automatisierungslösung auf einmal vor dem Abgrund standen. Der schlimmste Fall, der mit Open Source passieren kann, wäre doch, dass wir jetzt eine Entwicklerin bezahlen müssen, damit sie für uns dieses Projekt weiter pflegt. In der Regel haben wir ja vorher lange nichts für die Pflege bezahlt und damit rechnet es sich immer noch.

Fehlerbehebung: Wenn wir für eine Software bezahlen, bekommen wir in der Regel auch Wartung. Tritt ein Fehler auf, behebt der Hersteller diesen und wir erhalten ein Update. Auch das passiert in der Regel mit gepflegten Open-Source-Projekten, denn meistens stehen sehr viele Firmen hinter der Nutzung und irgendwer gibt schon Geld, damit ein Bug behoben wird. Im Zweifel sind wir wieder diejenigen, die mal was zahlen müssen.

Aber zugesicherte SLAs (Service Level Agreements) gibt es nicht. Mit einem Hersteller kann ich einen Vertrag schließen, der besagt, dass ein Fehler einer bestimmten Kritikalität in einem zugesicherten Zeitfenster behoben wird. Solche Wartungsverträge gibt es kaum für Open Source. Aber auch das ist Verhandlungssache und ggf. ein lösbares Problem.

Keine Beratung/Schulung: Für Open-Source-Software gibt es ja kein Herstellerunternehmen, also niemanden, der Einweisung oder Beratung übernimmt. Das ist zwar richtig, aber die Schlussfolgerung daraus kann falsch sein. Auch ohne Herstellerfirma gibt es im Open-Source-Bereich viele Firmen, die Schulungen, Weiterentwicklungen und Beratung anbieten.

Keine Komplettlösung: Tatsächlich liegt bei vielen Open-Source-Projekten der Fokus auf der Problemlösung und nicht auf dem Aussehen oder dem Rundum-sorglos-Paket mit Doku und Installer. Das heißt, dass wir für die Nutzung mancher Open-Source-Komponenten selbst Anbindungen schreiben müssen oder für die Nutzung Entwicklerinnen oder Experten benötigen. Dennoch lösen gerade diese kleinen Projekte oft genau das Problem, das die bezahlte Software nicht lösen kann.

Am Ende muss jeder selbst entscheiden, wie die Vor- und Nachteile zu bewerten sind. Wir können hier nur ein paar Tipps geben:

- Unterstützen Sie die Open-Source-Projekte finanziell, die im Unternehmen eingesetzt werden, um eine langfristige Wartung zu garantieren.
- Prüfen Sie die Verbreitung der Software. Je mehr Nutzerinnen sie hat, umso sicherer ist der Fortbestand und die verfügbare Unterstützung.
- Prüfen Sie, wie lange es das Projekt bereits gibt und wann der letzte Commit war: Wird es noch gewartet?
- Prüfen Sie, ob es bezahlten Support durch Dritte oder die Entwicklerinnen selbst gibt.
- Prüfen Sie bei kleinen Projekten, ob die Entwicklerinnen an einer Kooperation interessiert sind oder ob der Code qualitativ gut genug ist, um durch Dritte gewartet zu werden.

Oft macht es die gute Mischung. Reinen Open-Source-Lösungen fehlt es oft an dem letzen Schliff. Vollständig gekaufte Lösungen sorgen im Gegenzug für eine starke Abhängigkeit.
Schauen wir uns nun ein paar gute Mischungen an.

6.3 Professionelle Bausteine für Frameworks

In Abschnitt 4.3 »Frameworks in der Norm« haben wir das Modell der ISO 29119 kennengelernt, das ein KDT-Framework in verschiedene Elemente gliedert, wohl wissend, dass diese Elemente weder einzeln verfügbar sind noch dass es ein einzelnes fertiges Werkzeug gibt, das diese Elemente vollständig abbildet – jedenfalls bis heute. Also muss ein Keyword-Driven Testing Framework in der Praxis aus verschiedenen Bausteinen zusammengesetzt werden, die jeweils die Teile abdecken, die für den gewünschten Ansatz von Keyword-Driven Testing nötig sind.

Drei solcher Werkzeuge oder Bausteine stellen wir in diesem Abschnitt vor. Natürlich gibt es viel mehr. Wir erlauben es uns aber, uns auf wenige Beispiele zu beschränken, die uns vertraut sind und von denen wir überzeugt sind, da wir mit ihnen gute Erfahrungen gemacht haben.

6.3.1 Robot Framework®

Robot Framework [20] ist ein Open Source (Apache 2.0 License) Keyword-Driven Testing Framework, das von der Robot Framework Foundation [17] weiterentwickelt und gepflegt wird. Es wurde zwar mit Fokus auf Testautomatisierung begonnen, findet heute weltweit aber auch für RPA Anwendung.

Es wurde im Rahmen eines Projektes 2005 bei Nokia Networks in Finnland durch Pekka Klärck (damals Pekka Laukkanen) und Juha Rantanen ins Leben gerufen. Pekka veröffentlichte den von ihm gewählten Keyword-Driven-Ansatz in seiner Master-Thesis 2006 [33]. Er ist heute noch der mit der Pflege des Frameworks beauftragte leitende Entwickler.

Robot Framework wurde in den ersten Jahren mit einem Entwicklungsteam bei Nokia Networks weiterentwickelt. 2008 wurde es auf Bestreben einiger Entwicklerinnen hin unter der Apache-Lizenz 2.0 Open Source gestellt und ist kostenfrei auf GitHub [19] verfügbar.

Im Jahr 2015 wurde die Robot Framework Foundation gegründet und das Projekt von Nokia Networks an die Foundation übertragen. Der Zweck der Foundation besteht darin, die Pflege und Weiterentwicklung von Robot Framework zu ermöglichen sowie dessen Verwendung zu unterstützen. Stand 2021 sind 50 internationale Unternehmen Mitglied der Foundation und sichern somit die Weiterentwicklung von Robot Framework und dessen kostenfreie Verfügbarkeit.

Spezifikationen von Keywords, Variablen und von Tests oder Tasks werden in einer eigens für Keyword-Driven Testing entworfenen Syntax geschrieben und in Textdateien gespeichert. Diese Syntax ist darauf fokussiert, die Spezifikation – ohne unnötige Sonderzeichen – möglichst lesbar und einfach verständlich zu machen.

Leerzeichen sind beim Robot Framework Teil der Syntax. Ein einzelnes Leerzeichen ist ein normal erlaubtes Zeichen, sowohl im Namen und Aufruf der Keywords als auch in den Werten. Zwei oder mehr Leerzeichen werden als Trenner zwischen Keyword und Argumenten interpretiert. Genauer werden wir auf die Syntax in Kapitel 7 »Praxis mit Robot Framework« eingehen.

Abb. 6-1
Testsuite in Robot Framework

```
*** Settings ***
Resource        keywords.resource


*** Test Cases ***
Auswahl mit Gutschein
    [Setup]     Starte App
    Login                       user1     123456
    Wähle Produkt               Weste
    Eingabe Gutschein           ${EMPTY}
    Prüfe Preis                 87,50
    Bestätige Kauf
    [Teardown]     Beende App
```

Um zu visualisieren, wie Robot Framework in das Framework-Modell der ISO 29119-5 einzuordnen ist, wird das Diagramm in Abbildung 4-4 aus Abschnitt 4.3 auf Robot Framework angepasst dargestellt. In Abbildung 6-2 sind die dunkel eingefärbten Bereiche diejenigen Elemente aus dem ISO-Modell, die von Robot Framework abgedeckt werden.

Abb. 6-2
Von Robot Framework abgedeckte Elemente

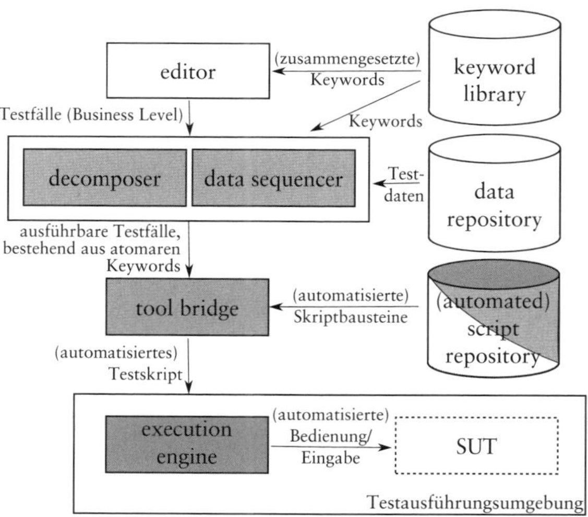

Editor: Der Editor ist nicht Teil des Frameworks. Da das Robot Framework auf Textdateien aufsetzt, kann als Editor jeder beliebige Texteditor genutzt werden. Für eine volle Unterstützung mit Syntax-Highlighting und Codevervollständigung werden Entwicklungsumgebungen wie beispielsweise Microsoft Visual Studio Code mit entsprechenden Erweiterungen verwendet.

Decomposer: Robot Framework liest die textbasierten Keywords und Testspezifikationen ein und baut ein ausführbares Datenmodell – das Execution Model – auf. Beim Aufbau des Datenmodells werden zunächst nur die High-Level Keywords aufgelöst. Die darin enthaltenen Intermediate-Level und Low-Level Keywords werden erst zur Laufzeit aufgelöst, wenn sie benötigt werden, da Keyword-Bibliotheken auch dynamisch importiert werden können.

Keyword Library: Keywords, die im Robot Framework erstellt werden (exklusive der Low-Level Keywords), werden ähnlich den Tests in Textdateien, den sogenannten Resource Files, spezifiziert und gesichert. Diese werden ebenfalls als erster Schritt der Testdurchführung eingelesen und in das ausführbare Datenmodell eingebaut. Da diese Keywords nicht in einer Datenbank, sondern in nicht katalogisierten Textdateien abgelegt werden, ist die Unterstützung ihrer Verwaltung sehr stark von externen Werkzeugen, wie Entwicklungsumgebungen, abhängig.

Data Sequencer: Testdaten können sowohl zu Beginn der Ausführung als auch zur Laufzeit aus verschiedensten Quellen vom Robot Framework gelesen werden. Datengetriebene Tests werden standardmäßig in Textform spezifiziert und vom »Sequencer« ausgerollt. Aufgrund der offenen APIs kann der interne »Data Sequencer« erweitert werden (z.B. durch DataDriver) und somit auch Daten aus beliebigen Quellen, unter anderem Datenbanken, Excel-Dokumenten oder Datengeneratoren, genutzt werden.

Data Repository: Robot Framework kann direkt auf Variablen und deren Werte zugreifen, die wie die Keywords in Resource Files gespeichert sind. Zusätzlich kann YAML als Datenquelle dienen, oder Python-Code kann dynamisch Daten bereitstellen und somit live aus beliebigen Quellen beziehen. Das »Data Repository« ist also genau wie die »Keyword Library« nicht katalogisiert und werkzeuggestützt verwaltet.

Tool Bridge: Robot Framework hat ein sehr flexibles Konzept, beliebige Programmiersprachen anzubinden. Über das »Remote Library API« können – zusätzlich zu nativen Keywords auf Basis von Python – auch Keywords anderer Sprachen direkt oder über das Netzwerk entfernt ausgeführt werden.

Script Repository: Robot Framework bringt zehn Keyword-Bibliotheken mit, die sich auf generische Funktionen konzentrieren. Weitere externe Bibliotheken können selbst geschrieben oder aus der Community bezogen werden. Da es sich in der Regel um externe Python-Bibliotheken handelt, ist die Verwaltung, Installation und Distribution dieser Bibliotheken nicht Aufgabe und Teil von Robot Framework, sondern wird über die Python-Paketverwaltung »PIP« organisiert. Da aber auch andere Programmiersprachen über die »Tool Bridge« angesprochen werden können, ist das spezifische »Script Repository« sehr stark abhängig von der eingesetzten Programmiersprache. Robot Framework definiert nur die Schnittstelle zum Repository.

Execution Engine: Der eigentliche Kern von Robot Framework ist die »Execution Engine« selbst. Dieser Teil führt das Execution Model aus, ruft die Low-Level Keywords auf und erzeugt die Berichte. Auch hier kann über offene APIs eingegriffen und der Ablauf manipuliert werden.

Robot Framework enthält zwar keinen eigenen Editor, mit »Ride« [14] ist allerdings ein eigens für das Robot Framework entwickelter Editor verfügbar. Häufiger genutzt werden aber Entwicklungsumgebungen, wie Visual Studio Code oder PyCharm, die für die Unterstützung von Robot Framework durch Plug-ins erweitert wurden.

Bezüglich der unterstützten bzw. enthaltenen Automatisierungstechnologien kann Robot Framework oder genauer gesagt die Robot Framework Community besonders punkten. Robot Framework unterstützt, im Gegensatz zu fast allen anderen Open Source Test Frameworks, das Verschachteln von Keywords und somit eine Architektur mit verschiedenen Layern. Aufgrund dieser Architektur entstanden über die Jahre in der Robot Framework Community einige Hundert Keyword Libraries für die Technologieschicht.

Einige Beispiele:

- Die SeleniumLibrary bietet über 170 fertige Keywords wie `Open Browser`, `Click Element` und `Input Text` und ermöglicht es, komplett ohne zu programmieren, eigene Keywords zu bauen und eine Webautomatisierung zu realisieren.
- Die RequestsLibrary bietet mit ihren ca. 30 Keywords alles, was man zum Testen einer HTTP-Schnittstelle benötigt.
- Die RoboSAPiens Library wurde entworfen, um SAP-GUIs in natürlicher Sprache zu bedienen.
- Die DataBaseLibrary spricht fast alle SQL-Dialekte und kann direkt mit Datenbanken kommunizieren.

Die Libraries sind entweder über die Webseite von Robot Framework, GitHub.com oder PyPI.org zu finden. Da all diese Libraries von der Robot Framework Community bereitgestellt und gepflegt werden, kann man sie als Teil des Frameworks betrachten, obwohl sie im Sinne der ISO nicht dazugerechnet werden.

Natürlich ist es wie bei den Komponenten bereits erwähnt auch möglich, mit beliebigen Programmiersprachen eigene Low-Level Keywords zu implementieren und diese als Library in der eigenen Automatisierung zu nutzen.

Robot Framework deckt zwar nicht alleine, aber in Kooperation mit weiteren Open-Source-Komponenten die vollständige Architektur für Testautomatisierung mit Keyword-Driven Testing ab. Verglichen mit den meist kostenpflichtigen »Full-Stack-Automaten« hat es dabei den Vorteil, dass die Automatisierungstechnologie von der Testspezifikation vollständig unabhängig und damit austauschbar ist. Wir haben bereits in mehreren Projekten erfolgreich die »SeleniumLibrary« durch die modernere und effizientere Playwright-basierte Library »Robot Framework Browser« abgelöst, ohne die Testfälle anpassen zu müssen.

Robot Framework bietet, verglichen mit den beiden folgenden Beispielen, keine Unterstützung für manuellen Test, keinen eigenen Editor und keine Komponente zur Verwaltung der Artefakte. Bei sehr großen Projekten kann daher der Überblick leiden und der Wunsch nach einem Managementwerkzeug wachsen.

6.3.2 imbus Test*Bench* Enterprise Edition

Mit der Test*Bench* Enterprise Edition[1] (kurz: »Test*Bench* EE«) steht ein sehr ausgereiftes Werkzeug zur Verfügung, bei dessen Entwicklung von Anfang an Keyword-Driven Testing ein zentraler Aspekt war. Zum Zeitpunkt der initialen Entwicklung, Anfang der 2000er-Jahre, war der Begriff des Keyword-Driven Testing noch nicht gesetzt und so sprach man auch von »Action Words« und anderen Bezeichnungen für Keywords. In der Test*Bench* EE wurde das, was wir heute als Keywords kennen, »Interaktionen« genannt, weil sie eine definierte Interaktion zwischen Testerin und Testobjekt repräsentieren.

Die Test*Bench* EE unterstützt hier nicht nur die Definition dieser Keywords, sondern arbeitet auch mit typisierten Daten und ist in der

[1]DISCLAIMER: An dieser Stelle sei nochmals darauf hingewiesen, dass beide Autoren bei der imbus AG angestellt sind. Wir sind seit Jahren mit dem Thema Keyword-Driven Testing befasst und haben beide die imbus Test*Bench* mitgeprägt. Daher sind die Erfahrungen mit der Test*Bench* zwar aus allererster Hand, jedoch nicht unabhängig. Aber: Keiner von uns würde jemals, weder für einen Arbeitgeber bei einem Kunden noch in diesem Buch ein Werkzeug empfehlen, hinter dem er nicht voll stehen könnte. Bei der Gelegenheit wollen wir festhalten, dass dieses Buch und die Zeit der Ausarbeitung in keiner Weise von der imbus AG finanziert oder subventioniert werden und wir hier ausdrücklich nur unsere eigene Meinung und Überzeugung ausdrücken.

Lage, Datenklassen aufzubauen und die entsprechenden Datenobjekte zu speichern.

Verglichen mit Robot Framework legt die Test*Bench* konzeptionell einen wesentlich stärkeren Fokus auf das Management der Daten, Interaktionen und der Testfälle.

Da in Deutschland Banken, Versicherungen, Medizintechnikkonzerne und weitere komplexe Branchen zum Alltag der Test*Bench* EE gehören, wurde über die Jahre ein besonderer Wert auf Data-Driven Testing und die Versionierung von Tests zum Zwecke der Nachweissicherheit gelegt.

Die Test*Bench* EE konzentriert sich ausschließlich auf den Bereich des Testens. Daher werden andere prozessrelevante Werkzeuge, wie Anforderungsmanagement und Fehlermanagement, über offene Schnittstellen angebunden.

Abb. 6-3
TestBench EE

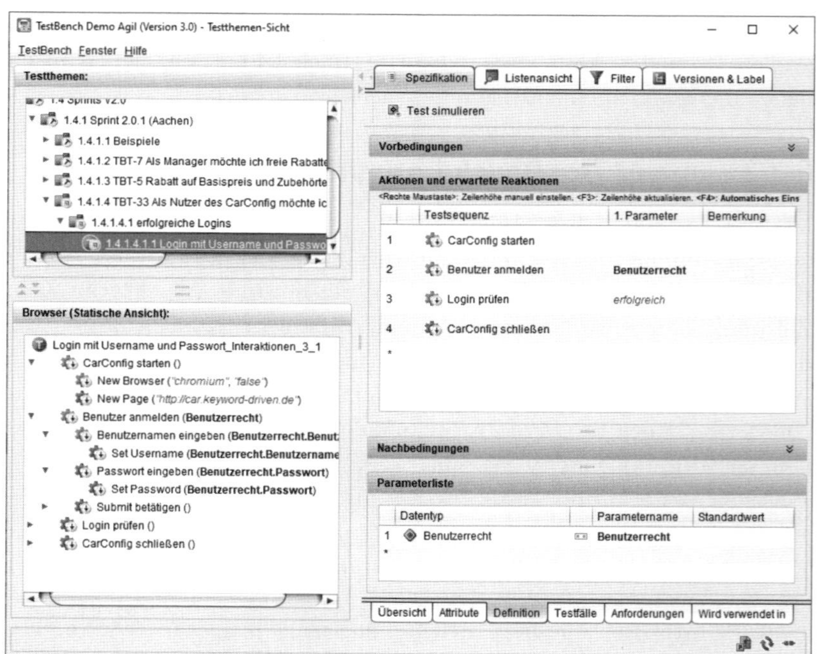

In Abbildung 6-3 wird exemplarisch ein Bildschirm der Test*Bench* EE gezeigt. Oben links im Bild ist der Testthemenbaum zu erkennen, in dem Tests strukturiert abgelegt werden, mit dem selektierten Test. Im rechten Teil befindet sich die »Testsequenz« dieses Tests, die aus strukturierten High-Level Keywords zusammengesetzt ist. Im linken unteren Bereich ist der Browser zu sehen, mit dessen Hilfe ein Testdesigner die eigentliche Struktur der Testspezifikation – mit den Intermediate-Level Keywords bis hin zu den Low-Level Keywords – analysieren kann.

Wir betrachten Test*Bench* im Folgenden bezogen auf Keyword-Driven Testing, also: Wie ordnet sich Test*Bench* EE in die Architektur des ISO-Modells ein?

Einen Fokus legt die Test*Bench* auf die Bereiche des Test- und Keyword-Designs. Wie aus dem Screenshot ersichtlich ist der Editor zentraler Bestandteil der Benutzeroberfläche und darauf ausgelegt, auch Testdesigner und Fachleute abzuholen, die nicht aus der Softwareentwicklung kommen. Über Drag & Drop können Interaktionen zu Testsequenzen zusammengestellt werden.

In Abbildung 6-4 (Framework für Testautomatisierung) und 6-5 (Framework für manuellen Test) haben wir diesmal die Elemente aus dem ISO-Modell dunkel markiert, die Test*Bench* EE abdeckt.

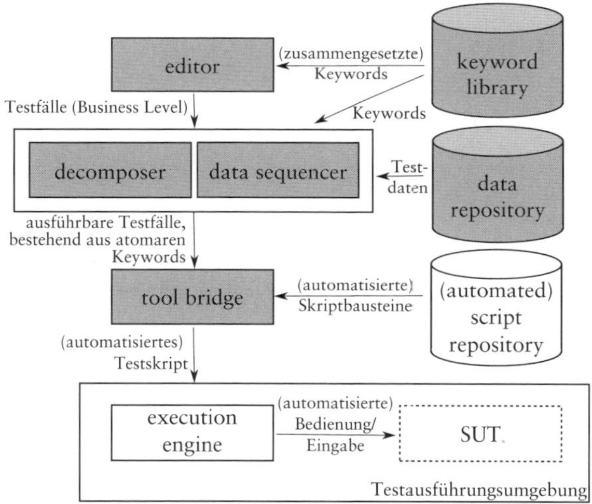

Abb. 6-4
Von TestBench CS & EE abgedeckte Elemente (automatisiert)

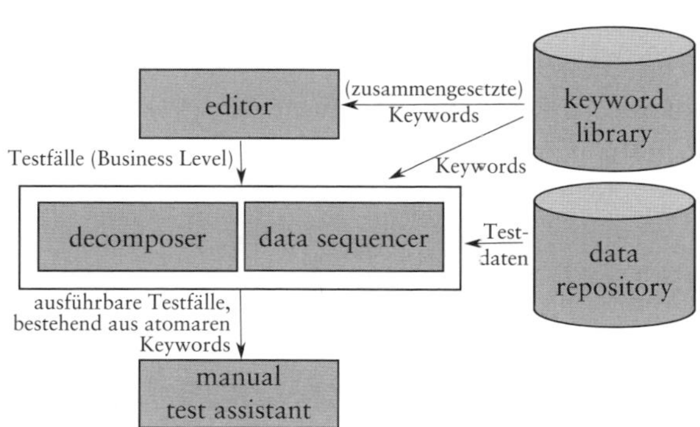

Abb. 6-5
Von TestBench CS & EE abgedeckte Elemente (manuell)

Im Einzelnen:

Editor: Der Editor, mit dem auch »nicht durch Keyword getriebene« Testfälle erstellt werden können, erlaubt das Zusammenstellen neuer Tests aus Keywords – oder Keywords aus anderen Keywords – per Drag & Drop. Die Eingabe und Verwaltung von Testdaten wird besonders unterstützt, da die Test*Bench* den Bezug zwischen Interaktionen und typisiert abgelegten Daten verwaltet und dementsprechend den Testdesignern nur die Daten anbietet, die zu der aktuellen Interaktion passen.

Keyword Library: Keywords werden über den Test*Bench* -Server in einer Datenbank gespeichert. Die Verwendung von Keywords in Tests oder in anderen Keywords sowie die Verknüpfung von Datentypen zu Argumenten werden in dieser relationalen Datenbank über Referenzen gespeichert und sind unabhängig von Namensänderungen oder Umstrukturierungen der Ablagesysteme sicher verknüpft. Die Keywords können mit weiteren Informationen wie Beschreibung und Status versehen werden, was die Nutzung im manuellen Test erleichtert.

Data Repository: Daten werden in der Test*Bench* typisiert verwaltet. Diese Datentypen enthalten in Äquivalenzklassen aufgeteilte Werte, die in Test*Bench* Repräsentanten genannt werden. Im Falle von strukturierten Datentypen (Datenklassen) handelt es sich bei den in Datentypen gespeicherten Repräsentanten um strukturierte Datenobjekte, die eine Kombination von Werten niedrigerer Komplexität enthalten. Da auch diese Repräsentanten und Datentypen in der relationalen Datenbank der Test*Bench* gespeichert sind, sind Verwendungsnachweise oder selbst Veränderungen von Werten an einer zentralen Stelle möglich.

Data Sequencer: Daten werden für die Ausführung von High-Level Keywords zu Low-Level Keywords weitergeleitet. Dazu werden komplexe Datenobjekte soweit nötig zerlegt und ihre Bestandteile passend den nutzenden Keywords zugeordnet.

Datengetriebene Test werden entsprechend der Menge der Datensätze vervielfältigt und abstrakte Testfälle werden zu mehreren konkreten Testfällen umgewandelt.

Decomposer: Test*Bench* exportiert die Tests in einer XML- oder JSON-Datenstruktur. Damit diese Datenstrukturen automatisiert sequenziell ausgeführt werden können, bereitet die Test*Bench* die Testfälle für die manuelle und automatisierte Durchführung so auf, dass High-Level Keywords bis auf die Keywords der niedrigsten Ebene aufgelöst werden. Der Decomposer und der Data Sequencer sind Teil einer Komponente der Test*Bench* namens »iTEP« (imbus Test Execution Plugin).

Tool Bridge: Abhängig von der verwendeten Automatisierungstechnologie können unterschiedliche Implementierungen der Tool Bridge zum Einsatz kommen. Im Test*Bench* -Kontext werden diese »iTEP-Wrapper« genannt. Die Verknüpfung zwischen dem nutzungsspezifischen Script Repository und den vom Decomposer sequenzialisierten Keyword-Aufrufen kann auf unterschiedlichste Weise implementiert werden.

Execution Engine: Nutzt man das Robot Framework als Execution Engine unterhalb der Test*Bench* EE, bringt die Test*Bench* einen Skriptgenerator mit, der Testfallspezifikationen für das Robot Framework erzeugt. Nach der Testausführung durch Robot Framework werden die Testprotokolle ausgelesen und in Test*Bench* zurückgeschrieben.

In anderen Szenarien ist die Execution Engine ebenfalls Teil des iTEP-Wrappers und Interaktionen werden sofort als Funktionsaufrufe ausgeführt und deren Ergebnis als Testergebnis protokolliert. Fertige Wrapper, um beispielsweise in QF-Test oder Ranorex implementierte Script Repositories (Automatisierungstechnologie) zu nutzen, können bezogen werden. In speziellen Anwendungsfällen können sie auch vollständig spezifisch implementiert werden.

Manual Test Assistant: Die manuelle Testdurchführung wird von der Test*Bench* EE durch die Komponente »iTORX« (imbus Tool for Online and Remote eXecution) unterstützt. Im iTORX sieht eine Testerin jeden einzelnen Schritt, der sich aus der Auflösung der Keywords ergibt, und kann während der Durchführung die Ergebnisse je Schritt erfassen.

Lediglich die Komponente »Script Repository« und je nach Situation die »Execution Engine« sind nicht Teil des Scope der Test*Bench* EE, sie bleiben Domäne des Testautomatisierungswerkzeugs. Anders gesagt: Test*Bench* ist vollständig technologieagnostisch und unterstützt mit ihren APIs die Anbindung beliebiger Automaten.

Wir haben jetzt schon zwei Komponenten kennengelernt, aus denen wir sogar bereits ein komplettes Keyword-Driven Testing Framework zusammensetzen können, wie in Abbildung 6-6 zu sehen ist. Test*Bench* (hellgrau) kümmert sich um die Spezifikation der High-Level und Intermediate-Level Keyword-Bibliotheken sowie den manuellen Test und Robot Framework (dunkelgrau) deckt den Teil der Automatisierung ab. Hinzu kommen noch die notwendigen Low-Level Keywords aus den Open Source Libraries und fertig ist ein Keyword-Driven Testing Framework.

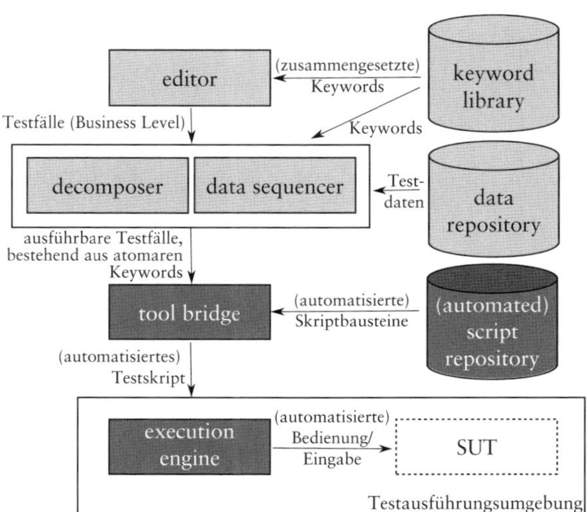

Abb. 6-6
TestBench mit Robot Framework

6.3.3 imbus TestBench Cloud Services

Die TestBench CS[2] ist ein modernes Testmanagementwerkzeug, das über die Cloud agilen Entwicklungsteams eine Arbeitsplattform bietet, selbst wenn die Teammitglieder weltweit verteilt sind. Wie bei der Test*Bench* EE liegt auch hier der Schwerpunkt auf Testmanagement und Testdesign.

Via API kann die TestBench CS von beliebigen Fremdsystemen angesprochen werden, sofern diese nur in der Lage sind, ein REST-API anzusteuern. Für Werkzeuge zur Testautomatisierung ist dies zwar im Allgemeinen kein Problem, wir werden weiter unten aber noch einen anderen Weg zur Anbindung einer Testautomatisierung zeigen.

Auch hier einige Hauptmerkmale:

- TestBench CS ist als Cloud-System von überall auf der Welt per Internet erreichbar. Alternativ ist auch eine On-Premises-Installation im eigenen Netzwerk möglich – dann ist die Cloud privat.
- Es wird sowohl spezifikationsbasierter (hierzu zählt Keyword-Driven Testing) Test als auch explorativer Test unterstützt.
- Ein Schwerpunkt liegt auf Kollaboration: Teammitglieder können sich per internem Chat austauschen, Dokumente zeigen (»follow-me«) und beim explorativen Test im Canvas den gemeinsamen Fortschritt verfolgen.

[2]Hinweis: Die Cloud-Variante der TestBench (TestBench CC) schreibt sich nicht kursiv – Test*Bench* EE schon.

- Anforderungsbasierter Test ist ein Basiskonzept: Requirements (Epics, User Stories) können mit Testfällen und Defects in sehr transparenter Weise verknüpft werden.
- Sowohl Data-Driven Testing als auch Keyword-Driven Testing werden unterstützt; Daten können beinahe an beliebiger Stelle im abstrakten Testfall eingesetzt werden, die Wirkung wird im konkreten Testfall unmittelbar sichtbar.
- Das vollständig offene API erlaubt nicht nur Anbindungen an beinahe beliebige andere Werkzeuge, sondern auch Ansteuerungen durch Eigenentwicklungen (beispielsweise Import von Testdaten).

Einen Eindruck davon, wie Testfälle in der TestBench CS unter Verwendung von Keywords aussehen können, vermittelt Abbildung 6-7. Auf der linken Seite ist in der Beschreibung der grobe Prozess illustriert. Rechts findet sich der eigentliche Testablauf. Darin ist ein Keyword **`Preis Prüfen`** selektiert, und der im Testfall zu verwendende Wert wird gerade eingetragen.

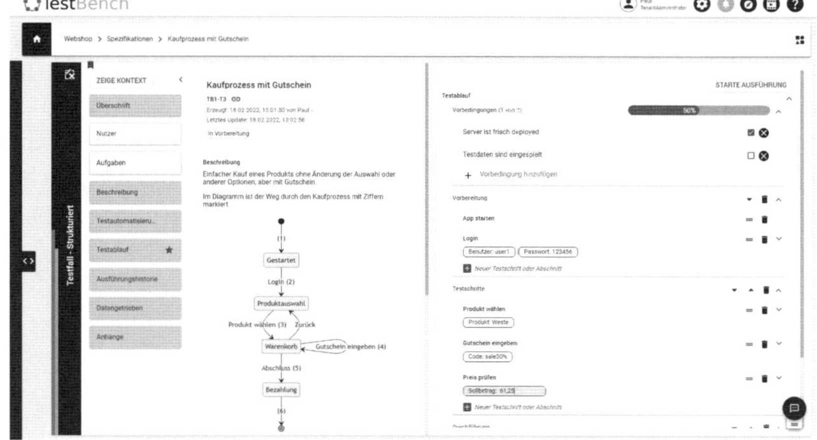

Abb. 6-7
TestBench CS

Bezüglich der Abdeckung der Elemente aus der ISO-Norm 29119-5 [49] können wir auf die Abbildungen 6-4 und 6-5 zurückgreifen. Auf dieser groben Ebene und in Bezug auf das Framework haben beide Werkzeuge der TestBench-Familie einen ähnlichen Ansatz. Ein Blick auf die Details lohnt sich:

Editor: Der integrierte Editor ermöglicht das Hinzufügen von Keywords wahlweise per Tastatur und Auto-Complete oder per Maus. Fehlende Keywords können »on-the-fly« definiert werden.

Decomposer: Hierarchische Keywords werden für manuelle Tests in der Durchführung auf jedem Detailgrad angezeigt und können je nach Belieben auf jeder Ebene mit »PASS« oder »FAIL« bewertet werden.

Data Sequencer: Data-Driven Testing wird auch in Keyword-Parametern vollständig umgesetzt – es können also dem Parameter eines Keywords entweder feste Werte (Literale) oder Referenzen an eine verknüpfte Datentabelle zugewiesen werden.

Tool Bridge: Die Verbindung zwischen TestBench CS und Testautomatisierungswerkzeugen ist aufgrund der Cloud-Architektur etwas anders gelöst, als es ohne den Cloud-Aspekt der Fall wäre – darauf kommen wir gleich noch mal zurück.

Keyword Library: Keywords werden in einem eigenen Repository abgelegt und enthalten Zusatzinformationen wie Beschreibung, Status, Implementierungsstatus und Verwendung.

Data Repository: Datentabellen können in TestBench definiert oder importiert und vom Testfall verwendet werden.

Ähnlich wie bei der Test*Bench* EE macht sich die TestBench CS die Vielfalt verfügbarer Testautomatisierungswerkzeuge zunutze und deckt daher die Elemente »Script Repository« und »Execution Engine« nicht selbst ab.

Da die TestBench CS ja als Cloud-System angelegt ist und der Client konsequent als Browseranwendung läuft, ist eine direkte Ansprache anderer Tools, etwa zur Testautomatisierung, nicht möglich. Abbildung 6-8 zeigt, wie dies stattdessen umgesetzt wird.

Abb. 6-8 *TestBench-CS-Automatisierungsarchitektur*

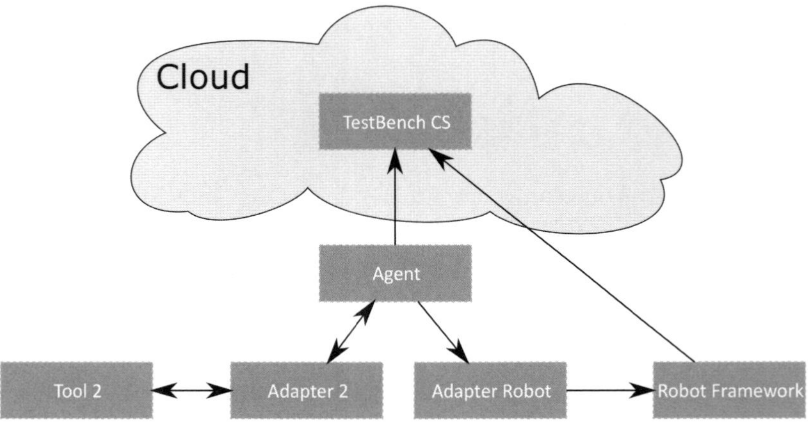

Eine lokal (in derselben Umgebung wie das anzusprechende Testautomatisierungswerkzeug) laufende Komponente, der »Agent«, prüft via API, ob in TestBench CS automatisiert durchzuführende Testfälle vorhanden sind. Sobald das der Fall ist, wird abhängig davon, für welche durchzuführende Instanz der Testfall vorgesehen ist, das passende Framework zur Ausführung angestoßen. Dazu gibt es für jede ausführende Instanz einen sogenannten Adapter, der die spezifischen Eigenheiten jedes Tools kapselt.

Abbildung 6-8 zeigt zwei angebundene Frameworks, das »Robot Framework« und ein gewisses »Tool 2«. Gehen wir zunächst davon aus, dass das Robot Framework den Testfall durchführen soll: Dann wird über einen spezifischen »Adapter« für das Robot Framework auf Basis der Keywords aus dem Testfall ein Skript generiert und anschließend dem Robot Framework zur Ausführung übergeben.

Dank seiner sehr guten Erweiterbarkeit konnte das Robot-Framework so angepasst werden, dass es die Ergebnisse direkt zur TestBench zurückmeldet, ohne erneut den Weg über Adapter → Broker gehen zu müssen.

Falls ein Tool angesprochen werden soll, das nicht so leicht davon zu überzeugen ist, via REST-API mit TestBench CS zu sprechen – im Beispiel »Tool 2« –, ist es über den dafür passenden Adapter möglich, nicht nur die Testausführung anzustoßen, sondern auch die Ergebnisse (beispielsweise im JUnit-XML-Format) einzusammeln und der Testausführung in TestBench CS zuzuordnen.

6.4 Beispiele für Frameworks mit Bewertung

Im Folgenden werden zwei Frameworks beispielhaft genauer betrachtet und anhand der Merkmale aus Abschnitt 4.4 bewertet. Es sind echte Praxisbeispiele, die wir genau so in der Realität erlebt haben.

Subjektivität der Bewertung

Die Bewertung wurde jeweils im Interview mit einer einzelnen Person durchgeführt. Die persönlichen Erfahrungen mit anderen Frameworks oder Komponenten sowie die konkreten Projektanforderungen spielen bei der konkreten Bewertung und Priorisierung der einzelnen Anforderungen der Norm eine wichtige Rolle.

Dieselben Frameworks kommen in vielen unterschiedlichen Kontexten zum Einsatz. Ein Framework kann in einem Umfeld exzellent funktionieren, erfüllt aber die Anforderungen eines anderen Umfelds nicht genauso gut. Ein Beispiel können hierarchische Schlüsselwörter sein, die aufgrund der Struktur der Testobjekte hier als absolut notwendig und dort als überflüssig angesehen werden. Bei diesen Anforderungen kann es sich möglicherweise auch um ganz andere handeln als diejenigen, die wir der Norm entnommen haben. Dennoch prägen sie die Wahrnehmung ihrer Benutzer und somit die Bewertung. Daher bezieht sich die folgende Bewertung jeweils auf exakt das beschriebene Einsatzszenario.

Wenn das alles so subjektiv und daher nicht übertragbar ist, weshalb haben wir uns doch entschieden, solche Bewertungen hier aufzuführen?

Vergleichbarkeit herbeiführen

Zum einen wollen wir einen Eindruck vermitteln, wie unterschiedlich Frameworks sein können. Auf den ersten Blick sind verschiedene Frameworks nicht vergleichbar. Mittels eines klaren Kriterienkatalogs wie der Anforderungen aus der ISO 29119-5 geht es aber doch.

Zum anderen wollten wir Sie, liebe Leser, motivieren, Ihre eigenen Anforderungen (und die Ihrer Kolleginnen, Ihres Teams) zu hinterfragen, zu erfassen und herauszufinden, was Sie eigentlich benötigen. Das ist wichtig für die Auswahl des für Sie richtigen Frameworks. Damit finden Sie heraus, ob Sie gut versorgt sind und zufrieden sein dürfen (falls Sie es gerade nicht sind – das Gras ist bekanntlich immer auf der anderen Seite viel grüner) oder ob es angebracht wäre, über Verbesserungen nachzudenken.

6.4.1 Framework 1: Test*Bench*

Steckbrief

Das Projektumfeld für das erste hier vorgestellte Framework ist komplex. Tatsächlich handelt es sich hier nicht um ein einzelnes »Projekt« – die gesamte QS eines Unternehmens ist involviert – und zum Zeitpunkt der Betrachtung sind mehr als 40 Einzelprojekte enthalten. Darin arbeiten rund 150 Personen an vier Standorten auf drei Kontinenten.

Im Rahmen dieser Projekte werden Embedded Systems (also Hardware) erstellt, die umfangreiche Schnittstellen zu jeweils anderen Systemen aufweisen.

Diese Schnittstellen sind einerseits Kommunikationsschnittstellen wie Ethernet, CAN-Bus oder HF-Funk, andererseits Sensoren und Aktoren wie Spannungsmessungen, Kontakte oder Relais.

Das Umfeld ist streng reguliert und durch Fehler an den Produkten könnten Menschen zu Schaden kommen. Daher besteht ein hoher Bedarf an gründlichen Tests und lückenloser Dokumentation.

Automatisierte Tests werden auf speziell für diesen Einsatz entwickelten HiL-Systemen ausgeführt. HiL steht dabei für »Hardware-in-the-Loop«. Das Testobjekt wird an allen relevanten Schnittstellen mit dem HiL verbunden und somit bildet der HiL zusammen mit dem Testobjekt eine sogenannte Regelschleife (engl. loop). Der HiL simuliert auch das spätere Gesamtsystem, in dem später das entwickelte Produkt als Komponente eingebettet werden wird.

Während eines Tests werden nun verschiedene Systemverhalten simuliert. Eingangssignale oder Befehle werden an das Testobjekt gesendet und die zu erwartenden Reaktionen werden überprüft. Manche dieser Tests müssen in Echtzeit durchgeführt werden, da im Test wirklich exakte Zeitspannen einzuhalten sind.

In diesen Projekten verwenden alle Tests, sowohl manuelle als auch automatisierte Tests, Keyword-Driven Testing. Als zentrales Werkzeug wird bei diesem Unternehmen die imbus Test*Bench* Enterprise eingesetzt. Sie wird sowohl als Testmanagement- und Testdesignwerkzeug als auch im manuellen Test als Durchführungsassistent und im Reviewprozess verwendet. Darüber hinaus werden selbst entwickelte Softwarekomponenten und die kundenspezifischen HiL-Systeme eingesetzt.

Da die Test*Bench* Enterprise bereits in Abschnitt 6.3.2 eingehend beschrieben wurde, verzichten wir hier auf weitere Details.

Mapping der Tools

Die folgende Tabelle zeigt, wie die verwendeten Tools auf die Elemente aus der Struktur laut ISO 29119-5 abgebildet werden können.

Man sieht, dass bereits die Test*Bench* aus mehreren Komponenten besteht. Obwohl sie um das Thema Keyword-Driven Testing herum konzipiert ist und daher sich ein großer Teil der Elemente auf die Struktur abbilden lassen, werden weitere Komponenten benötigt, um Keyword-Driven Testing laut Norm vollständig abzudecken.

Tabelle 6-1
Framework 1: Abdeckung der Komponenten aus ISO 29119-5

Element aus ISO 29119-5	Tool/Element im Framework
Kernbestandteile	
Editor	imbus Test*Bench* (iTB)
Decomposer	imbus Test*Bench* iTEP (iTEP)
Data Sequencer	imbus Test*Bench* iTEP (iTEP)
Manual Test Assistant	imbus Test*Bench* iTORX (iTORX)
Tool Bridge	HiL-Code Generator
Execution Engine	HiL-System
Ablage/Repositories	
Keyword Library	imbus Test*Bench* (iTB)
Data Repository	imbus Test*Bench* (iTB)
Script Repository	HiL-Code in Git (Git)

Bewertung

In diesem Abschnitt wird in einer Reihe von Tabellen eine Bewertung des Frameworks aus diesem Praxisbeispiel vorgenommen. Diese Bewertung wurde im Hinblick auf genau diese Konstellation von Tools in genau diesem Kontext durchgeführt, und wir haben bewusst Subjektivität zugelassen – sie ist ohnehin nicht auszuschließen. Sie könnten also selbst in demselben Kontext zu einer anderen Bewertung kommen. Die Zahlen in dieser Tabelle sind für Sie, gerade in Ihrem Kontext, also nicht übertragbar.

Worum es uns hier geht, ist zu zeigen, wie eine solche Bewertung in der Realität aussehen kann.

Das Bewertungsschema ist folgendermaßen zu verstehen:

Bewertung:		Priorität:	
0:	nicht vorhanden	**0:**	irrelevant/unnötig
1:	teilweise erfüllt	**1:**	wünschenswert
2:	vollständig erfüllt	**2:**	unverzichtbar

Anhand der Bewertung könnte man sagen: Die bewertende Person scheint ganz zufrieden mit der vorliegenden Lösung – und das, obwohl durchaus nicht alle Normelemente abgedeckt sind. Offenbar wurden sie aber nicht als fehlend empfunden.

Tabelle 6-2 *Framework 1: Basisanforderungen, Teil 1*

Allgemein/Dokumentation				
Abschnitt	Attribut	Prio.	Tool	Bewertung
7.3.2 a)	keywords	2	Test*Bench*	2
7.3.2 b)	parameters	2	Test*Bench*	2
7.3.2 c)	default value	2	Test*Bench*	2
7.3.2 d)	hierarchies	1	Test*Bench*	2
7.3.2 e)	data	1	Test*Bench*	2
Editor				
Abschnitt	Attribut	Prio.	Tool	Bewertung
7.3.3 a)	actions in keywords	2	Test*Bench*	2
7.3.3 b)	go to low-level keywords	2	Test*Bench*	2
7.3.3 c)	parameters	2	Test*Bench*	2
7.3.3 d)	comments	2	Test*Bench*	2
7.3.3 e)	data sources	2	Test*Bench*	2
7.3.3 f)	references	2	Test*Bench*	2
7.3.3 g)	order	2	Test*Bench*	2
Decomposer und Data Sequencer				
Abschnitt	Attribut	Prio.	Tool	Bewertung
7.3.4 a)	Decomposer – parameters	2	iTEP	2
7.3.4 b)	Data Sequencer – parameters	2	iTEP	2
Manual Test Assistant				
Abschnitt	Attribut	Prio.	Tool	Bewertung
7.3.5 a)	manual execution	2	iTORX	2
7.3.5 b)	defect tracking	2	iTORX	2

Tabelle 6-3
Framework 1: Basisanforderungen, Teil 2

Tool Bridge				
Abschnitt	Attribut	Prio.	Tool	Bewertung
7.3.6 a)	execution code	2	HiL-Code Generator	2
Execution Engine				
Abschnitt	Attribut	Prio.	Tool	Bewertung
7.3.7 a)	sequential execution	2	HiL	2
7.3.7 b)	identify missing impl.	2	HiL	2
7.3.7 c)	literals and variables	2	HiL	2
7.3.7 d)	execution results	2	HiL	2
7.3.7 e)	timestamps	2	HiL	2
7.3.7 f)	error recognition	2	HiL	2
7.3.7 g)	PASS/FAIL	2	HiL	2
7.3.7 h)	ID for execution	2	HiL	2
7.3.7 i)	ID for environment	1	HiL	2
7.3.7 j)	ID for test item	1	HiL	2
7.3.7 k)	multiple implementation	0	HiL	2
7.3.7 l)	test results	2	HiL	2

Keyword Library				
Abschnitt	Attribut	Prio.	Tool	Bewertung
7.3.8 a)	basic attributes	2	Test*Bench*	2
Script Repository				
Abschnitt	Attribut	Prio.	Tool	Bewertung
7.3.9 a)	execution code	2	Git	2
7.3.9 b)	references	0	Git	2

Tabelle 6-4
Framework 1: erweiterte Anforderungen, Teil 1

Allgemein/Dokumentation				
Abschnitt	Attribut	Prio.	Tool	Bewertung
7.4.2 a)	composition rules	1	Test*Bench*	2
7.4.2 b)	parameter description	1	Test*Bench*	2
7.4.2 c)	parameter passing	1	Test*Bench*	2
7.4.2 d)	keyword definition	1	Test*Bench*	2
Editor				
Abschnitt	Attribut	Prio.	Tool	Bewertung
7.4.3 a)	syntax checking	2	Test*Bench*	2
7.4.3 b)	track usage	2	Test*Bench*	2
7.4.3 c)	check for existance	2	Test*Bench*	2
7.4.3 d)	mark missing keywords	2	Test*Bench*	2
7.4.3 e)	exception handling	2	Test*Bench*	2
7.4.3 f)	auto completion	2	Test*Bench*	2
7.4.3 g)	versioning	2	Test*Bench*	2
Decomposer und Data Sequencer				
Abschnitt	Attribut	Prio.	Tool	Bewertung
7.4.4 a)	hierarchical keywords	2	iTEP	2
7.4.4 b)	hierarchical data	1	iTEP	2
Manual Test Assistant				
Abschnitt	Attribut	Prio.	Tool	Bewertung
7.4.5 a)	attachments	2	iTORX	2

Tabelle 6-5 *Framework 1: erweiterte Anforderungen, Teil 2*

Execution Engine				
Abschnitt	Attribut	Prio.	Tool	Bewertung
7.4.7 a)	access test item	2	HiL	2
7.4.7 b)	name space	0	HiL	2
7.4.7 c)	context switching	1	HiL	2
7.4.7 d)	name space switching	1	HiL	2
7.4.7 e)	parallel testing	1	HiL	0
7.4.7 f)	handle blocking	1	HiL	1
7.4.7 g)	»blocking« attributes	0	HiL	0
7.4.7 h)	data driven tests	2	HiL	2
7.4.7 i)	conditional testing	2	HiL	2
7.4.7 j)	configuration file	0	HiL	2
7.4.7 k)	multiple configurations	0	HiL	2
7.4.7 l)	cleanup	2	HiL	2
7.4.7 m)	allocate information	2	HiL	2
7.4.7 n)	integration check	2	HiL	2
7.4.7 o)	finite loops	2	HiL	2
7.4.7 p)	loops by count	0	HiL	0
7.4.7 q)	loops by time	0	HiL	0

Keyword Library				
Abschnitt	Attribut	Prio.	Tool	Bewertung
7.4.8 a)	composite keywords	2	Test*Bench*	2
7.4.8 b)	versioning of keywords	2	Test*Bench*	2
7.4.8 c)	aliasing	0	Test*Bench*	0

Test Data Support				
Abschnitt	Attribut	Prio.	Tool	Bewertung
7.4.9 a)	versioning of data	2	Test*Bench*	2
7.4.9 b)	hierarchical data	2	Test*Bench*	2

Script Repository				
Abschnitt	Attribut	Prio.	Tool	Bewertung
7.4.10 a)	versioning of code	2	Git	2

6.4.2 Framework 2: Robot Framework

Steckbrief

Im Projektbeispiel 2 handelt es sich um ein Projekt im Finanzsektor. Die Testobjekte werden durch zwei Teams betreut: Eines ist zuständig für eine Webanwendung für Onlinebanking und die dazugehörige Webanwendung für den Berater in der Bank, und das andere Team kümmert sich um eine REST-API, die genutzt wird, um Konto- und Transaktionsdaten mit Buchhaltungsapplikationen auszutauschen.

Zielstellung war hier, eine ausreichend hohe automatisierte Testabdeckung auch auf der Systemteststufe zu erreichen, um zum Zeitpunkt eines internen Releases eine aus Sicht der Entwicklung fehlerfreie Software an den Abnahmetest liefern zu können. Im Gegensatz zum Projektbeispiel 1 spielt der manuelle Test hier in Bezug auf Keyword-Driven Testing keine Rolle: Die manuellen Abnahmetests wurden von unabhängigen Fachanwendern in einem anderen Bereich durchgeführt. Dennoch sollten die manuellen Testerinnen die Automatisierung verstehen können.

In der Vergangenheit war es in den Projekten immer häufiger zu Kommunikationsproblemen zwischen Entwicklung und Abnahmetest gekommen. Aufgrund der auf JUnit und Java basierenden Testautomatisierung, die von den Abnahmetesterinnen und anderen Stakeholdern nicht verstanden wurde, gab es wenig Kenntnis und entsprechend kaum Vertrauen in die bestehende Testautomatisierung. Zudem wurde wegen eines Technologiewechsels im Testobjekt eine erneute Evaluierung der Automatisierung angestoßen.

Eine detailliertere Beschreibung der Projektsituation und der Umstellung auf Robot Framework wird in Abschnitt 7.2 »Praxisbeispiel« gegeben.

Beide Teams wurden nun aus Testerinnen, Automatisierern und Entwicklerinnen zusammengesetzt. Die Fachtesterinnen sollten mit Robot Framework Tests spezifizieren und die Automatisierer/Entwicklerinnen sollten auf Ebene der Low-Level Keywords bei der Implementierung helfen.

Das Ziel ist es, mit Robot Framework ein ATTD- (Acceptance Test-Driven Development) oder »System Test-Driven Development«-Vorgehen zu etablieren und somit das Wissen der Fachtesterinnen möglichst früh in den Entwicklungsprozess einzubringen.

Als Werkzeuge wird fast ausschließlich Open-Source-Software im Test eingesetzt: Git zur Versionsverwaltung, Jenkins als Continuous Integration System, Robot Framework als Automatisierungsframework, Visual Studio Code als Editor, Playwright für die Browser-

Automatisierung und Python Requests als Automatisierungstechnologie des REST-API.

Mapping der Tools

Die folgende Tabelle zeigt, wie die verwendeten Tools auf die Elemente aus der Struktur laut ISO 29119-5 abgebildet werden können.

Robot Framework deckt hier einiges ab, hat aber beispielsweise keinen eigenen Editor. Auch hier gilt also, dass erst das Zusammenspiel mehrerer Werkzeuge alle praxisrelevanten Aspekte erfüllen kann. In Abschnitt 6.3.1 »Robot Framework®« kam das schon zur Sprache. Im folgenden Kapitel 7 »Praxis mit Robot Framework« werden wir detailliert auf die einzelnen Komponenten eingehen.

Eine Lücke bleibt beim Robot Framework: das manuelle Testen. Braucht man es, anders als in diesem Beispiel, dann kann man diese Lücke mit Testmanagementwerkzeugen wie zum Beispiel der Test*Bench* schließen.

Tabelle 6-6
Framework 2: Abdeckung der Komponenten aus ISO 29119-5

Element aus ISO 29119-5	Tool/Element im Framework
Kernbestandteile	
Editor	Visual Studio Code mit RobotCode
Decomposer	Robot Framework
Data Sequencer	DataDriver
Manual Test Assistant	—
Tool Bridge	Robot Framework Library API (Python)
Execution Engine	Robot Framework
Ablage/Repositories	
Keyword Library	Resource Files (*.resource)
Data Repository	Datentabellen, z.B. CSV, XLSX
Script Repository	Python-Code in Git (Git)

Bewertung

Bei der nun folgenden Bewertung wird das gleiche Bewertungsschema wie im letzten Abschnitt verwendet und auch hier ist die Bewertung ausschließlich auf den Kontext der beiden Testteams bezogen zu verstehen.

Ziemlich sicher sähen die Tabellen anders aus, wenn dieselbe Person das Framework des zweiten Beispiels im Kontext des ersten Beispiels beurteilt hätte.

Tabelle 6-7 Framework 2: Basisanforderungen, Teil 1

Allgemein/Dokumentation				
Abschnitt	Attribut	Prio.	Tool	Bewertung
7.3.2 a)	keywords	2	VS Code	2
7.3.2 b)	parameters	1	VS Code	2
7.3.2 c)	default value	1	VS Code	2
7.3.2 d)	hierarchies	1	VS Code	2
7.3.2 e)	data	1	VS Code	2
Editor				
Abschnitt	Attribut	Prio.	Tool	Bewertung
7.3.3 a)	actions in keywords	2	VS Code	2
7.3.3 b)	go to low-level keywords	2	VS Code	2
7.3.3 c)	parameters	2	VS Code	2
7.3.3 d)	comments	0	VS Code	2
7.3.3 e)	data sources	1	VS Code	2
7.3.3 f)	references	2	VS Code	1
7.3.3 g)	order	1	VS Code	2
Decomposer und Data Sequencer				
Abschnitt	Attribut	Prio.	Tool	Bewertung
7.3.4 a)	Decomposer – parameters	2	RF	2
7.3.4 b)	Data Sequencer – parameters	2	DataDriver	2
Manual Test Assistant				
Abschnitt	Attribut	Prio.	Tool	Bewertung
7.3.5 a)	manual execution	0	–	0
7.3.5 b)	defect tracking	0	–	0

Tabelle 6-8
Framework 2: Basisanforderungen, Teil 2

Tool Bridge				
Abschnitt	Attribut	Prio.	Tool	Bewertung
7.3.6 a)	execution code	2	RF	2
Execution Engine				
Abschnitt	Attribut	Prio.	Tool	Bewertung
7.3.7 a)	sequential execution	2	RF	2
7.3.7 b)	identify missing impl.	2	RF	2
7.3.7 c)	literals and variables	2	RF	2
7.3.7 d)	execution results	2	RF	2
7.3.7 e)	timestamps	2	RF	2
7.3.7 f)	error recognition	2	RF	2
7.3.7 g)	PASS/FAIL	2	RF	2
7.3.7 h)	ID for execution	1	RF	1
7.3.7 i)	ID for environment	1	RF	1
7.3.7 j)	ID for test item	1	RF	1
7.3.7 k)	multiple implementation	1	RF	2
7.3.7 l)	test results	2	RF	2

Keyword Library				
Abschnitt	Attribut	Prio.	Tool	Bewertung
7.3.8 a)	basic attributes	2	*.resource	2
Script Repository				
Abschnitt	Attribut	Prio.	Tool	Bewertung
7.3.9 a)	execution code	2	Python-Code	2
7.3.9 b)	references	2	Python-Code	2

Tabelle 6-9 *Framework 2: erweiterte Anforderungen, Teil 1*

Allgemein/Dokumentation				
Abschnitt	Attribut	Prio.	Tool	Bewertung
7.4.2 a)	composition rules	1	UserGuide	2
7.4.2 b)	parameter description	1	UserGuide	2
7.4.2 c)	parameter passing	0	UserGuide	2
7.4.2 d)	keyword definition	1	UserGuide	2
Editor				
Abschnitt	Attribut	Prio.	Tool	Bewertung
7.4.3 a)	syntax checking	2	VS Code	2
7.4.3 b)	track usage	2	VS Code	1
7.4.3 c)	check for existence	2	VS Code	2
7.4.3 d)	mark missing keywords	1	VS Code	2
7.4.3 e)	exception handling	2	VS Code	2
7.4.3 f)	auto completion	2	VS Code	2
7.4.3 g)	versioning	1	VS Code	2
Decomposer und Data Sequencer				
Abschnitt	Attribut	Prio.	Tool	Bewertung
7.4.4 a)	hierarchical keywords	2	RF	2
7.4.4 b)	hierarchical data	1	DataDriver	2
Manual Test Assistant				
Abschnitt	Attribut	Prio.	Tool	Bewertung
7.4.5 a)	attachments	0	—	0

Tabelle 6-10
Framework 2: erweiterte Anforderungen, Teil 2

Execution Engine				
Abschnitt	Attribut	Prio.	Tool	Bewertung
7.4.7 a)	access test item	1	RF	2
7.4.7 b)	name space	1	RF	2
7.4.7 c)	context switching	1	RF	2
7.4.7 d)	name space switching	1	RF	2
7.4.7 e)	parallel testing	1	RF, Pabot	2
7.4.7 f)	handle blocking	1	RF	2
7.4.7 g)	»blocking« attributes	1	RF	0
7.4.7 h)	data driven tests	2	RF	2
7.4.7 i)	conditional testing	1	RF	2
7.4.7 j)	configuration file	1	RF	2
7.4.7 k)	multiple configurations	1	RF	2
7.4.7 l)	cleanup	2	RF	2
7.4.7 m)	allocate information	1	RF	2
7.4.7 n)	integration check	1	RF	2
7.4.7 o)	prevent infinite loops	0	RF	2
7.4.7 p)	loops by count	1	RF	2
7.4.7 q)	loops by time	1	RF	2

Keyword Library				
Abschnitt	Attribut	Prio.	Tool	Bewertung
7.4.8 a)	composite keywords	2	*.resource	2
7.4.8 b)	versioning of keywords	1	Git	1
7.4.8 c)	aliasing	0	*.resource	0

Test Data Support				
Abschnitt	Attribut	Prio.	Tool	Bewertung
7.4.9 a)	versioning of data	1	Git	1
7.4.9 b)	hierarchical data	2	RF, DataDriver	2

Script Repository				
Abschnitt	Attribut	Prio.	Tool	Bewertung
7.4.10 a)	versioning of code	2	Git	2

7 Praxis mit Robot Framework

Mit diesem Kapitel wollen wir den praktischen Einstieg in Keyword-Driven Testing erleichtern. Packen wir es an! Dazu müssen wir uns für ein Framework entscheiden – und weil wir die Möglichkeit bieten wollen, das Ganze auch praktisch nachzuvollziehen, setzen wir in diesem Kapitel vollständig auf eine kostenfreie Open-Source-Lösung, konkret auf das bereits mehrfach im Buch erwähnte Robot Framework.

Wie es entstanden ist, wie es sich in das ISO-29119-Modell einfügt und welche Komponenten abgedeckt sind, wird in Abschnitt 6.3.1 »Robot Framework®« beschrieben. Die Einordnung in die generische Testautomatisierungsarchitektur findet sich in Abschnitt 5.3.3 »Beispiel 2: Open Source Framework«.

Robot Framework selbst kennt nur englische Begriffe und somit werden wir hier auch die englischen Begriffe für die einzelnen Artefakte verwenden – obwohl zum Zeitpunkt des Schreibens Übersetzungen im Backlog recht weit oben stehen.

Die verwendeten Codeschnipsel und Beispiele stellen wir Ihnen gerne zur Verfügung. Den Link zum Download finden Sie unter [37] oder als QR-Code in Kapitel 1.9.

Wir werden in diesem Kapitel auf den Aufbau des Frameworks und etwas auf die technischen Hintergründe eingehen. Konzentrieren wollen wir uns aber auf die eigentliche Nutzung von Keyword-Driven Testing mit Robot Framework. Dazu gehört die Syntax der Spezifikation sowie der Umgang mit Variablen und Daten.

7.1 Aufbau und Funktionsweise von Robot Framework

Es gibt natürlich ein (englisches) Handbuch von Robot Framework [18] – dem werden wir hier weder Konkurrenz machen noch es auf Deutsch übersetzen. Aber es sollte klar werden, wie Robot Framework funktioniert und welche Komponenten was leisten.

Robot Framework besteht aus verschiedenen Softwarekomponenten mit unterschiedlichen Aufgabengebieten. Für den Betrieb sind weitere

Artefakte, wie Testspezifikationen oder Keyword-Definitionen, notwendig. Wir wollen zuerst einen Überblick schaffen, bevor wir tiefer ins Detail gehen.

Robot Framework basiert auf Python, es wird also für den Betrieb ein installierter Python-Interpreter benötigt. Python ist Anfang der 2020er-Jahre eine der, wenn nicht sogar die am schnellsten wachsende Programmiersprache weltweit. Es gehört zu den interpretierten Programmiersprachen. Das bedeutet, dass ein Programm nicht in einen direkt ausführbaren Binärcode übersetzt wird, wie das bei C++ beispielsweise der Fall ist, sondern dass der Programmcode bis zur Ausführung (Interpretation) durch den Interpreter, hier eben Python, in textueller Form vorliegt. Der Interpreter, Python, ist jeweils spezifisch für die Plattform geschrieben, auf der er ausgeführt wird. Die meistverwendeten Python-Interpreter sind in C implementiert und greifen entsprechend für die eigentlichen Operationen auf C-Bibliotheken zurück. Auf Windows installieren wir also Python und führen das Programm »Python.exe« aus, um die *.py-Dateien von Robot Framework laufen zu lassen.

Für die zahlreichen Python-Pakete, zu denen auch Robot Framework und dessen Zusatzkomponenten, wie Libraries oder Erweiterungen, gehören, gibt es eine Online-Paketdatenbank namens »Python Package Index«, oder kurz PyPI [16].

7.1.1 Editoren für Robot Framework

Robot Framework selbst enthält keinen Editor. An den beiden Testmanagementsystemen Test*Bench* EE und TestBench CS können wir sehen, wie Testspezifikation ohne Scripting funktionieren kann. Wenn jedoch direkt Robot-Framework-Skripte textuell geschrieben werden sollen, empfehlen wir als Open-Source-Entwicklungsumgebung »Visual Studio Code«, kurz VS Code, von Microsoft [35]. Diese Entwicklungsumgebung ist schlank gestaltet und nicht so überladen wie der große Bruder »Visual Studio« oder Eclipse und PyCharm. Es gibt aber für fast alle weitverbreiteten Editoren Erweiterungen, die eine mehr oder weniger umfangreiche Unterstützung für Robot Framework bieten.

Für VS Code gibt es gleich mehrere solche Unterstützungen zur Auswahl, wobei die auf dem Language-Server-Protokoll basierten Erweiterungen, »Robot Framework Language Server« [26] und »RobotCode« [12], die derzeit umfangreichsten sind. Mit diesen Erweiterungen erhält man kontextsensitive Codevervollständigung, einen Step-Debugger mit Breakpoints und vieles mehr.

Die Einhaltung von Coding-Richtlinien kann unterstützt werden durch den Einsatz von Erweiterungen wie Linter und Code Formatter. Linter führt eine statische Analyse durch, die zuvor festgelegte Regelwerke auf die Spezifikation anwendet, Verstöße im Code markiert und die Automatisierer auf diese aufmerksam macht. Regeln können beispielsweise die zulässige Anzahl der Wörter im Keyword-Namen, die Anzahl der Argumente oder das Vorhandensein einer Keyword-Dokumentation definieren. Code Formatter können unter anderem automatisch die Menge der Leerstellen oder die Anzahl der Leerzeilen oder auch die maximale Zeilenlänge ändern. Beide Erweiterungen können in den Editor eingebettet sein oder auch als Qualitätskriterium im Versionskontrollsystem integriert werden.

Komplexe Funktionen, wie das Finden aller Verwendungen eines Keywords oder das Umbenennen eines Keywords und aller seiner Verwender, sind bisher in keinem uns bekannten Editor enthalten. Die Verwaltung einer großen Keyword-Bibliothek mit mehreren Hundert Keywords steht oder fällt also mit der Qualität der Benennung und der Ablage der Keywords in entsprechend gut sortierten Resource Files.

Abbildung 7-1 zeigt Visual Studio Code mit der Erweiterung »RobotCode« beim Einfügen eines neuen Keywords.

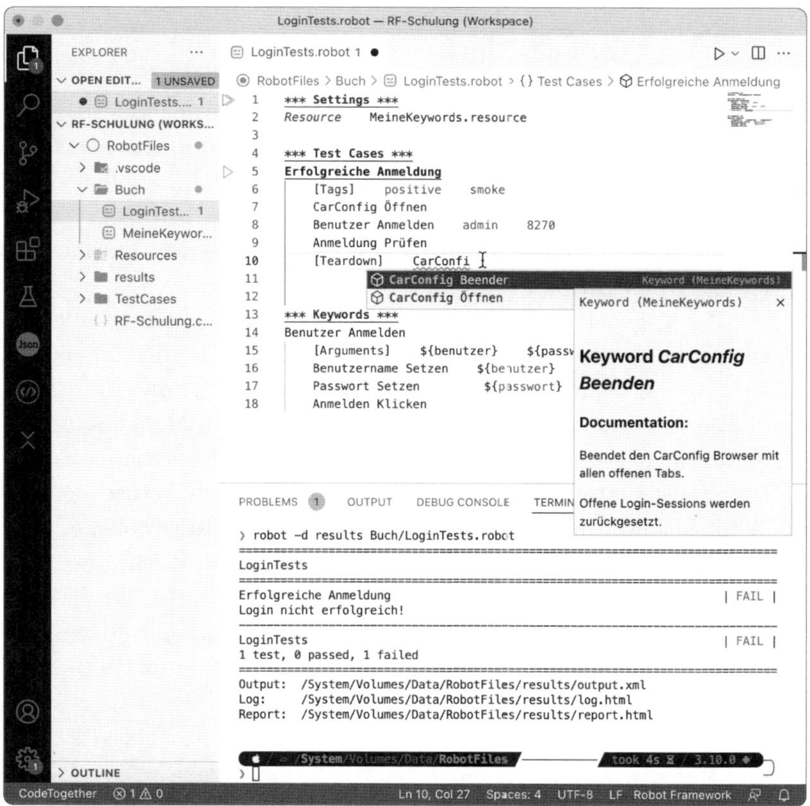

Abb. 7-1
Visual Studio Code mit RobotCode

Zwei vorhandene Keywords werden vorgeschlagen, die zu dem angefangenen Text `CarConf` passen. Unterhalb des Testfalls **`ErfolgreicheAnmeldung`** sehen wir die Definition des Keywords **`Benutzer Anmelden`**. Im unteren Bereich der GUI ist eine Kommandozeile und die daraus resultierende Ausgabe des gelaufenen und fehlgeschlagenen Robot-Framework-Testfalls zu sehen.

7.1.2 Kernkomponenten

Sobald Robot Framework installiert ist, stehen drei Befehle in der Kommandozeile zur Verfügung:

robot: Diese Kernkomponente von Robot Framework liest die Testspezifikationen ein und führt sie aus. Sie ist der eigentliche »Roboter« in diesem Framework. Nach der Ausführung schreibt es das »Execution Model«, das alle Details der Ausführung enthält, in eine XML-Datei, die »output.xml«. Robot nutzt nach einer Testdurchführung die »Rebot«-Klasse, um automatisch HTML-Protokolle zu schreiben.

Ein Aufruf, der genau die Tests im Ordner `TestCases` ausführt, die mit dem Tag `smoke` markiert wurden, sieht so aus:

```
> robot --include smoke TestCases/
```

rebot: Für die Dokumentation einer Testdurchführung liefert Robot Framework HTML-Dokumente, die zur Verwendung von Menschen konzipiert sind. Rebot ist die dafür zuständige Komponente. Sie kann entweder automatisch mit der Ausführung von Robot aktiv werden oder zeitlich entkoppelt die Ergebnisse aus der »output.xml« in neue HTML-Dokumente umwandeln.

Rebot generiert eine »report.html« als Übersicht über alle ausgeführten Tests mit Statistiken und eine »log.html« (Abbildung 7-2) als detailliertes Protokoll, das jeden einzelnen Keyword-Aufruf mit dessen Ergebnissen und Logausgaben enthält. Zusätzlich kann Rebot auch ein »xUnit«-kompatibles XML-Protokoll generieren. Solche Protokolle sind als Ausgabe von Komponententest-Werkzeugen wie JUnit bekannt und ein De-facto-Standard für Testprotokolle.

Wir zeigen hier als Beispiel einen Aufruf von Rebot, der neue Berichte (sowohl HTML als auch XML) erzeugt, wobei für »PASS«-Tests nur noch High-Level Keywords enthalten sind (bewusster Verzicht auf Details). Zusätzlich wird ein xUnit-kompatibles XML erzeugt:

```
> rebot --removekeywords passed
    --xunit xunit.xml
    --output newoutput.xml output.xml
```

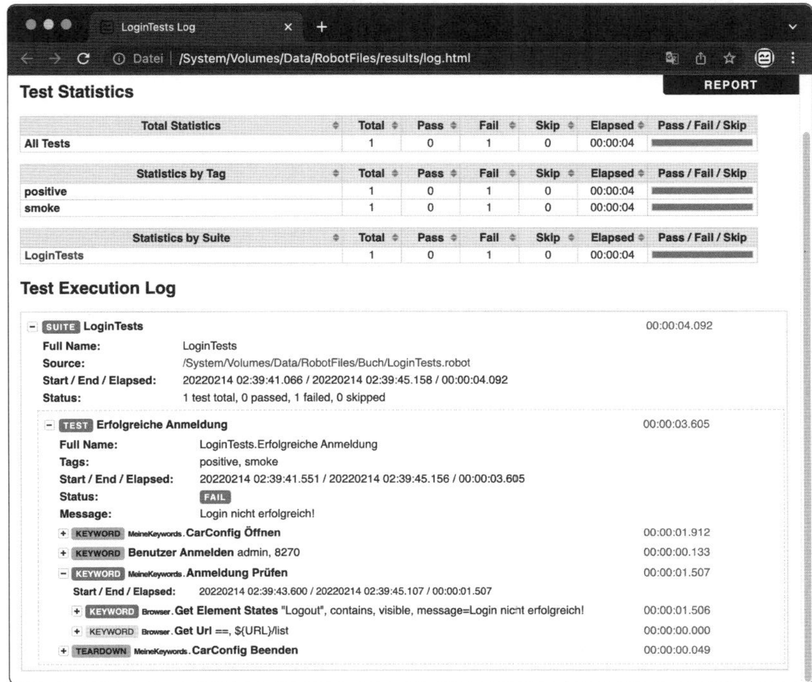

Abb. 7-2
Durchführungsprotokoll log.html

libdoc: Libdoc dient zur Dokumentation von Keyword-Bibliotheken. Sowohl Low-Level-Keyword-Bibliotheken, wie beispielsweise die Browser-Bibliothek [36], als auch selbst erstellte Keyword-Bibliotheken, die zu einem fachlichen oder technischen Layer gehören, können von »libdoc« dokumentiert werden. Hierzu erzeugt »libdoc« HTML-Dokumente wie in Abbildung 7-3, in denen die Testautomatisierer oder die Testdesignerinnen alle Keywords inklusive ihrer Beschreibung finden können.

```
> libdoc Browser Browser_doc.html
```

Robot Framework besitzt zusätzlich zu diesen ausführbaren Befehlen auch ein umfangreiches öffentliches API, zu dem auch die genannten drei Komponenten zählen. Einige weitere Komponenten, wie beispielsweise Parser und Lexer, die die Testspezifikationen einlesen und das Execution Model aufbauen, stehen über das API als Python-Klasse zur Verfügung.

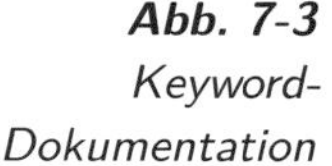

Abb. 7-3
Keyword-Dokumentation

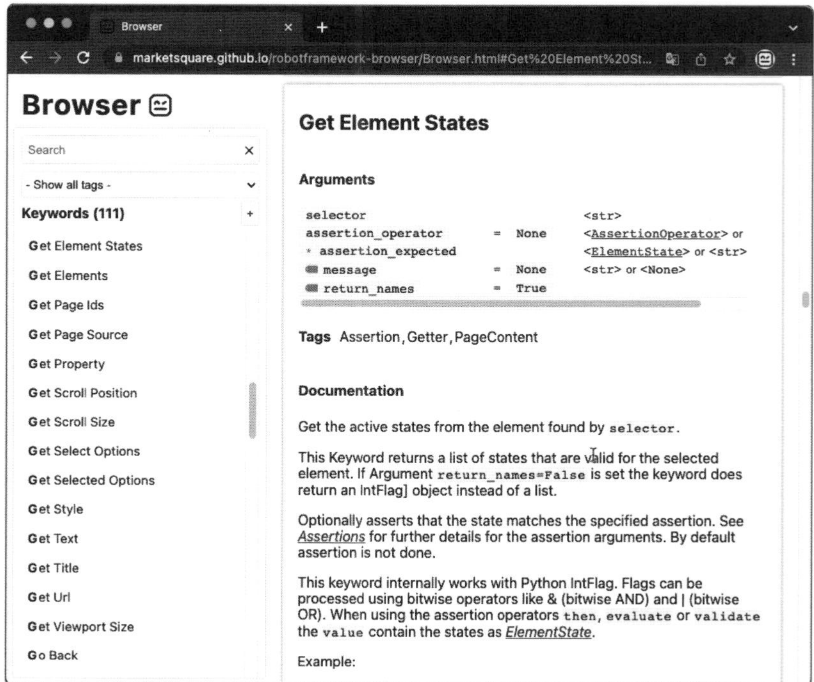

7.1.3 Struktur der Spezifikation

Die Test- und Keyword-Spezifikationen von Robot Framework sind, ähnlich wie Code in Programmiersprachen, text- und dateibasiert.

Die drei wichtigsten Dateiarten, die von Robot Framework verarbeitet werden, beinhalten die Spezifikationen der Tests, Keywords und Variablen.[1]

***.robot:** Eine Datei mit der Endung »robot« ist eine sogenannte »Testsuite«. Diese enthält Testfälle (»Test Cases«) und kann zusätzlich auch lokal verwendete »Keywords« und Variablen (»Variables«) enthalten.

Ordner: Die Spezifikationsdateien können beliebig in Ordnern strukturiert sein. Jeder Ordner, der eine *.robot-Datei mit Testfällen – eine Testsuite – beinhaltet, wird ebenfalls als Testsuite betrachtet. Dies gilt auch rekursiv und ermöglicht es, das Testprojekt gut zu strukturieren.

[1] Die Dateiendungen können theoretisch auch beliebig sein, praktisch hat das aber fast keinen sinnvollen Nutzen. Bleiben wir bei der Best Practice.

***.resource:** Resource Files enthalten »Keywords« und/oder »Variables«. Im Gegensatz zu den in Testsuiten definierten Keywords können diese Elemente auch in anderen Dateien verwendet werden, sofern das Resource File importiert wurde.

***.py:** Python-Module können entweder als »Library« oder als »Variable File« importiert werden. Die meisten Libraries, die von der Community zur Verfügung gestellt werden, sind Python-Klassen. Die Python Variable Files bieten im Unterschied zu den Resource Files die Möglichkeit, dynamisch Daten zu erzeugen – beispielsweise zu errechnen – und an Robot Framework zu liefern. Dies ist ein mächtiges Werkzeug, erhöht aber die Komplexität. Es sollte daher nur dann verwendet werden, wenn diese dynamische Funktionalität wirklich benötigt wird.

Auch beliebige andere Programmiersprachen können mittels des »Remote library interface« verwendet werden.

Die Syntax und der Aufbau der »*.robot«- und der »*.resource«-Dateien ist identisch. Einziger Unterschied ist, dass Testsuiten (*.robot) im Gegensatz zu Resource Files (*.resource) Testfälle enthalten und somit nicht von anderen Testsuiten als Ressource genutzt werden können.

Die Struktur der Dateien ist relativ simpel. Sie bestehen aus bis zu fünf möglichen »Sections«, die die Dateien strukturieren.

Im folgenden Beispiel sind die drei Sektionen `*** Settings ***`, `*** Test Cases ***` und `*** Keywords ***` vorhanden. Zusätzlich wären noch `*** Variables ***` und `*** Comments ***` sowie als alternative Bezeichnung der Testfallsektion `*** Tasks ***` möglich. »Tasks« werden verwendet, wenn Robot Framework für RPA (siehe Abschnitt 8.6.4) eingesetzt wird. Jede dieser Sektionen kann mehrere Elemente enthalten, darf jedoch nur einmal pro Datei vorkommen.

Einrückungen sind bei Robot Framework, wie bei Python, ein Bestandteil der Syntax. Das bedeutet, dass in Robot Framework keine Klammern benötigt werden, um beispielsweise den Inhalt eines Testfalls zu kapseln. Im Test enthaltene Keywords werden mit zwei oder mehr Leerstellen eingerückt. Das verbessert die Lesbarkeit und spart unnötige Zeichen ein.

In dem Beispiel in Abbildung 7-4 sehen wir in der Sektion `*** Settings ***`, dass ein Resource File `MeineKeywords.resource`, das im selben Verzeichnis liegt, importiert wird und damit Zugriff auf alle darin enthaltenen Keywords und Variablen ermöglicht.

Die Sektion `*** Test Cases ***` enthält zwei Testfälle. Der erste davon, mit dem Namen **`Erfolgreiche Anmeldung`**, ruft vier fachliche Keywords auf, unter anderem das Keyword **`Benutzer Anmelden`**.

```
*** Settings ***
Resource    MeineKeywords.resource

*** Test Cases ***
Erfolgreiche Anmeldung
    [Tags]    positive    smoke
    CarConfig Öffnen
    Benutzer Anmelden    admin    123456
    Anmeldung Prüfen
    CarConfig Beenden

Abgewiesene Anmeldung
    [Tags]    negative
    CarConfig Öffnen
    Benutzer Anmelden    admin    654321
    Abgewiesene Anmeldung Prüfen
    CarConfig Beenden

*** Keywords ***
Benutzer Anmelden
    [Arguments]    ${benutzer}    ${passwort}
    Benutzername Setzen    ${benutzer}
    Passwort Setzen    ${passwort}
    Anmelden Klicken
```

Abb. 7-4 *Testsuite »BenutzerAnmeldung.robot«*

Dieses Keyword wurde lokal in derselben Datei innerhalb der `*** Keywords ***`-Sektion definiert.

In der Syntax des Robot Framework wird mehr als ein Leerzeichen als Trennzeichen interpretiert, wohingegen ein einzelnes Leerzeichen ein »normales« Zeichen innerhalb eines Keywords oder Werts ist. Die vier Leerstellen zwischen **`BenutzerAnmelden`** und den Werten *`admin`* und *`123456`* trennen den Keyword-Aufruf von seinen Argumenten bzw. die Argumente untereinander. Es werden also keine Klammern, Semikolons oder ähnliche Steuerzeichen benötigt.

Wie wir hier auch sehen können, werden textuelle Werte nicht durch Anführungszeichen `"` oder Hochkomma `'` definiert. Alle Werte sind in Robot Framework grundsätzlich erst mal Strings (Zeichenketten). Entsprechend ist das Passwort natürlich der Text *`123456`* und nicht die Zahl Einhundertdreiundzwanzigtausendvierhundertsechsundfünfzig.

Robot Framework geht also erst mal für die meistgenutzte Nutzungsart den Weg der besten Lesbarkeit und behandelt die Sonderfälle, wie Variablen oder Zahlen, auf die weniger einfache Art und Weise. Variablen werden wie im Beispiel ebenfalls zu sehen mit einem Vorzeichen, im konkreten Fall `$`, versehen und in geschweiften Klammern eingefasst. `${benutzer}` ist hier eine einfache Variable. Dadurch entstehen natürlich auch Einschränkungen!

Im Allgemeinen waren die Erfinder der meisten Programmiersprachen ja keine Sadisten und haben gute Gründe für die Einführung der ganzen Steuerzeichen gehabt. Doch Keyword-Driven Testing ist eben KEINE Programmiersprache. Einerseits sind in einer Testspezifikation fest definierte Strings wesentlich häufiger anzutreffen als Variablen, andererseits liegt die Priorität mehr auf der Lesbarkeit als auf der Mächtigkeit. Wir wählen also absichtlich einen reduzierten Funktionsumfang der Sprache, weitgehend ohne Steuerzeichen, um die Verständlichkeit zu fördern.

Sehen wir uns als Nächstes die Definition eines Keywords an. Das Keyword **`Benutzer Anmelden`** wird hier mit zwei Argumenten definiert. Die in eckigen Klammern befindlichen Ausdrücke sind sogenannte »Settings« und konfigurieren das entsprechende Element. In diesem Fall definiert `[Arguments]`, welche Variablen die Argumentschnittstelle bilden. Diesem Keyword müssen also beim Aufruf zwei Werte zugewiesen werden. Im Normalfall ist die Reihenfolge entscheidend: Der erste zugewiesene Wert *`admin`* wird also in der Variablen `${benutzer}` gespeichert und an den Keyword-Aufruf von **`Benutzername Setzen`** weitergereicht. Argumente können auch über ihren Namen zugewiesen werden, was aber eher seltener Anwendung findet.

Die übrigen drei Keywords des Testfalls sind in dem Resource File `MeineKeywords.resource` definiert, das in Abbildung 7-5 zu sehen ist. Es enthält Keywords und eine globale Variablendefinition. Die globale Variable `${URL}` ist in allen Keywords und sogar in der Testsuite erreichbar, da sie gemeinsam mit den Keywords dort importiert wurde. Dagegen existiert die Variable `${benutzer}` in dieser Datei nur lokal im Keyword **`Benutzername Setzen`**. Die hier enthaltenen Keywords rufen als nächste Schicht Keywords der Python Library »Browser« auf. Das ist auch in den Durchführungslogs in Abbildung 7-2 am Keyword **`Anmeldung Prüfen`** zu sehen. Diese Library-Keywords gehören zum »Test Adaptation Layer« und wurden von Mitgliedern der Open Source Community entwickelt.

Wir beschränken uns in diesem Praxisteil darauf, nur die Keyword-Schichten zu beleuchten und nicht näher auf die technologische Schicht der Browser-Bibliothek einzugehen. Wer daran interessiert ist, findet eine Dokumentation dieser Bibliothek unter [36].

Abb. 7-5
Resource File: »MeineKeywords.resource«

```
*** Settings ***
Library             Browser
Documentation       Diese Keyword-Bibliothek
...                 enthält technische Keywords,
...                 welche den CarConfig steuern.

*** Variables ***
${URL}    http://car.keyword-driven.de

*** Keywords ***
CarConfig Öffnen
    New Browser    Chromium    headless=false
    New Page       ${URL}

CarConfig Beenden
    [Documentation]    Beendet den CarConfig
    ...    Browser mit allen offenen Tabs.
    ...
    ...    Offene Logins-Sessions werden
    ...    zurückgesetzt.
    Close Context

Benutzername Setzen
    [Arguments]    ${benutzer}
    Type Text    id=input_username    ${benutzer}

Passwort Setzen
    [Arguments]    ${passwort}
    Type Text    id=input_password    ${passwort}

Anmelden Klicken
    Click    id=button_login

Anmeldung Prüfen
    Get Element States    "Logout"    *=    visible
    Get Url    ==    ${URL}/list

Abgewiesene Anmeldung Prüfen
    Get Text    css=.error-bar
    ...         ==    Password incorrect.
    Get Url    ==    ${URL}/login
```

7.1.4 Variablen und Daten

Wir haben uns in Abschnitt 2.3 schon damit beschäftigt, welche Datenarten es im Testen denn so gibt und welche davon für uns relevant sind. In dem zuvor gezeigten Beispiel können wir verschiedene Arten finden.

Einerseits gibt es ganz typisch die »primären Testdaten« oder Eingabedaten. In unserem Fall sind das die Benutzerdaten *admin* und *123456*, die zu einem erfolgreichen Login führen sollen.

Das »erwartete Ergebnis« ist vielleicht nicht ganz so offensichtlich, doch im Keyword **Anmeldung Prüfen** erwarten wir, dass die Anzahl der Webelemente mit dem Text *Logout* gleich *1* ist. Außerdem wird erwartet, dass die derzeitige URL gleich `${URL}`*/list* ist, was nach Auflösung der Variablen *http://car.keyword-driven.de/list* bedeutet. Diese Art des Vergleichs zwischen tatsächlichem Wert und erwartetem Ergebnis ist eine Besonderheit der Browser-Bibliothek. In diesem Beispiel würden wir dieses erwartete Ergebnis durchaus in dem Keyword kapseln, es also eigentlich vor der Testdesignerin verbergen. Alternativ hätten wir natürlich auch die erwartete URL mit als primäres Testdatum bis in den Test hochreichen können, was oft auch erwünscht ist. Im konkreten Fall aber wird die URL als ein technisches Detail betrachtet, das selbst keinen fachlichen Bezug hat und im Testdesign keinen Mehrwert bietet.

Zu den Steuerdaten zählen auch die Selektoren, wie *id=input_username*, die Webelemente eindeutig identifizieren und es uns ermöglichen, diese anzusprechen. Inhaltlich und fachlich sind sie völlig irrelevant. Daher wollen wir diese Selektoren auch wirklich nicht im Testfall sehen. Sie würden die verständliche Testspezifikation nur unnötig unverständlich machen und die fachliche Sprache versalzen. Sehr häufig sind solche Steuerdaten, sofern sie zentral relevant sind, auch als Konstanten – Variablen mit festen Werten – an einem zentralen Punkt gespeichert. Die hier verwendeten »id«-Selektoren sind wirklich verständlich. In anderen Fällen sieht der Selektor für ein Input-Feld des Benutzernamens eher aus wie *css=div.pageStyleLogin input[placeholder="username"]*: Dann lohnt sich eine zentrale, gut benannte Ablage.

Solche Variablen könnten nach dem Importieren dieses Resource File (Abbildung 7-6) anstelle der eigentlichen Selektoren verwendet werden. Gerade bei solchen Resource Files empfehlen wir, klar und sauber strukturiert vorzugehen und technische Daten von fachlichen zu trennen sowie die Daten mit gleichem oder verwandtem Kontext in einem gemeinsamen Resource File abzulegen. Was das angeht, sind Daten ganz ähnlich zu behandeln wie Keywords.

Abb. 7-6 Resource File mit Selektoren: »PageElements. resource«

```
*** Variables ***
${txt_username}     input[placeholder="username"]
${txt_password}     input[placeholder="password"]
${btn_login}        button >> text=login
${btn_logout}       a >> text="Logout"
```

Wir haben bisher zwei Möglichkeiten gesehen, wie Variablen Werte zugewiesen werden können: einerseits in der Sektion `*** Variables ***`, andererseits als Argument eines Keywords. Es gibt aber noch weitere Möglichkeiten und die wichtigste ist die Zuweisung von Rückgabewerten.

Rückgabewerte

Rückgabewerte sind Ergebnisse, die ein Keyword liefert. Dies können Berechnungen sein oder Daten, die aus dem Testobjekt gelesen werden. Nehmen wir beispielsweise das Keyword **Get Title**, das den Titel des Browserfensters zurückgibt – »returned«. Häufig geht man bei Robot Framework so vor, dass man zuerst den tatsächlichen Wert in einer Variablen speichert und diese dann mit dem erwarteten Ergebnis an ein vergleichendes Keyword übergibt, das einen Fehler meldet, sobald die beiden Werte nicht gleich sind (Abbildung 7-7).

Abb. 7-7 Vergleichendes Keyword

```
*** Keywords ***
Browser Titel Prüfen
    [Arguments]    ${erw_titel}
    ${titel}=    Get Title
    Should Be Equal    ${titel}    ${erw_titel}
```

Das Gleich-Zeichen = ist hier reine Dekoration, um den Lesern besser zu signalisieren, dass es sich um die Zuweisung eines Werts handelt. Robot Framework verfolgt hier die klare Regel, dass am Anfang eines Keyword-Aufrufs Variablen kommen können, gefolgt von dem Keyword, gefolgt von den Daten. Variablen und Daten sind optional. Da wir jedoch fest auf die Reihenfolge achten, ist es so nicht möglich, einen Wert durch einen Keyword-Aufruf zu ersetzen. In einer Programmiersprache wie Python wäre das möglich und würde wie folgt aussehen:

```
should_be_equal(erw_titel, browser.get_title())
```

Natürlich können wir manchmal nicht darauf verzichten, mit Variablen zu arbeiten, aber je weiter wir uns in den Keyword-Schichten dem »Test Adaptation Layer« nähern, desto technischer und oft auch komplexer wird unsere Keyword-Spezifikation.

Wir würden für den Anfang davon abraten, Variablenzuweisungen auf oberster Ebene in der Testspezifikation zu verwenden, da sie der Verständlichkeit und Fachlichkeit des Tests nicht besonders guttun. Ja, es gibt Ausnahmen – die gibt es aber immer – und Ausnahmen sollten es auch bleiben.

7.1.5 Flusskontrolle

Da wir gerade schon ein wenig tiefer in die technischen Funktionen eingetaucht sind, sollten wir kurz die Möglichkeiten durchgehen, den Programmfluss unseres Tests beeinflussen zu können. Robot Framework bietet zwar zum Zeitpunkt der Drucklegung dieses Buches die Möglichkeit, IF/ELSE-Anweisungen oder FOR-Schleifen zu spezifizieren, allerdings hat diese Funktion unserer Meinung nach absolut nichts in einem Test verloren. Sie dient dazu, die Keywords flexibler zu gestalten.

FOR-Schleifen erlauben es, Teile der Spezifikation mit einer gewissen Anzahl von Wiederholungen auszuführen. In dem Beispiel in Abbildung 7-8 iterieren wir über die Liste `@{artikel_liste}` und rufen für jeden Artikel in der Variablen das Keyword **`Artikel In Warenkorb Legen`** auf. Das `@` als Vorzeichen bei dieser Variablen bedeutet, dass diese Liste nicht als einzelne Variable angesehen wird, sondern entpackt wird und die Menge aller Artikel darstellt. Ein technisches Detail, was wir hier einfach so hinnehmen sollten.

```
*** Keywords ***
Artikelliste Dem Warenkorb Hinzufügen
    [Arguments]    @{artikel_liste}
    FOR    ${artikel}    IN    @{artikel_liste}
        Artikel Suchen    ${artikel}
        Artikel In Warenkorb Legen    ${artikel}
    END
```

Abb. 7-8
FOR-Schleife

Bei der FOR-Schleife sehen wir nun, dass solche Blöcke innerhalb eines Keywords durch ein END abgeschlossen werden. Die Einrückung ist hier nur eine Verschönerung und hat keinen syntaktischen Nutzen. In einer FOR-Schleife können auch weitere Schleifen und beliebig viele Keyword-Aufrufe genutzt werden. Das macht natürlich die Spezifikation absolut nicht lesbarer und man sollte diese Möglichkeiten mit Augenmaß nutzen, denn »weniger ist mehr«.

Selbst ohne weitere Verschachtelung wird sehr deutlich, dass solche Fähigkeiten, wie Schleifen, Variablen oder bedingte Anweisungen, immer zulasten der Lesbarkeit gehen und die Spezifikation schnell sehr wie Sourcecode aussehen lassen. Deswegen würden wir Keyword-Driven Testing auch nicht als »No-Code«-Technik, sondern als »Low-Code« bezeichnen.

Bedingte Ausführungen, auch IF-Anweisungen genannt, sind ein weiteres sehr mächtiges Mittel in Robot Framework, um auf das Testobjekt oder die Umgebung zu reagieren. Sparsam eingesetzt ist es ein sehr gutes Mittel, die Testspezifikation flexibel und effizient zu gestalten. Nehmen wir das folgende Szenario an:

»Wir wollen sicherstellen, dass ein bestimmter Benutzer angemeldet ist und, falls ein anderer Benutzer angemeldet ist, soll dieser abgemeldet werden und der gewünschte Benutzer soll angemeldet werden.«
Das Keyword könnte wie in Abbildung 7-9 aussehen.

Abb. 7-9 *Keyword Benutzer-Anmeldung*

```
*** Keywords ***
Anmeldung Des Benutzers Sicherstellen
    [Arguments]    ${benutzer}    ${passwort}
    ${angemeldet}=    Anmeldestatus Lesen
    IF    ${angemeldet}
         ${name}=    Benutzername Lesen
         IF    "${name}" == "${benutzer}"
             RETURN
         END
         Benutzer Abmelden
    END
    Benutzer Anmelden    ${benutzer}    ${passwort}
```

Robot Framework hat an einigen Stellen die Möglichkeit, sogenannte »Conditions« (Bedingungen) zu evaluieren. Diese Conditions, die hier hinter dem `IF` stehen, werden als Python-Code interpretiert. Aus diesem Grund sind hier die Anführungszeichen notwendig. An dieser Stelle kann man zu Recht argumentieren, dass so etwas nicht in die Schicht der Keywords gehört und dass solche Logik in der Implementierung, also im Code, umgesetzt werden sollte. Das stimmt zwar in vielen Fällen und man sollte sich jedes Mal überlegen, ob die Schleife oder die bedingte Ausführung an einer Stelle wirklich sinnvoll ist, aber manchmal sind sie wirklich extrem hilfreich.

Nehmen wir den Fall an, dass wir je nach Aufruf des Keywords **Shopseite Öffnen** einen Cookie-Banner einfach wegklicken wollen oder, falls wir den Cookie-Banner testen müssen, ihn eben stehen lassen. Das in Abbildung 7-10 gezeigte Keyword bestätigt den Cookie-Banner, falls das Argument `${accept_cookies}` nicht auf *False* gesetzt wurde. Dafür müssen wir nicht in Python-Programmierung abtauchen.

```
*** Keywords ***
Shopseite Öffnen
    [Arguments]    ${accept_cookies}=True
    Go To    https://shop.keyword-driven.de
    ${cookie_banner}=    Get Element Count
    ...    id=cookie-banner
    IF    ${accept_cookies} and ${cookie_banner}
        Click    id=banner_accept
    END
```

Abb. 7-10
Keyword Shopseite Öffnen

7.1.6 Python-Keywords

Es gibt zwar für Robot Framework eine beeindruckende Zahl fertig implementierter Keyword-Bibliotheken, aber immer wieder kommt es vor, dass man entweder die Anbindung einzelner Funktionen oder ganzer Schnittstellen des Testobjektes selbst entwickeln muss. Die einfachste Möglichkeit ist es, ein Python-Modul zu schreiben und darin die Keywords zu implementieren.

Nehmen wir als Beispiel an, dass wir eine Zwei-Faktor-Authentifizierung im Test benötigen. Die Entwicklung hat uns ein HTTP-API zur Verfügung gestellt, über das wir uns zu einem Benutzer einen 30 Sekunden lang gültigen Schlüssel holen können. Auch wenn dies mittels der Robot Framework RequestsLibrary möglich wäre, haben solche Implementierungen in der Testspezifikation unserer Meinung nach eigentlich nichts zu suchen.

Wir würden in diesem Fall ein Python-Modul `ZweiterFaktor.py` mit dem Inhalt wie in Abbildung 7-11 erstellen.

Jede Python-Funktion, die nicht mit einem _ (Unterstrich) beginnt, ist ein Keyword. Wir haben hier also eine Library namens »ZweiterFaktor« mit einem einzelnen Keyword **`Zweiten Faktor Holen`**. Robot Framework ersetzt bei Übergang von Python zur Keyword-Ebene die Unterstriche mit Leerzeichen und lässt jedes Wort mit einem Großbuchstaben anfangen. Keyword Libraries können auch objektorientiert in Klassen entwickelt werden, womit wir uns hier jedoch nicht beschäftigen wollen.

Das nun erstellte Keyword können wir in unseren Testsuiten (Abbildung 7-12) oder Resource Files verwenden, indem wir es mit dem **`Library`**-Befehl importieren. Die Python-Module können entweder unter Angabe des Pfades oder, falls sie im Suchpfad des Interpreters liegen, einfach über den Namen importiert werden.

```
import requests as r
from robot.api import SkipExecution

SERVER = 'https://otp.srv_de_01.dev.local'
BASE = "rest/api/3"
TOKEN = "110c346f20f8e0c117a047ba889bc38f40"
AUTH = {"Authorization": f"access_token {TOKEN}"}

def zweiten_faktor_holen(user_name: str) -> str:
  """Gibt einen 30 Sek. gueltigen Login Token."""
  user_id = _get_user_id_by_name(user_name)
  resp = r.get(
    f"{SERVER}/{BASE}/Tokens/{user_id}/otp",
    headers=AUTH,
  )
  if resp.status_code != r.codes.ok:
    raise SkipExecution(
      f"Fehler 2.Faktor: \n"
      f"{resp.status_code} : {resp.text}"
    )
  return resp.text

def _get_user_id_by_name(user_name: str) -> str:
  resp = r.get(
    f"{SERVER}/{BASE}/Users/{user_name}/userID",
    headers=AUTH,
  )
  if resp.status_code != r.codes.ok:
    raise SkipExecution(
      f"Get Username: \n"
      f"{resp.status_code} : {resp.text}"
    )
  return resp.text
```

Abb. 7-11 *Zwei-Faktor-Authentifizierung als Python-Keyword*

Bei der Verwendung in der Spezifikation von Keywords oder Testfällen gibt es kaum einen Unterschied zwischen Keywords aus einer Library und Keywords aus einem Resource File. Bei der Durchführung macht das schon einen Unterschied, da im Testbericht nur die Keywords bis zur Library-Ebene protokolliert werden.

```
*** Settings ***
#Library    ../ZweiterFaktor.py  #relativer Pfad
Library     ZweiterFaktor        #liegt im PATH
Resource    MeineKeywords.resource

*** Keywords ***
Benutzer Anmelden
    [Arguments]    ${benutzer}    ${passwort}
    Benutzername Setzen      ${benutzer}
    Passwort Setzen          ${passwort}
    Anmelden Klicken
    Zweiten Faktor Setzen    ${benutzer}
    Weiter Klicken


Zweiten Faktor Setzen
    [Arguments]    ${benutzer}
    ${token}=  Zweiten Faktor Holen  ${benutzer}
    Token eingeben    ${token}
```

Abb. 7-12
Nutzung Python-Keyword im Robot Framework

7.1.7 Behavior-Driven Testing

Wie schon zuvor erwähnt, kann Robot Framework auch BDT-Spezifikationen im »Gherkin Style« verarbeiten. Hierfür sind zwei Dinge notwendig: Einerseits müssen die Präfixe **Angenommen**, **Wenn**, **Dann**, **Und** und **Aber** ignoriert werden können, andererseits muss das Framework sogenannte »Embedded Arguments« unterstützen.

Embedded Arguments sind im Gegensatz zu normalen Argumenten nicht dem Keyword nachgestellt, sondern in den Keyword-Namen eingebettet.

Keyword-Driven Testing und Gherkin können gemischt werden. Das würden wir aber nur in getrennten Schichten empfehlen. So könnten die Tests in Gherkin geschrieben und die Gherkin-Keywords durch normale Keywords implementiert sein. Ein Beispiel dazu zeigt Abbildung 7-13.

Natürlich sind in der Realität die Anwendungsfälle komplexer und die Sätze durchaus auch länger. Leider ist der Platz in einem Buch doch etwas eingeschränkt und so müssen wir uns etwas kürzer fassen.

Abb. 7-13
Behavior-Driven Testing im Robot Framework

```
*** Settings ***
Resource     MeineKeywords.resource
Test Teardown    CarConfig Beenden

*** Test Cases ***
Erfolgreiche Anmeldung
    Angenommen der CarConfig ist geöffnet
    Wenn der Benutzer 'admin' gesetzt wird
    Und das Passwort '123456' gesetzt wird
    Und der Login ausgeführt wird
    Dann soll der Login erfolgreich sein

*** Keywords ***
der CarConfig ist geöffnet
    CarConfig Öffnen

der Benutzer '${benutzer}' gesetzt wird
    Benutzername Setzen    ${benutzer}

das Passwort '${password}' gesetzt wird
    Passwort Setzen    ${passwort}

der Login ausgeführt wird
    Anmelden Klicken

soll der Login erfolgreich sein
    Anmeldung Prüfen
```

7.1.8 Durchführung

Robot Framework wird, wie zu Beginn bereits erwähnt, durch den Aufruf des `robot`-Befehls unter Angabe der auszuführenden Testsuiten gestartet. Dies kann manuell geschehen, über den Editor oder in der Praxis hauptsächlich durch das Continuous Integration System.

In Abbildung 7-14 sind die Ausgaben von Robot Framework nach einer erfolgreichen Durchführung zu sehen. Abbildung 7-15 zeigt dagegen einen fehlgeschlagenen Testfall und zusätzlich die Ausgabe einer Erweiterung für Robot Framework: RobotStackTracer ist ein »Listener«, ein Python-Modul, der sich in die Durchführung einkoppelt. Im Falle eines Fehlers generiert er erweiterte Konsolenausgaben, um die Stellen in der Testspezifikation zu benennen, an denen der Fehler aufgetreten ist.

```
> robot --outputdir logs --xunit xunit.xml Buch/LoginTests.robot
==============================================================================
LoginTests
==============================================================================
Erfolgreiche Anmeldung                                                | PASS |
------------------------------------------------------------------------------
Abgewiesene Anmeldung                                                 | PASS |
------------------------------------------------------------------------------
LoginTests                                                            | PASS |
2 tests, 2 passed, 0 failed
==============================================================================
Output:  /Source/RF-Schulung/02_RobotFiles/logs/output.xml
XUnit:   /Source/RF-Schulung/02_RobotFiles/logs/xunit.xml
Log:     /Source/RF-Schulung/02_RobotFiles/logs/log.html
Report:  /Source/RF-Schulung/02_RobotFiles/logs/report.html
```

Abb. 7-14
Kommandozeile Robot Framework – Erfolgreich

```
> robot -d logs --listener RobotStackTracer Buch/LoginTests.robot
==============================================================================
LoginTests
==============================================================================
Erfolgreiche Anmeldung                                                | PASS |
------------------------------------------------------------------------------
Abgewiesene Anmeldung                                                 ..
  Traceback (most recent call last):
    ~~~~~~~~~~~~~~~~~~~~~~~~~~~~~~~~~~~~~~~~~~~~~~~~~~~~~~~~~~~~~~~~~~~~~~~~~~
    File  /Source/RF-Schulung/02_RobotFiles/Buch/LoginTests.robot:12
    T:  Abgewiesene Anmeldung
    ~~~~~~~~~~~~~~~~~~~~~~~~~~~~~~~~~~~~~~~~~~~~~~~~~~~~~~~~~~~~~~~~~~~~~~~~~~
    File  /Source/RF-Schulung/02_RobotFiles/Buch/LoginTests.robot:16
      Abgewiesene Anmeldung Prüfen
    ~~~~~~~~~~~~~~~~~~~~~~~~~~~~~~~~~~~~~~~~~~~~~~~~~~~~~~~~~~~~~~~~~~~~~~~~~~
    File  /Source/RF-Schulung/02_RobotFiles/Buch/MeineKeywords.resource:38
      Get Text    simple-snack-bar    ==    Passwort falsch!
------------------------------------------------------------------------------
Abgewiesene Anmeldung                                                 | FAIL |
Text 'Password incorrect.' (str) should be 'Passwort falsch!' (str)
------------------------------------------------------------------------------
LoginTests                                                            | FAIL |
2 tests, 1 passed, 1 failed
==============================================================================
Output:  /Source/RF-Schulung/02_RobotFiles/logs/output.xml
Log:     /Source/RF-Schulung/02_RobotFiles/logs/log.html
Report:  /Source/RF-Schulung/02_RobotFiles/logs/report.html
```

Abb. 7-15
Kommandozeile Robot Framework – Fehlschlag

Das `log.html` in Abbildung 7-16 zeigt die entsprechenden Details inklusive der Fehlermeldung und aufklappbaren Keywords.

Die Durchführung der Tests kann sehr flexibel parametriert werden. So können Filter angewendet werden, um nur eine Teilmenge der spezifizierten Tests auszuführen, beispielsweise nur die mit dem Tag `smoke` markierten Testfälle. Dadurch lassen sich sehr lang laufende Testsuiten mit sehr vielen Tests, nach Prioritäten sortiert, in mehreren Teilen ausführen. Auch die ausschließliche Durchführung der fehlgeschlagenen Testfälle eines vorherigen Laufs ist möglich.

Jede dieser Durchführungen generiert eine eigene `output.xml`, die aber nach Durchführung aller Teilmengen mittels Rebot zu einem gemeinsamen Protokoll zusammengeführt werden können.

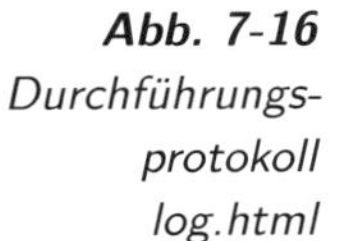

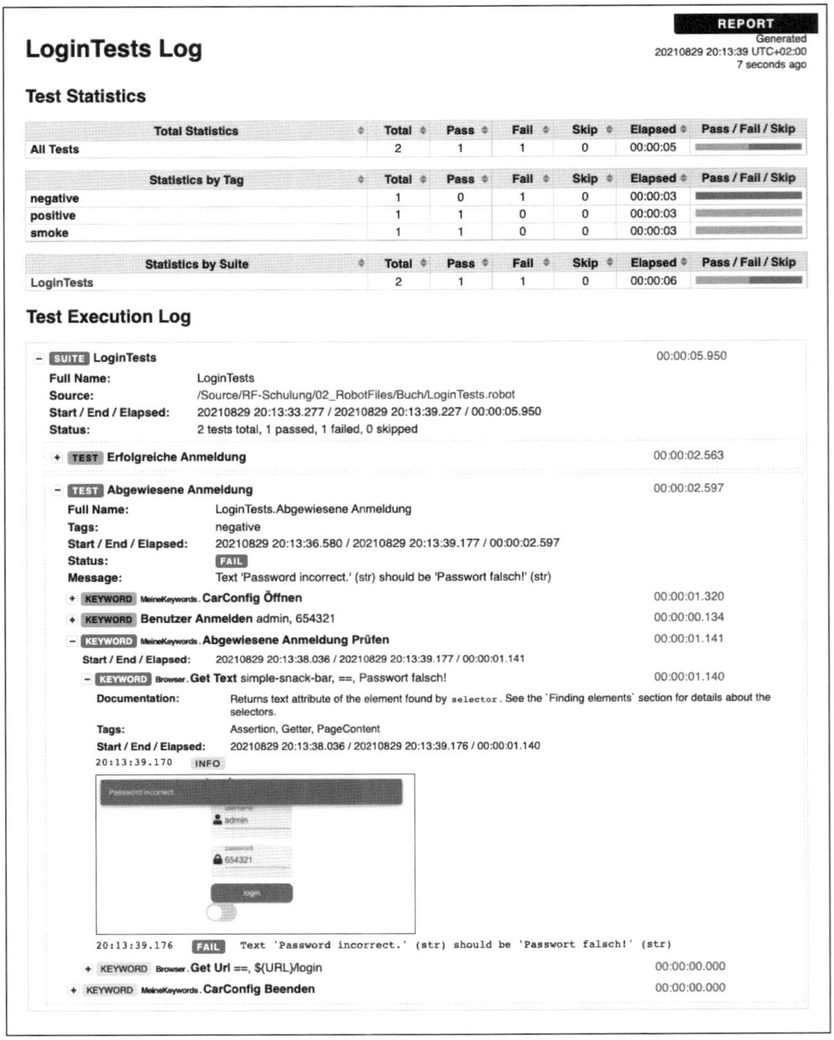

Abb. 7-16
Durchführungsprotokoll log.html

7.2 Praxisbeispiel

Wir werden nun anhand eines Beispiels darstellen, wie Robot Framework und Keyword-Driven Testing in der Praxis eingeführt werden können. Wir zeigen, welche Entscheidungen bezüglich der verwendeten Zusatzkomponenten, wie CI-Systeme, Ordnerstrukturen, Namenskonventionen, Zuständigkeiten und der Keyword Layer, getroffen wurden, und warum. Mögliche Ähnlichkeiten mit einem echten Fall sind natürlich rein zufällig ... Die von uns hier vorgestellte Situation ist keine Seltenheit, wir sehen das häufiger. Also: Jede einzelne Entscheidung und deren Begründung entstammt der Realität.

7.2.1 Webautomatisierung und Ablösung von Selenium

In diesem Kundenprojekt wurden wir initial damit beauftragt, eine Evaluierung durchzuführen, ob Robot Framework ein valider Ersatz für die bestehende Java- und Selenium-basierte Testautomatisierung sei. Keyword-Driven Testing und Robot Framework waren einigen Testerinnen bereits ein Begriff, da sie an der Vortragsreihe »Trends-in-Testing« teilgenommen hatten, auf der wir Vorträge zu den beiden Themen gehalten hatten.

Vor der Umstellung wurde auf Ebene der Systemtestautomatisierung als Automatisierungsframework JUnit eingesetzt.[2] Die Testspezifikationen waren also Java-Klassen, die mehrere Funktionen enthalten konnten. Funktionen, die mit `@Test` markiert wurden, werden dort als Testfälle angesehen. Die Automatisierer hatten sich von Beginn an bemüht, den Java-Code möglichst einfach und lesbar zu gestalten. So waren die Funktionsnamen recht sprechend und wenn die Automatisierer mehrere technische Schritte gruppiert hatten, hatten sie diesen Testfunktionen auch sprechende Namen gegeben.

Das Problem bestand nun darin, dass das Testobjekt einen Technologiewandel vollzog und somit die Automatisierer mit der gewählten Technologie »Selenium« zunehmend größere Probleme bekamen. Die Frontend-Technologie des Testobjektes, einer öffentlichen Internetplattform, wurde geändert und es wurden Web-Components (Shadow DOM) eingeführt. Was das genau ist, tut hier nichts zur Sache. Es sei nur so viel dazu gesagt, dass es eine neue Art war, wie Komponenten in Webseiten eingebettet und wiederverwendet werden. Das Problem daran war nicht die neue Technik, sondern, dass die Automatisierungstechnologie damit nicht gut zurechtkam. Selenium war, gelinde gesagt, einfach nicht gut dafür geeignet, mit diesen Webelementen umzugehen, und es entstand ein erheblicher Mehraufwand, neue Tests zu entwickeln. Außerdem waren die Tests zunehmend instabil und aufgrund von asynchronem Seitenaufbau schlugen Tests wegen auftretender Timing-Probleme immer mal wieder fehl, ohne dass wirklich ein Fehler im Testobjekt bestand.

Nun ist es ja häufig so, dass ein Tropfen das Fass überlaufen lässt oder ein Stein die Lawine ins Rollen bringt. Ausgelöst durch die Suche nach einer Lösung für die Probleme oder einem adäquaten Ersatz für Selenium kamen nun immer mehr und mehr Schwachstellen der vorhandenen Automatisierungslösung ans Licht.

---

[2] Nichts gegen JUnit. JUnit ist wunderbar. Aber dieses Komponententestframework ist wirklich nicht für Systemtests ausgelegt!

Anfangs war es unser Auftrag, die Automatisierung für Shadow-DOM fit zu machen. Schnell wurde jedoch klar, dass wir hier eher ein alterschwaches Pferd für sein letztes Rennen »fitspritzen« würden.

Welche Probleme wurden durch unsere Analysen und die Gespräche mit den Beteiligten identifiziert:

Selenium: Nein, Selenium ist nicht schlecht. Doch es gab zum Zeitpunkt des Projektes Technologien wie Playwright von Microsoft, die von Haus aus hervorragende Unterstützung für Shadow DOM mitbrachten. Die Technologie sollte entsprechend ausgetauscht werden.

Lesbarkeitsproblem: Da die gesamte Automatisierung Java-Code war, war die Lesbarkeit für Kolleginnen aus den Fachabteilungen nur sehr begrenzt gegeben. Viele wollten sich auch deshalb nicht auf den Code einlassen, da sich über die Jahre durchaus komplexe Codestellen, wie verschachtelte Kontrollstrukturen oder verkettete Funktionsaufrufe, eingeschlichen hatten.

»Ist der Ruf erst ruiniert, lebt es sich gänzlich ungeniert.« – Diesem Motto offensichtlich folgend hatten die Automatisierer, als sie feststellten, dass die Kolleginnen sich den Code eh nicht anschauen wollten, die Qualität bzw. Einfachheit auch weiter schleifen lassen.

Fehlende Trennung der Schichten: Die Automatisierer hatten nie einen Plan gemacht, wie die Architektur aussehen sollte, wenn es mal Hunderte oder Tausende Tests sein sollten. Über so etwas wie ein Layer-Konzept wurde anfangs nie gesprochen. Dies führte dazu, dass in sehr vielen Fällen direkt im Test technologische Funktionen aufgerufen wurden und beispielsweise Selektoren und Selenium-Funktionen direkt verwendet wurden. Aufrufe wie in Abbildung 7-17 waren leider keine Seltenheit. Aus diesem Grund war ein Austausch der Technologie Selenium durch Playwright gleichzusetzen mit einer vollständigen Neuimplementierung aller Tests. Diese Erkenntnis führte schlussendlich zur Entscheidung, die Automatisierung komplett neu zu denken.

Abb. 7-17
Selenium-Code

```
WebDriver browser = new ChromeDriver();
browser.get("https://www.example.com");
browser.findElement(By.cssSelector(
  "input.srchbox[placeholder='Suchen']"
)).sendKeys("123456");
```

Mangelnde Protokollierung: Im Falle eines Fehlschlages wurde zwar der fehlschlagende Test mit der entsprechenden Fehlermeldung bzw. Exception in ein Protokoll geschrieben, das auch im Jenkins CI zu sehen war und statistisch erfasst wurde. Eine verständliche Dokumentation, was getestet wurde, war aber nicht vorhanden.

Es gab also in Kombination mit dem schlecht lesbaren Code keine Möglichkeit, nachzuvollziehen, was tatsächlich getestet wurde und wo Lücken bestanden. Dies führte uns zu unserem nächsten Problem.

Fehlende Akzeptanz: Die Akzeptanz der Automatisierung war immer weiter geschwunden. Die Entwicklerinnen achteten nicht mehr auf die Ergebnisse, da viele Tests einfach so ab und an fehlschlugen. Die Product Owner und Testerinnen, die für die Abnahmen zuständig waren, vertrauten nicht auf die Tests, da sie nicht verstanden, was getestet wurde. Entsprechend testeten sie vieles erneut manuell.

Ein Vertrauensverlust in die Automatisierung ist ein oft extrem unterschätztes Problem. Ohne Vertrauen der partizipierenden Teams ist eine effiziente Automatisierung kaum möglich.

Kommunikationsdefizite: Da die Testerinnen die Automatisierung nicht verstanden und die Automatisierer keinen Zugriff auf die manuellen Tests der Fachtesterinnen hatten, gab es eigentlich keinerlei Austausch zwischen den Automatisierern der Entwicklungsteams und den Testdesignern des Abnahmetests. Das war den Teams sogar bewusst – sie sahen aber angesichts der hohen Arbeitslast keinen Spielraum, daran etwas zu ändern.

Wir könnten hier noch weitere Schwierigkeiten aufführen, aber für einen Eindruck der Situation dürften die genannten Punkte reichen.

Aufgrund der zu starken Verstrickung von Testspezifikation und auszutauschender Technologie war eine Modernisierung eigentlich ausgeschlossen. Also wurde entschieden, die Automatisierung nicht mehr weiterzuentwickeln, sondern mit Keyword-Driven Testing neu zu beginnen.

Da im Nachbarteam ein REST-API entwickelt wurde und Testkomponenten aus diesem Team teilweise im Webfrontend-Team wiederverwendet werden konnten, wurde das zweite Team mit in die Einführung von Robot Framework eingebunden. Weil das Team am Anfang der Entwicklung dieses Testobjektes stand, war ihnen das sehr recht.

7.2.2 Werkzeugkasten

Robot Framework

Eine der Voraussetzung seitens der Entwicklungsleitung war, dass möglichst auf Open Source Tools gesetzt werden sollte. Wie erwähnt war Robot Framework bereits in der engeren Wahl. Alternativen mit Behavior-Driven Testing wurden relativ schnell durch die Teammitglieder aussortiert. Keyword-Driven Testing sollte es definitiv sein und somit war recht schnell klar, dass Robot Framework genutzt werden sollte.

RF-Browser

Zur Evaluierung der von uns empfohlenen Technologie Playwright, die in der Bibliothek »Robot Framework Browser« verwendet wird, wurden drei eher komplexe Testfälle ausgewählt (hardest first) und im Pair Programming mit den Automatisierern des Teams umgesetzt. Wie erwartet konnte die neue Technologie gut mit dem verwendeten Shadow DOM umgehen und entsprechend überzeugen.

VS Code & RobotCode

Als Editor wurde Visual Studio Code zunächst mit der Erweiterung Robot Framework Language Server eingesetzt. Mittlerweile wurde diese durch RobotCode, der von einem unserer Kollegen entwickelt wurde, abgelöst.

GitLab

Als Versionskontrolle wurde das von der Entwicklung eingesetzte Git in Verbindung mit GitLab genutzt. Es wurde entschieden, den Testcode nicht in demselben Git-Repository wie den Entwicklungscode zu verwalten, da die Fachtesterinnen unabhängig von der Entwicklung arbeiten wollten.

RoboCop

Sowohl in dem Editor als auch im Konfigurationsmanagement mit GitLab wurde RoboCop, ein Linter für RF-Skripte, verwendet. Mithilfe dieses Tools können Programmierkonventionen definiert und statisch überprüft werden. So meldet RoboCop beispielsweise einen Fehler, wenn vergessen wurde, für ein Keyword eine inhaltliche Beschreibung zu definieren. Natürlich kann ein Linter nicht bewerten, wie gut eine Dokumentation ist, aber alleine die Tatsache, dass alle Beteiligten dazu genötigt werden, sie zu schreiben, hilft ungemein, die Qualität zu steigern. Ähnliche Tools gibt es auch für den Python-Code der Bibliotheken. Es ist einfach eine gute Idee, sich selbst bei der Qualitätskontrolle der eigenen Testspezifikation so viel wie möglich vom Computer abnehmen zu lassen.

Eigene Bibliotheken

Die Automatisierer waren nicht nur dafür zuständig, die technischen Keywords aus den technologischen Library-Keywords der Browser-Bibliothek mit den entsprechenden Selektoren zu erstellen, sondern entwarfen auch verschiedene in Python implementierte Hilfsbibliotheken, die sich beispielsweise darum kümmerten, TANs für die zu testenden Transaktionen aus E-Mails zu lesen. Eine weitere von uns beigesteuerte Bibliothek sorgte dafür, relative Datums- und Zeitwerte bezogen auf den aktuellen Zeitpunkt zu generieren. Diese Bibliotheken wurden jeweils eigenständig versioniert und hatten eigene Releasezyklen.

Dokumentation

Die jeweilige Keyword-Dokumentation, die im HTML-Format mit Libdoc erzeugt wurde, wurde auf der GitLab-Seite der Bibliothek bereitgestellt und nach Confluence, einem Team-Wiki, synchronisiert.

Paketverwaltung mit PIP

Die Installation dieser intern entwickelten Bibliotheken sowie der genutzten Open-Source-Bibliotheken wurde mittels »pip« und vorkonfigurierten `requirements.txt`-Dateien erledigt. Eine `requirements.txt`-Datei definiert je Testprojekt, welche Python-Pakete von wo in welcher Version installiert werden sollen. Hier wurde entsprechend definiert, welche internen Bibliotheken aus dem GitLab geladen und welche externen Bibliotheken, inklusive Robot Framework selbst, zum Zeitpunkt des Tests installiert sein mussten.

Jenkins CI & Docker

Die Testausführung wurde entweder auf den Arbeitsplatzrechnern der Testerinnen, Entwicklerinnen oder Automatisierern ausgeführt oder automatisch mit jedem Build der Software auf einem Jenkins Continuous Integration System. Hier wurde im Verlauf des Projektes auf Pipelines und Docker umgestellt, da somit die Ausführung der Tests auf ganz unterschiedlichen Rechnern stattfinden konnten.

Die Testergebnisse wurden ebenfalls in Jenkins mittels eines Robot-Framework-Plug-ins angezeigt und die letzten 30 Testläufe wurden jeweils gemeinsam mit den Builds abrufbar vorgehalten.

Testdokumentation

Am Sprint-Ende wurde jeweils ein vollständiger Testlauf manuell mit dem jeweiligen Sprint-Release angestoßen. Das zugehörige Durchführungsprotokoll (`log.html`) wurde um alle unnötigen Ausgaben bereinigt und als Testdokumentation der Automatisierung gemeinsam mit der Software an die Abnahmetestteams übergeben. Diese konnten nun aufgrund der sehr verständlichen Tests klar erkennen, was bereits von den Entwicklungsteams getestet worden war, und sich entsprechend auf andere Tests konzentrieren.

Das Nachbarteam bediente sich aus demselben Werkzeugkasten. Die verwendeten Bibliotheken waren spezifisch, konnten aber auch zur Datengenerierung vom Frontend-Team verwendet werden.

Es gelang tatsächlich, vollständig auf kostenpflichtige Tools für den Test zu verzichten. Natürlich wurden in der Entwicklung bereits Plattformen wie Confluence eingesetzt, die zur Dokumentation verwendet wurden, aber alle neuen Technologien waren vollständig Open Source.

Der Community etwas zurückgeben

Hier möchten wir einen Appell an Sie richten:

Bitte nutzen Sie gerne Open-Source-Werkzeuge, aber denken Sie dabei bitte daran, wer diese vollständig kostenfreien Lösungen entwickelt und mit welchen Mitteln das geschehen ist.

Ein sehr großer Teil der Open-Source-Software ist aus reinem Enthusiasmus für die Sache entstanden. Menschen nutzen ihre Freizeit und entwickeln Lösungen, die oft besser sind als das kaufbare Angebot.

Andere Bereiche werden durch Spenden finanziert. Oder Stiftungen und Vereine finanzieren die Softwareentwicklung. Robot Framework beispielsweise wird von Firmen finanziert, die ein Interesse daran haben, dass es weiter lebt. Doch diese Firmen stellen nur ein kleinen Bruchteil der Gesamtzahl an Nutzerinnen.

Wäre es möglich – können Sie oder Ihre Firma vielleicht der Open Source Community etwas zurückgeben?

7.2.3 Keyword-Layer & Sprache

Sehen wir uns mal einen Auszug aus den Richtlinien zu Keyword-Benennung an.

Libraries auf Englisch

Die externen Bibliotheken waren natürlich alle auf Englisch verfasst worden. An den Namen war also nichts mehr zu ändern. Da aber auch die Entwicklung auf Englisch gearbeitet hatte, einigte man sich darauf, alle Low-Level Keywords, die in diesem Fall ja grundsätzlich in Python entwickelt wurden, in englischer Sprache und im Imperativ zu formulieren.

Keywords auf Deutsch

Alle Keywords in Robot Framework wurden im Frontend-Team auf Deutsch und im Infinitiv formuliert. Die Gründe waren einerseits, dass die Projektsprache Deutsch und die Anforderungen auf Deutsch waren und andererseits, dass nicht alle Testerinnen ausreichende Englischkenntnisse besaßen.

Die Anforderungssprache war aber nicht der ausschlaggebende Grund. Ganz natürlich wurden dieselben Begrifflichkeiten verwendet und so konnten die Tests sogar von den Kunden mit ihrer fachlichen Orientierung verstanden werden. Weitere Richtlinien waren einige der in diesem Buch beschriebenen Best Practices, wie unter anderem »immer ein Verb«, »nicht mehr als sechs Wörter« und »Keyword-Dokumentation ist Pflicht«.

Drei Layer

Beim Layer-Konzept einigte man sich auf ein flexibles Drei-Schichten-Modell. »Flexibel« war das Modell insofern, als auch manchmal zwei oder vier Schichten vorhanden waren. Man muss es ja auch nicht übertreiben ...

Low-Level Keywords

Die Low-Level Keywords waren meistens technologische Keywords. Ausnahmen von dieser Regel gab es bei den selbst geschriebenen Bibliotheken. Beispielsweise wurde die Bibliothek zur Nutzung von TANs und die Bibliothek zur Erzeugung von Testdaten bereits technisch formuliert. Keyword-Namen waren beispielsweise **`TAN Holen`**, **`TAN Eingeben`** und **`IBAN Generieren`** oder **`BIC Aus IBAN Erzeugen`**.

Low-Level Keywords durften nie in Tests verwendet werden. Aufgrund der möglichen Änderung sowohl von extern entwickelten als auch der internen Bibliotheken wurde darauf bestanden, dass es immer eine Wartungsebene geben muss. Wird beispielsweise ein Python-Keyword einer externen Bibliothek von den Entwicklerinnen auf »DEPRECATED« (abgekündigt) gesetzt, so haben wir die Möglichkeit, ein oder wenige unserer eigenen Keywords anzupassen, die dieses Keyword nutzen, ohne an der Testspezifikation etwas ändern zu müssen.

Tests fachlich beschrieben

Grundsätzlich galt, dass Tests immer fachlich beschrieben werden mussten. Da Absolutismen fast immer falsch sind, gab es natürlich die Möglichkeit der Ausnahme. Wenn es begründbar war, durften also auch technische Keywords verwendet werden. Aber es wurde klar kommuniziert, dass diese Ausnahme begründet sein musste und viel wichtiger: Es wurde auch kontrolliert.

Kontrolle ist besser.

Vertrauen ist gut, aber was nützen uns Regeln, wenn niemand die Einhaltung kontrolliert. In den Teams wurde grundsätzlich auf Eigenverantwortung gesetzt, aber es gab sogenannte »Themenpaten«. Ein Themenpate hatte die Aufgabe, gewisse Abmachungen zu kommunizieren und wenn nötig auch mal zu kontrollieren oder deren Einhaltung zu forcieren. So gab es unter den Automatisierern eine Themenpatin für die Selektoren. Ja, auch hier kann man mit gutem Grund Regeln oder Best Practices definieren. Diese Kollegin war einerseits dafür da, den anderen bei der Erstellung guter Selektoren zu helfen und neue Kollegen einzuarbeiten. Sie hatte aber eben auch ein Mandat, im Notfall einem Kollegen sagen zu dürfen, dass er bitte seine Selektoren bereinigen und sie an einer zentralen Stelle verwalten solle.

Gleiches gab es auch für Keywords oder Testspezifikation. Jetzt könnte man meinen, dass das eine doch das andere bedingt und somit identisch ist. Ja, sie sind verwandt, jedoch achtete der Themenpate für die Testspezifikation mehr darauf, ob der Test in sich konsistent und verständlich war und weniger darauf, ob die Keywords in den richtigen Orten abgelegt wurden und alle eine verständliche Dokumentation besaßen.

Wichtig war von Anfang an, dass wir keine Polizisten, sondern Trainer und Mentoren im Team haben wollten. Zu Beginn haben wir als Berater natürlich mehrere dieser Rollen besetzt, doch unser Ziel war es, diese möglichst schnell an die Teammitglieder abzugeben, die dafür geeignet waren.

7.2.4 Endergebnis

Greifen wir noch mal die anfänglichen Probleme auf und validieren, ob dieses Team mit der Umstellung eine Verbesserung schaffen konnte. Zum Zeitpunkt, da wir dies hier schreiben, nutzt das Team Robot Framework seit einem Jahr und ist sehr glücklich damit.

Selenium: Obwohl die »Robot Framework Browser«-Bibliothek zum Zeitpunkt der Einführung gerade mal einen Monat in Version 1.0 freigegeben war, war die Umstellung ein absoluter Erfolg. Auch ein Jahr später ist keine andere Technologie in der Lage, so gut mit den verwendeten Shadow DOM umzugehen.

Lesbarkeitsproblem: Obwohl die ursprüngliche Idee war, dass die Abnahmetesterinnen die Tests »nur« lesen und verstehen sollten, gibt es immer mehr Input von dem Abnahmeteam und der Wunsch wurde stark, selbst Tests zu spezifizieren.

Fehlende Trennung der Schichten: Die Spezifikation ist nun vollständig von der Implementierung entkoppelt und ein erneuter Austausch der Technologie wäre ohne größere Probleme gut zu bewerkstelligen.

Die Spezifikation enthält so gut wie keine technologischen Informationen mehr und es ist bereits vorgekommen, dass ein Keyword abgekündigt wurde und der Umbau auf den Nachfolger nur zwei Änderungen in den technischen Keywords bedurfte.

Mangelnde Protokollierung: Hier sind nun eigentlich wirklich keine Wünsche mehr offen. Die Product Owner können die Tests lesen, die Fachabteilungen bekommen eine vollständige Beschreibung der gelaufenen Tests, inklusive der aufgerufenen Schritte und der verwendeten Daten.

Wo früher nur der Name des Tests zu lesen war, kann jetzt bis auf Schrittebene überprüft werden, was passiert ist.

Bei den Frontend-Tests wird bei jedem Fehler ein Screenshot erzeugt und im Protokoll eingebettet und wenn gewünscht läuft eine Videoaufzeichnung des Browsers mit. Im Falle eines Fehlers können so sogar die Reihenfolgen im Seitenaufbau der Webseite überprüft werden.

Fehlende Akzeptanz: Die Akzeptanz ist bei diesen Teams, zu unserer Freude, hervorragend. Die Abnahmetesterinnen würden sich zwar eine vollständig skriptfreie Automatisierung wünschen, aber sie akzeptieren die derzeitige Lösung.

Die Entwicklerinnen haben aufgrund der guten Stabilität ein hohes Vertrauen in die Tests gewonnen. Obwohl zu Beginn noch erhebliche Vorbehalte gegen Robot Framework aus den Reihen der Frontend-Entwicklerinnen kamen, da es ja Python-basiert ist und man ja auch Playwright direkt aus JavaScript in Verbindung mit Mocha hätte nutzen können, sind sie nun wirkliche Freundinnen des Frameworks geworden.

Die Vielseitigkeit und Transparenz hat dann doch überzeugt.

Kommunikationsdefizite: Die Kommunikation der Automatisierungsinhalte ist erheblich verbessert worden. Die Fachtesterinnen mussten natürlich lernen, die Durchführungsprotokolle zu bedienen, aber das ging sehr schnell. Natürlich ist auch das auf beiden Seiten ein Lernprozess.

Zum Zeitpunkt der Drucklegung dieses Buches läuft ein Pilotversuch, in dem die Testerinnen der Fachabteilungen bereits in VS Code fachliche Abnahmetests schreiben und die Testerinnen in den Entwicklungsteams diese Fachspezifikationen für die eigentliche Testautomatisierung nutzen.

Wenn wir das eben Geschriebene erneut lesen, kommt uns der Gedanke, dass fast alles, was wir hier an Verbesserungen beobachten konnten, sich auf die Formel »bessere Lesbarkeit« und »Dokumentation« oder noch mehr »verbesserte Kommunikation« herunterbrechen lässt.

Und so ist es auch, und das ist nicht überraschend: Bei Keyword-Driven Testing geht es um Sprache und Kommunikation. Das findet auf verschiedenen Ebenen statt. Das Praxisbeispiel belegt, was auch unsere Überzeugung ist – dass Keyword-Driven Testing nämlich genau hier hilft.

8 Brückenschlag

In diesem Kapitel schlagen wir die Brücke zu anderen Praktiken wie Test-Driven, Behavior-Driven oder Acceptance Test-Driven Development.

Wir beginnen dabei mit dem Thema Teststufen. Denn die Frage ist berechtigt, wo Keyword-Driven Testing am besten einzusetzen ist – und in den danach betrachteten Ansätzen steht meist eine Teststufe im Fokus.

Einige dieser Ansätze werden hin und wieder als konkurrierend zu Keyword-Driven Testing empfunden. Das sehen wir anders; aus unserer Sicht haben all diese Konzepte ihren Platz. Manches lässt sich ganz hervorragend kombinieren!

Wir schließen das Kapitel ab mit der Vorstellung einiger Spezialanwendungen von Keyword-Driven Testing, die mancher so vielleicht nicht damit in Verbindung gebracht hätte.

8.1 Teststufen

Gerne wird gefragt, für welche Teststufen Keyword-Driven Testing denn geeignet ist. Auf diese Frage gibt es eine zweistufige Antwort.

Der erste Teil der Antwort ist: Keyword-Driven Testing ist für jede Teststufe geeignet. Grundsätzlich ist Keyword-Driven Testing als Notation völlig unabhängig von der zugrunde liegenden Technologie, und zwar sowohl, was die Technologie des Testobjektes angeht, als auch, was die Technologie einer möglichen Automatisierung betrifft.

Technologieunabhängigkeit

Wir können also im selben Projekt Tests für unterschiedliche Teststufen mit Keywords unter Verwendung derselben Spezifikationsoberfläche spezifizieren. Eine Automatisierung ist dann mit unterschiedlichen Tools möglich, passend zur Technologie der Teststufe: ein Unit-Test-Tool für die Komponententests (Unit Tests), ein GUI-Test-Tool für die Systemtests ...

Der zweite Teil der Antwort ist: In der Praxis passiert das eher selten. Einige der Hauptvorteile von Keyword-Driven Testing spielen auf entwicklernahen Testebenen eine geringe Rolle. Einige Beispiele:

Ein Roboter oder viele

Die Unabhängigkeit von der Technologie, die im Zusammenhang von Keywords mit einer Automatisierung besteht, bedeutet nicht nur, dass man für die Automatisierung einen Automaten (Roboter) seiner Wahl verwenden kann – man kann auch *mehrere* unterschiedliche Roboter einsetzen.

Damit wird es möglich, unterschiedliche Tests über verschiedene Schnittstellen zu automatisieren oder sogar innerhalb eines Tests unterschiedliche Schnittstellen zu verwenden.

Ein Beispiel: In einem Test unseres Webshops werden einige Keywords auf dem Browser des Mobilgeräts durchgeführt (Roboter A), anschließend wird der Test auf dem Backend fortgesetzt (Roboter B).

- Gemeinsame Sprache für Fachexperten und Entwicklerinnen: Fachexperten spezifizieren meist nicht auf der Code-Ebene.
- Wartbarkeit der Automatisierung: Schnittstellen sind stabiler, das Wartungsproblem ist unterhalb der GUI-Ebene viel geringer.
- Wiederverwendung: Wiederverwendung erfolgt durch Modularisierung im Code, zudem sind die Tests auf den niedrigeren Testebenen häufig sehr spezifisch und ihre Bausteine haben geringeres Wiederverwendungspotenzial.

Das alles führt dazu, dass bei entwicklernahen Tests der zusätzliche Aufwand von Keyword-Driven Testing meistens gescheut wird, gerade weil ein Mehrwert nicht erkennbar ist. Alternativ dazu kann Behavior-Driven Testing (siehe Abschnitt 8.3) eingesetzt werden.

Anders ist es bei Systemtests oder Abnahmetests: Die anwendernahen Testschnittstellen sind oft wesentlich mehr von Änderungen betroffen und gleichzeitig ist eine Automatisierung (insbesondere anhand der GUI) wesentlich empfindlicher gegenüber Änderungen. Hier kann Keyword-Driven Testing seine Stärken ausspielen, und daher wird es hier auch bevorzugt eingesetzt.

Viele Organisationen versuchen heute, das »Shift-Left«-Prinzip umzusetzen, also möglichst viele Tests, die bisher auf einer hohen Testebene (z.B. Systemtest) durchgeführt wurden, in eine möglichst frühe Testebene zu verlagern. Damit erhält man nicht nur früher Testergebnisse, die leichter zu interpretieren sind (da der Bezug zum getesteten Code enger ist), sondern auch stabilere und leichter zu wartende Tests.

Für die verbleibenden Tests – denn nicht alles lässt sich nach »links« verschieben – ist es umso wichtiger, sich die Vorteile des Keyword-Driven Testing zunutze zu machen.

8.2 Test-Driven Development

Test-Driven Development (TDD) ist eine Entwicklungsmethode, bei der zuerst die automatisierten Tests geschrieben werden und erst anschließend gegen diese Tests Funktionen implementiert werden.

Einerseits wird hiermit verhindert, dass am Ende, wenn dann doch die Zeit knapp ist und man ja eigentlich auch schon fertig ist mit der Funktion, die automatisierten Komponenten- und Integrationstests auf morgen, also nie, geschoben werden.

Andererseits ist man aufgrund einer sehr guten Testabdeckung in der Lage, Refactorings (Verbesserungen am Code oder der Technik) immer gegen bereits funktionierende Tests zu prüfen.

TDD geht über die grundsätzliche »Test First«-Idee hinaus und fügt noch das Element des Refactorings hinzu. Kent Beck hat TDD als eine der Praktiken des agilen Entwicklungsmodells »Extreme Programming« vorgestellt [2]. TDD findet daher bislang fast ausschließlich in agilen Teams Verbreitung.

8.2.1 Vorgehensweise bei Test-Driven Development

Wie geht nun eine Entwicklerin vor, wenn sie testgetrieben entwickeln möchte?

Tests schreiben

Am Anfang werden für eine gewünschte Teilfunktion des Produktes automatisierte Tests geschrieben. Es werden in der Regel wenige Tests für einen sehr kleinen Bereich einer Funktion geschrieben, der als Nächstes entwickelt wird. Dieser Prozess wird in mehreren Iterationen durchlaufen, bis eine Funktion fertig implementiert ist. Die neuen Tests müssen von Anfang an lauffähig sein und werden im Testergebnis zunächst erwartungsgemäß »fehlschlagen«.

Funktionalität entwickeln

Nach Fertigstellung dieser wenigen Tests wird so viel Funktionalität implementiert, bis alle Tests »bestanden« sind. In diesem Schritt wird das Hauptaugenmerk auf die korrekte Funktionsweise gelegt.

Code verbessern

Im nächsten Schritt wird der Code einem Refactoring unterzogen. Neuer wie alter Code wird verbessert und duplizierte Codeteile werden reduziert. Da nun aufgrund der Tests weitestgehend sichergestellt ist, dass Änderungen am Code, die die Funktion negativ beeinflussen würden, direkt entdeckt würden, kann nun das Hauptaugenmerk auf guten und sauberen Code gelegt werden. In diesem Schritt verbessern wir den Code so lange, bis er unseren Qualitätsmerkmalen entspricht.

Dieser Schritt ist einer der wichtigsten bei TDD. Wird er weggelassen, kann der Test-First-Ansatz schnell zu funktionierendem, jedoch grauenhaftem Code führen.

Abb. 8-1 *Ablauf TDD*

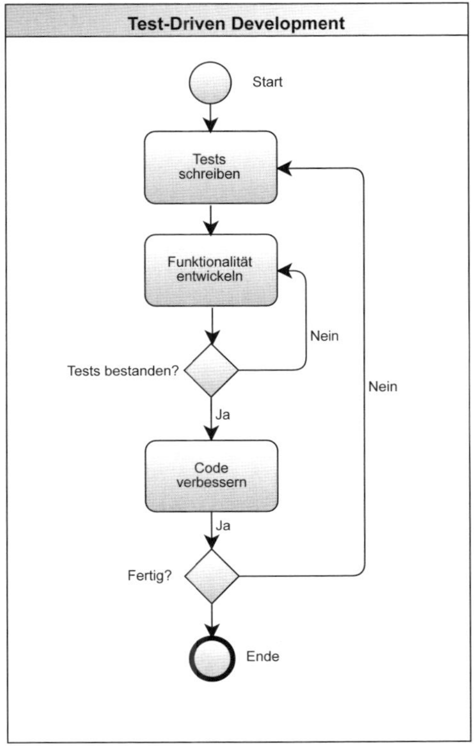

Wieder auf Anfang Sind nach dem Refactoring weiterhin alle Tests »bestanden«, wird der Prozess wieder von Neuem gestartet. Es werden neue Tests für neue Teilfunktionen geschrieben, die wiederum »fehlschlagen«. Diese Schleife wird so lange wiederholt, bis die gewünschte Gesamtfunktion fertiggestellt ist.

Test-Driven Development wird in der Regel auf Ebene der Komponententests durchgeführt. Je nach verwendetem Testframework können die Tests von Nicht-Entwicklern lesbar sein. Unserer Erfahrung nach ist das aber fast nie der Fall. Das hat auch durchaus gute und verständliche Gründe, denn man möchte die Entwicklerinnen nicht unnötig mit Testdokumentation »belasten« und setzt hauptsächlich darauf, mit möglichst geringem Aufwand ein hohes Maß an Testabdeckung zu erzielen.

Mit Blick auf die Testpyramide (siehe Abschnitt 2.5) und dem Wunsch, wenig doppelt zu testen, ist es aus der Warte einer höheren Teststufe schwierig, auf die Tests der Entwicklerinnen zu vertrauen, wenn man den Inhalt nicht verstehen kann. Die Frage, die aus Sicht der Product Owner oder Kunden gerechtfertigt ist, lautet: »Wird auf der Teststufe der Komponententests das Richtige getestet?«

Denn nur, weil das Produkt aufgrund einer hohen Testabdeckung »fehlerfrei« ist, ist es nicht notwendigerweise brauchbar oder bringt dem Kunden den erhofften Mehrwert.

Realistisch betrachtet müssen wir jedoch festhalten, dass TDD im Allgemeinen nicht einfach umsetzbar ist. Ein gesundes Maß zu finden zwischen zu geringer Testabdeckung und zu hoher Testabdeckung und daraus resultierend einer zu langsamen Entwicklungsgeschwindigkeit ist sehr schwer.

Fordert man zudem, dass alle Tests dokumentiert werden, damit sie verständlich sind, fließt noch mehr Aufwand in den Test.

Wie wir bereits wissen, ist Keyword-Driven Testing eine Möglichkeit, genau das Problem der fehlenden Transparenz zu adressieren. Manche Kritiker behaupten, dass Keyword-Driven Testing aufgrund der vielen Keyword Layer für Komponententests viel zu sperrig und zu weit weg vom zu testenden Code ist, sie vergessen dabei jedoch, dass eine vielschichtige Keyword-Struktur zwar grundsätzlich empfohlen, aber völlig optional ist. Eine Funktion einer beliebigen Programmiersprache kann bereits ein Keyword sein, das in einem Keyword-Driven Test verwendet wird. Mit einem leichtgewichtigen Keyword-Konzept ist Keyword-Driven Testing mitnichten eine Mehrbelastung für die Entwicklerinnen, sondern kann unterm Strich eine Arbeitserleichterung darstellen, da wir mit einer guten Automatisierungsarchitektur sowohl Transparenz in der Testspezifikation als auch bei der Testprotokollierung schaffen. Somit ist eine Implementierung von Keyword-Driven Testing und Test-Driven Development absolut praktikabel und wird auch bereits erfolgreich betrieben.

Sinnvoll ist es, zusätzlich in Bezug auf die Korrektheit der Tests die Anforderungen des Kunden mit diesen Tests verknüpfen zu können. Wie könnten wir es also schaffen, die Anforderungen an das Produkt bis in die Komponententeststufe herunter zu transportieren und gleichzeitig verständliche Tests zu schreiben? Behavior-Driven Development kann gerade hier eine weitere mögliche Lösung sein.

8.3 Behavior-Driven Testing

»Behavior-Driven Testing« (BDT) ist eine Testspezifikationstechnik, die auf »Behavior-Driven Development« (BDD) zurückgeht. BDD ist eine spezielle Ausprägung des »Test-Driven Development«, bei dem der Fokus auf das erwartete Verhalten des Testobjektes gelegt wird.

Auch verschmelzen die Methoden des BDD mit denen des Acceptance Test-Driven Development (ATDD) und eine trennscharfe Abgrenzung ist oft nicht möglich.

In diesem Abschnitt möchten wir nun aber auf BDT eingehen, da es einerseits immer wieder als »Konkurrenz« zu Keyword-Driven Testing genannt wird, andererseits damit auch viele Parallelen hat – hier tut offensichtlich eine Abgrenzung Not.

Wir möchten hier bereits vorausschicken, dass beide ungleichen Geschwister gute Methoden sind, die beide ihre Einsatzmöglichkeiten haben, ohne gegeneinander austauschbar zu sein.

Beim Behavior-Driven Testing werden Tests als Beispiele eines Verhaltens der Software spezifiziert. Hierfür wird meist die Beschreibungssprache Gherkin verwendet (die bekannte Formel dazu lautet »Given – When – Then«). Mit Gherkin und damit wie Tests darin aussehen, befassen wir uns in Abschnitt 8.3.2. Andere Formen von BDT, die nicht auf Gherkin basieren, gibt es zwar, sie sind aber seltener und werden hier nicht weiter behandelt.

Behavior-Driven Development ist, wie bereits erwähnt, eine Unterart des Test-Driven Development. Im Gegensatz zum klassischen Ansatz, bei dem Komponententests in einer Programmiersprache geschrieben werden, wird hier BDT verwendet, um die Tests zu spezifizieren.

Zur Abgrenzung zwischen BDD und BDT sollte erwähnt werden, dass man Behavior-Driven Testing auch dann nutzen kann, wenn die Tests erst nach der Implementierung der Funktionalität geschrieben werden. Im Allgemeinen können wir es uns ja nicht aussuchen, wie das Entwicklungsmodell aussieht. Unabhängig davon kann BDT gerade im Bereich Integrationstests und API- bzw. Schnittstellentests ein sehr mächtiges Werkzeug sein.

8.3.1 Vorteile von Behavior-Driven Testing

BDT hat gegenüber »herkömmlichen« Komponenten- und Integrationstests einen wichtigen Vorteil. Die Tests werden in menschlicher Sprache geschrieben und sind dadurch für Fachtesterinnen und andere Stakeholder viel besser lesbar und einfacher verständlich. Dies bezieht sich bei BDT nicht nur auf die spätere Testdokumentation, sondern vor allem auf die Testspezifikation selbst. Gerade für Komponenten- und Integrationstests ist es üblich, dass sie in der Programmiersprache geschrieben werden, in der die zu testende Funktion implementiert wurde.

Da Behavior-Driven Tests besser lesbar und verständlicher sind, steigt das Vertrauen in diese Tests und ihre Akzeptanz. Dies ist wichtig, wenn man auf höheren Teststufen, wie System- und Abnahmetest, nicht erneut technische Eigenschaften prüfen möchte, die bereits auf den unteren Teststufen verifiziert wurden.

Gherkin

Gherkin ist als Sprachmittel zudem gut geeignet, um Akzeptanzkriterien in Anforderungen zu formulieren. Wird das getan, kann ein Testautomatisierer die gleiche Formulierung übernehmen, um einen Akzeptanztest zu schreiben. Solche Tests sind für die Anforderungsdesigner besonders verständlich, da sie in ihrer eigene Sprache verfasst sind.

Gherkin definiert – wie im nächsten Absatz zu sehen – eine klare Satzstruktur, die die wichtigsten Aspekte eines Tests bereits rein sprachlich vorgibt. Sie beinhaltet die Vorbedingungen, die Eingaben in das Testobjekt und das erwartete Verhalten des Testobjektes.

Insbesondere für Testneulinge ist diese Satzbauhilfe gut geeignet, um nicht zu vergessen, dass ein Test IMMER definieren muss, wie sich das Testobjekt unter gegebenen Umständen zu verhalten hat.

8.3.2 Struktur von Behavior-Driven Tests (Gherkin)

Szenario

Ein Behavior-Driven Test wird häufig auch Szenario genannt. Das geht auf BDD zurück: Beim BDD wird Softwareverhalten mithilfe verschiedener Szenarien beschrieben. Ein solches Szenario stellt ein spezifisches Verhalten der Software in einer spezifischen Situation dar. Diese Spezifikation anhand von Beispielen ist das Fundament von BDD.

Sehen wir uns erst einmal die Spezifikationssprache an. Gherkin verwendet drei verschiedene Satzbausteine: `Gegeben/Angenommen`, `Wenn` und `Dann` (engl. Given, When und Then). Zusätzlich können noch die Verbindungsbausteine `Und` und `Aber` verwendet werden. Ein Szenario wird als ein Satz aus mehreren Satzteilen oder als Satzkette beschrieben, bei dem alle drei Bausteine vorkommen. Mithilfe dieser Bausteine werden Teile gebildet, die jeweils einen spezifischen Aspekt eines kompletten Tests beschreiben.

Jeder Satzteil bzw. jede Zeile eines Behavior-Driven Tests beginnt immer mit einem Baustein, gefolgt von einem implementierten Keyword. Bei dem Satzteil »`Wenn ein Benutzer die Ware bestellt`« ist `Wenn` der Baustein und `ein Benutzer die Ware bestellt` ist das implementierte Keyword. Auch wenn es sich hier nicht um Keywords im Sinne des Keyword-Driven Testing handelt, wollen wir bei dieser Bezeichnung[1] bleiben, da diese beiden Konzepte doch sehr viel gemein haben.

[1]Im Zusammenhang mit BDT werden im Gegensatz dazu häufig die Satzbausteine »Given«, »When«, »Then«, »And« und »But« als »Keywords« bezeichnet und die dahinter beschriebenen Aktionen als »Steps«.

Given: `Gegeben sei` oder `Angenommen` führt die Beschreibung der Vorbedingungen an. Hiermit wird beschrieben, in welchem Startzustand sich das Testobjekt befinden muss, um die nächsten Schritte auszuführen.

Dieser Satzteil sollte als Beschreibung eines Zustandes formuliert werden. Beispiel: »die Anmeldemaske ist sichtbar«

Für diesen Zweck ist die deutsche Sprache etwas sperrig und wirft uns einmal wieder Stöcke zwischen die Beine. Im Gegensatz zum Englischen kann das Wort `Gegeben` (Given) nicht alleine vor einer Aussage stehen: `Gegeben die Anmeldemaske ist sichtbar.` Aus diesem Grund wird in der Automatisierung, sofern sie in Deutsch formulierte Tests ausführen soll, häufig der Satzbaustein `Gegeben sei` oder `Angenommen` verwendet, zumindest, wenn man Wert darauf legt, grammatikalisch halbwegs korrekt zu bleiben.

Unsere Empfehlung lautet hier, `Angenommen` zu nehmen, da dies am besten vor einer alleinstehenden Aussage stehen kann, die auch ohne den Baustein verständlich sein soll. Beispiel: `der Server läuft`.

Wird hingegen `Gegeben sei` verwendet, steht es teilweise vor gegebenen Attributen oder Eigenschaften, die keinen Satz darstellen. Beispiel: `Gegeben sei ein laufender Server`. Auch das ist durchaus praktikabel.

Bei Gherkin und der Formulierung der Keywords ist es wichtig, dass die Bausteine (`Angenommen`, `Wenn` und `Dann`) mit den Verbindungsbausteinen (`Und` und `Aber`) ausgetauscht werden können ohne das Keyword umformulieren zu müssen. Die Bausteine untereinander zu tauschen, also ein `Angenommen` durch ein `Dann` zu ersetzen, wird nicht funktionieren.

Beispiel 1:

```
Angenommen der Server läuft
Und die Anmeldemaske ist sichtbar.
```

Beispiel 2:

```
Angenommen der Server läuft
Aber die Netzwerkverbindung ist unterbrochen.
```

When: `Wenn` führt die Beschreibung der Aktionen des Tests an. Hiermit wird beschrieben, wie das Testobjekt stimuliert wird, um das gewünschte Verhalten zu zeigen. Eingaben in einer Maske, das Senden einer Nachricht über eine Schnittstelle oder das Verändern von Umgebungsparametern, die vom Testobjekt ausgewertet werden, sind Beispiele für diese Aktionen.

Diese Satzteile sollten als Bedingung formuliert werden und sind oft alleinstehend ohne den Baustein nicht vollständig. Das Keyword `ein Benutzer eingegeben wird` benötigt das **`Wenn`**, um einen korrekten Nebensatz zu bilden. Hierbei wird auch deutlich, dass Keywords der »Wenn-Sektion« nicht einfach in der »Angenommen-Sektion« hinter einem **`Angenommen`** verwendet werden können.

Then: **`Dann`** führt die Beschreibung der Verifikation bzw. des zu verifizierenden Verhaltens an. Die »Folge«, die durch die »Bedingung« eingeleitet wird, bildet grammatikalisch den Hauptsatz unseres Tests. Hiermit wird beschrieben, welche Reaktionen das Testobjekt zeigen soll, wenn die zuvor genannten Aktionen ausgeführt werden.

Diese Satzteile werden of als Anforderung formuliert, was passieren »soll« (shall) oder »sollte« (should).

And, But: **`Und`** und **`Aber`** können vom Designer innerhalb eines Szenarios verwendet werden, um mehrere Teilsätze/Keywords unterhalb eines dieser Satzbausteine zu vereinen. Hierbei wird ein **`Und`** in der Regel vor einem »normalen« oder »erwarteten« Schritt, ein **`Aber`** vor einem von der Norm abweichenden Schritt oder einer negativen Aussage verwendet.

Die Teilsätze, die nach solch einem Satzbaustein folgen, repräsentieren implementierten Automatisierungscode. Sie sind entsprechend mit den Keywords des Keyword-Driven Testing in ihrer Funktion vergleichbar. Ein technischer Unterschied ist, dass bei Behavior-Driven Testing die Argumente eines Keywords häufig in das Keyword selbst eingebettet sind, wohingegen bei Keyword-Driven Testing die Argumente in der Regel dem Keyword nachgestellt und entsprechend vom Schritt visuell getrennt sind. Eine weitere Besonderheit liegt eher in der Implementierung. Bei Keyword-Driven Testing sind häufig die Keyword-Namen direkt aus den implementierten Funktionsnamen des Automatisierungscodes abgeleitet, bei Behavior-Driven Testing wird zusätzlich zu dem Funktionsnamen noch ein Ausdruck definiert, der für das Erkennen des Satzteils notwendig ist. So muss für jedes implementierte Keyword im BDT ein »Pattern/Muster« (bspw. Regular Expression) definiert werden, das den Teilsatz in natürlicher Sprache zu einer implementierten Funktion im Code verbindet.

Die oben erläuterten Satzbausteine (Given, When, Then) sind nicht Teil der Keywords, sondern dienen dem Interpreter als Steuerzeichen und je nach Framework teilweise auch zur Typisierung der Keywords. Häufig haben sie keinen funktionalen Einfluss.

8.3.3 Beispiel von Behavior-Driven Testing

Nehmen wir als einfaches Beispiel das Anmelden eines Benutzers an einem System über eine Anmeldemaske mit Benutzername und Passwort.

```
Angenommen der Server läuft
Und die Anmeldemaske ist sichtbar.
Wenn der Benutzername "admin" eingegeben wird
Und das Passwort "123456" eingegeben wird
Und auf den Knopf "Anmelden" gedrückt wird
Dann soll der Benutzer "admin" angemeldet sein
Und soll die Hauptseite angezeigt werden.
```

In diesem Fall könnte das erste Keyword `der Server läuft` sein. Zu implementieren ist in diesem Fall eine Funktion, die sicherstellt oder nur überprüft, dass er läuft. Das Keyword `die Anmeldemaske ist sichtbar` hat ebenfalls relativ viel zu tun. Hier ist zum Beispiel zu implementieren, dass ein Browser läuft und die Webseite der Anmeldung geöffnet ist. Diese beiden Keywords sind im Gegensatz zu `der Benutzername ${Benutzer} eingegeben wird` auf einem sehr hohen Abstraktionslevel implementiert.

Nehmen wir nun für den Login einen Negativtest, um die Verwendung von `Aber` zu demonstrieren.

```
Angenommen der Server läuft
Und die Anmeldemaske ist sichtbar.
Wenn der Benutzername "admin" eingegeben wird
Aber das Passwort "654321" eingegeben wird
Und auf den Knopf "Anmelden" gedrückt wird
Dann sollte die Anmeldung abgewiesen werden
Und sollte eine Fehlermeldung angezeigt werden
Und sollte die Anmeldemaske angezeigt werden.
```

Besser lesbare und verständlichere Tests wären jedoch viel kürzer und würden sich auf eine fachliche Abstraktionsschicht konzentrieren.

```
Angenommen der Benutzer ist nicht angemeldet
Wenn der Benutzer korrekte Benutzerdaten eingibt
Und der Benutzer die Anmeldung startet
Dann sollte die Anmeldung erfolgreich sein.
```

```
Angenommen der Benutzer ist nicht angemeldet
Wenn der Benutzer falsche Benutzerdaten eingibt
Und der Benutzer die Anmeldung startet
Dann sollte der Server die Anmeldung abweisen.
```

Diese Tests beschreiben nun, *was* getestet werden soll und nicht mehr, *wie* dies zu tun ist.

8.3.4 Dos and Don'ts bei Behavior-Driven Testing

In Zusammenhang mit Behavior-Driven Testing möchten wir ein paar Hinweise geben, worauf man in der Praxis achten sollte:

Fasse dich kurz: Wie an den Beispielen zu sehen ist, sind die beiden ersten Tests mit sieben und acht Schritten bereits ziemlich lang und wirken unübersichtlich. Es erfordert einen gewissen Aufwand, den Inhalt des Tests zu erfassen.

Die beiden letzten Tests hingegen haben nur vier Schritte und sind einfacher zu überblicken. Da wir nicht unnötig Papier schwärzen wollen, verzichten wir auf ein noch längeres Beispiel und den Nachweis, dass Tests in Gherkin bei noch mehr Schritten absolut unlesbar werden.

Gherkin-Tests aus »nur« drei Schritten sind wünschenswert. Gherkin-Tests mit sechs Schritten sind noch gerade akzeptabel. Mehr sollten es nicht sein.

Sei vollständig: JEDER Gherkin-Test besteht mindestens aus den drei Basis-Satzbausteinen Given, When und Then. Keiner dieser drei darf weggelassen werden. Diese zugegeben recht starre Satzschablone ist ein gewichtiger Vorteil von Gherkin und hilft dabei, einen Test vollständig inklusive erwartetem Ergebnis zu spezifizieren.

Die Satzbausteine »Und« und »Aber« sind optional und sollten sparsam eingesetzt werden.

Halte dich an die Reihenfolge: Die Vorbedingungen kommen am Anfang, gefolgt von den Aktionen und am Schluss verifizieren wir das Verhalten. Nicht andersherum. Die Reihenfolge der drei Satzbausteine ist fest einzuhalten.

Verfolge ein einziges Ziel: Jeder der drei Basis-Satzbausteine darf exakt nur einmal verwendet werden. Nicht zweimal. Nicht dreimal. Keinmal scheidet völlig aus. Gibt es mehr als ein Keyword pro Block, wird »Und« oder »Aber« verwendet.

Dieser Punkt wird leider immer wieder ignoriert, und so werden mehrere Testziele in einen einzigen Test gepackt oder Tests werden miteinander verkettet. Tun Sie das nicht.

Hier geben wir – zur Abschreckung! – noch ein Beispiel, wie es *nicht* gemacht werden soll:

```
Angenommen der Benutzer ist nicht angemeldet
Wenn der Benutzer korrekte Benutzerdaten eingibt
Und der Benutzer die Anmeldung startet
Dann sollte die Anmeldung erfolgreich sein
Wenn sich der Benutzer abmeldet
Dann sollte die Anmeldeseite zu sehen sein.
Wenn der Benutzer falsche Benutzerdaten eingibt
Und der Benutzer die Anmeldung startet
Dann sollte die Anmeldung vom Server abgewiesen werden
```

In diesem Beispiel haben wir tatsächlich drei verschiedene »Dann«-Blöcke und damit drei Tests in einen gepackt.

An dieser Stelle wollen wir mit den Best Practices von Behavior-Driven Testing aufhören – dazu könnte man ein eigenes Buch schreiben.

8.3.5 Anwendungsgebiete von Behavior-Driven Testing

Behavior-Driven Testing kann sehr hilfreich sein, wenn es darum geht, Tests zu schreiben, die mit fachlich orientierten Personen geteilt werden. Das können sowohl Anforderungsdesigner, Product Owner, Fachtesterinnen oder ähnliche Teammitglieder sein, die keine Programmierfähigkeiten besitzen.

Dies ist der Grund, warum bei »Entwicklertests« auf Komponenten- oder Integrationsteststufe und auch bei Schnittstellentests, wie z.B. Tests eines REST-API, häufig Behavior-Driven Testing zum Einsatz kommt.

Wir denken jedoch, dass es ein weitverbreitetes Missverständnis in Zusammenhang mit Behavior-Driven Testing gibt. Immer wieder wird behauptet und geglaubt, dass mithilfe von Behavior-Driven Testing Fachanwender und Anforderungsdesigner sehr einfach eigenständig automatisierte Tests schreiben könnten.

Die Idee von Behavior-Driven Testing ist aber nicht, dass Fachtesterinnen die Tests selbst schreiben, sondern, dass die Tests für sie und andere Stakeholder verständlich sind.

Wie wir wissen, werden beim Behavior-Driven Testing ähnlich wie beim Keyword-Driven Testing nur einzelne Keywords automatisiert und diese dann in Sätzen mit den »Given«-, »When«- und »Then«-Blöcken verwendet. Geht man davon aus, dass eine gewisse Menge an Keywords bereits automatisiert sind, könnte ein neuer Test aus diesen zusammengesetzt werden, ohne dass eine Implementierung durch einen Automatisierer nötig wäre.

Bei BDT besteht an dieser Stelle jedoch das Problem, dass der Testdesigner eine gute Kenntnis über die bereits implementierten Bausteine haben müsste. Obwohl manche Editoren Textvervollständigung unterstützen, zeigt die Erfahrung, dass der Wiederverwendungsgrad dieser Textbausteine bei Behavior-Driven Testing wesentlich geringer ausfällt als bei Keyword-Driven Testing. Häufiger Grund ist das sehr hohe Abstraktionslevel der Bausteine. Bausteine, die eine größere Menge spezifischer Fachlogik beinhalten, haben einen sehr engen Einsatzbereich. Da bei BDT lange Kettensätze schnell unübersichtlich und unleserlich werden, fasst man hier tendenziell mehr Schritte in einen Baustein als bei Keyword-Driven Testing (vgl. Abschnitt 8.3.4).

Zusätzlich besteht das Problem, dass häufig Bausteine, die für Behavior-Driven Testing implementiert werden, im spezifischen Kontext des Tests geschrieben werden, in dem sie das erste Mal aufgerufen wurden. Das heißt, dass ein Baustein ggf. nur ausführbar ist, wenn eine bestimmte Vorbedingung erfüllt ist, die aus der Formulierung nicht ersichtlich ist, oder dass der Baustein nicht so generisch ist, wie er vom Namen her zu sein scheint. Der Grund dafür ist im typischen BDT-Arbeitsablauf zu finden. Meist wird bei BDT so vorgegangen, dass der Test oder zumindest das Abnahmekriterium zuerst da ist. Anschließend wird dieses Szenario von einem Testautomatisierer in einzelnen Keyword-Implementierungen umgesetzt.

Einerseits liegt hier eine Stärke von Behavior-Driven Testing: Es ist nun möglich, Fachabteilungen in die Spezifikation automatisierbarer Tests einzubeziehen. Die Fachabteilung schreibt den Test und die Entwicklerin implementiert ihn.

Gleichzeitig ist dies jedoch auch eine Schwäche von Behavior-Driven Testing. Da der Testautomatisierer bei fast jedem Test oder Szenario Hand anlegen muss, ist der Arbeitsaufwand für ihn zur Erstellung neuer Tests relativ hoch.

Wir wollen dabei nicht sagen, dass es nicht möglich sei, Fachanwendern oder Anforderungsdesignern Automatisierung mit BDT beizubringen; es bedarf jedoch einer sehr gut strukturierten Bausteinbibliothek. Selbst dann wird man immer wieder auf das Problem stoßen, dass ein Keyword nicht implementiert ist und ein Automatisierer benötigt wird.

Wenn wir uns noch mal die Beispiele für fachliche Tests vor Augen führen, wird auch klar, warum BDD eine mehrwertstiftende Ergänzung zu TDD ist. Eine Entwicklerin, die einen Test schreibt und normalerweise vielleicht 20 Zeilen Java-Code schreiben würde, schreibt nun 4 mal 5 Zeilen Code und ruft dann diese 4 »Keywords« in einem BDD-Test auf. Sie hat kaum Mehraufwand, den Test in die Blöcke »Vorbedingungen«, »Aktion« und »Verifikation« aufzuteilen, gewinnt aber ungemein an Lesbarkeit und Vertrauen der nachfolgenden Prozessbeteiligten.

Daher ist Behavior-Driven Testing auch eine gern gesehene Methode bei Entwicklerinnen, wohingegen es im Systemtest durchaus erhebliche Nachteile hat.

8.3.6 Unterschiede zu Keyword-Driven Testing

Obwohl sowohl Keyword-Driven Testing also auch Behavior-Driven Testing auf einem Bausteinkonzept basieren und dahingehend viele Ähnlichkeiten aufweisen, gibt es sowohl im Nutzungskonzept als auch in der technischen Umsetzung einige entscheidende Unterschiede:

- Keyword-Driven Testing wird hauptsächlich im Bereich der Systemtests oder End-to-End-Tests eingesetzt.
- Behavior-Driven Testing wird erfolgreich hauptsächlich im Bereich der Komponenten- und Integrationstests verwendet.

Warum das so ist, wollen wir im Folgenden verdeutlichen.

Layer-Konzept: Wie in Abschnitt 2.2 ausgeführt wurde, ist eine wichtige Grundidee von Keyword-Driven Testing, Keywords verschachteln zu können und somit mehrere saubere Abstraktionsschichten aufbauen zu können. Behavior-Driven Testing Frameworks sind bis auf wenige Ausnahmen so konzipiert, dass jedes Keyword unmittelbar eine im Sourcecode implementierte Methode repräsentiert.

Das ist auch das am meisten verbreitete Prinzip bei üblichen Testautomaten. Sie sind in der Lage, Testbausteine zu erstellen, die mit Code implementiert sind, können aber in der Regel keine Bausteine aus Bausteinen zusammenbauen.

Der Vorteil von Keyword-Driven Testing ist in diesem Fall, dass auch technikaffine Fachleute Keywords selbst bauen können. Häufig wird bei Keyword-Driven Testing nur die technische Keyword-Schicht durch die Automatisierer erstellt und die Fachleute können sich daraus fachliche Keywords eigenständig erstellen. Die Einstiegshürde ist hier geringer als bei Behavior-Driven Testing, wo an dieser Stelle z.B. Java-Code geschrieben werden müsste.

Keyword Layer sind jedoch bei entwicklernahen Tests wie Integrations- und Komponententests eher ein Nachteil. Entwickler schreiben gerne möglichst schnell Code. Mit Behavior-Driven Testing haben sie die Möglichkeit, Tests so zu schreiben, dass sie ein Fachanwender versteht, die Implementierung liegt dabei direkt in ihrer Heimatdomäne. Bei Keyword-Driven Testing ist der Weg vom Test in den Code oft länger. Daher schätzen Entwicklerinnen Behavior-Driven Testing meist mehr.

Übersichtlichkeit: Ein Keyword-Driven-Test ist in der Regel einfacher zu lesen und übersichtlicher in der Struktur. Da bei Keyword-Driven Testing auf klare Regeln geachtet werden sollte, haben alle Keywords dieselbe Struktur. Beim Behavior-Driven Testing beschreiben »Given«-Keywords den Zustand eines Testobjektes, die »When«-Keywords eine Tätigkeit der Testerin und die »Then«-Keywords beschreiben das erwartete/geforderte Verhalten des Testobjektes. Dies hilft beim Erkennen der Struktur, aber nicht unbedingt beim Verstehen des Inhalts. Beim Keyword-Driven Testing sind alle Testschritte verschlagwortete Anweisungen. Trotzdem wirkt KDT aufgrund des verwendeten Imperativs oder Infinitivs etwas »codeähnlicher« und weniger wie Fließtext.

Datentrennung: Argumente/Daten sind bei Keyword-Driven Testing klar getrennt von den Aktionen, da die Daten immer den Keywords nachgestellt sind. Bei Behavior-Driven Testing sind die Daten Teil des Satzes. Daher sind datengetriebene Tests mit Keyword-Driven Testing in der Regel einfacher zu verstehen und aufzubauen.

Lange Testsequenzen: Gerade auf Ebene der System- und Abnahmetests müssen oft komplexe Sachverhalte verifiziert werden, die nicht in drei Zeilen beschreibbar sind. Lange Tests sind mit Keyword-Driven Testing übersichtlicher und einfacher zu warten. Tests mit 30 fachlichen Schritten sind im Bereich der Systemtests mit Keyword-Driven Testing keine Seltenheit. Mit Behavior-Driven Testing wären diese nahezu unbrauchbar.

Manuelles Testen: Ein Keyword-Driven-Test ist bestens geeignet, eine manuelle Testerin durch die Testsequenz zu führen und ihr Testschritte in einer ausführbaren Granularität zu präsentieren. Ein Behavior-Driven Test ist zwar von einem Menschen lesbar und auch der Inhalt ist verständlich, er ist jedoch nicht so formuliert, dass eine Testerin die Schritte nachvollziehen oder ausführen könnte.

Es ist zum Beispiel nicht klar, ob das Keyword `die Anmeldemaske ist sichtbar` nur überprüft, dass die Anmeldemaske sichtbar ist, oder aber die Anmeldemaske aufruft. Beim Keyword-Driven Testing wäre `Anmeldemaske öffnen` unmissverständlicher für einen Menschen auszuführen (siehe dazu Abschnitt 2.4).

8.4 Acceptance Test-Driven Development

Wie bei allen Arten von Test-Driven Development werden auch bei Acceptance Test-Driven Development (ATDD) die Tests vor Fertigstellung der Entwicklung geschrieben. Wie der Name schon verrät, handelt es sich bei ATDD um die die Akzeptanz- oder Abnahmetests. Natürlich wird dabei nicht so feingranular vorgegangen wie bei TDD auf Komponententeststufe während der Entwicklung. Bei ATDD geht es in der Hauptsache nicht wirklich darum, automatisierte Tests zu schreiben, sondern es geht um die Kommunikation zwischen Anfordernden und Entwickelnden und um die Testbarkeit der Anforderungen. Die automatisierten Akzeptanztests sind entsprechend nur das Mittel zum Zweck, um diesen Informationsfluss und das Vertrauen herzustellen.

Um den Informationsaustausch in Richtung Entwicklung zu fördern, definieren Anfordernde die Anforderungen so, dass sie auch tatsächlich testbar sind und direkt als Blaupause für Tests verwendet werden können. Dadurch steigt das Verständnis der Entwicklerinnen für die benötigte Funktion.

Auch die Kommunikation in Richtung Anfordernde und anderer Stakeholder ist ein sehr wichtiger Aspekt von ATDD. Um das Vertrauen in und das Verständnis für die Tests aufseiten der Stakeholder zu ermöglichen, werden bei ATDD Tests in verständlicher Sprache verfasst und können häufig bereits vor Fertigstellung des eigentlichen Features den Anfordernden vorgelegt werden. Aus diesem Grund sind Behavior-Driven Tests mit Gherkin typisch für ATDD. Keyword-Driven Testing ist mindestens genauso geeignet für diese Methodik, da es sich zum einen sogar teils besser für diese mitunter komplexen Tests eignet, und zum anderen auch gut von Testerinnen verwendet werden kann, die keine Vollzeitentwicklerinnen sind.

Wird BDT genutzt, dann werden hier oft die Szenarien vor der eigentlichen Funktionsentwicklung geschrieben, die einzelnen Satzteile aber erst während oder nach der Entwicklung implementiert. Damit wird ATDD in der Praxis eher zu einer Art »halber« Test-First-Ansatz: Die Testspezifikation ist zwar zuerst vorhanden, die Implementierung kommt aber erst zum Schluss.

Das ist nicht als Kritik an ATDD gemeint, sondern vielmehr eine inhärente Eigenschaft von Systemtests, zu denen die Akzeptanztests vergleichbar sind, da die zu testende Funktion im Detail erst während der Entwicklung definiert wird. Auf einem hohen funktionalen Level sind die Funktionen immerhin schon definiert. In diesem Aspekt unterscheidet sich ATDD entsprechend von TDD.

8.4.1 Anforderungen bei Acceptance Test-Driven Development

Bei ATDD geht es also in erster Linie darum, möglichst frühzeitig für Anforderungen sicherzustellen, dass sie testbar und entwickelbar sind, außerdem zu definieren, wann etwas angenommen werden kann, welche Kriterien für eine Abnahme erfüllt sein sollen, und sich mit diesen Kriterien vor der Umsetzung zu beschäftigen.

Ein gern genannter Vorteil von ATDD ist das bessere Verständnis zwischen Product Owner und Team. Dieses bessere Verständnis der gewünschten Funktionalität wird unter anderem dadurch erreicht, dass die Anfordernden gemeinsam mit dem Team testbare Akzeptanzkriterien formulieren und mit der User Story aufschreiben.

Akzeptanzkriterien können sehr unterschiedlich formuliert werden. Ein Beispiel für die Login-Maske könnte so aussehen:

```
Die Login-Maske enthält ein Feld für
den Benutzernamen und ein Feld für das Passwort.

Das Label des Benutzernamenfelds lautet:
 - de: Benutzer
 - en: User
```

Ein weiteres Beispiel für den Login-Vorgang:

```
Wenn falsche Benutzerdaten eingegeben werden,
   - wird eine Fehlermeldung ausgegeben.
   - wird  der Login nicht durchgeführt.
   - bleibt die Login-Seite geladen.

Die Fehlermeldung bei abgewiesenem Login
enthält keine Hinweise darauf, welche der
Daten falsch oder richtig waren.
```

Für Funktionen sollten zusätzlich zu den Akzeptanzkriterien auch Beispielszenarien geliefert werden. Funktionsbeispiele können dem Team das eigentliche Anwendungsszenario verdeutlichen. Solche Beispiele werden häufig in Gherkin-Syntax (siehe Abschnitt 8.3) formuliert. Wenn das der Fall ist, dann ist der Weg von der Anforderung zum Akzeptanztest nicht mehr weit, und es bietet sich an, für diese Beispiele Behavior-Driven Tests zu schreiben.

Es ist essenziell, dass sowohl die Akzeptanzkriterien als auch die Beispiele testbar sind. Entsprechend sind die meisten Akzeptanzkriterien auch automatisiert testbar.

8.4.2 Tests bei Acceptance Test-Driven Development

Zu Beginn der Entwicklung werden die Anforderungen analysiert und jede Anforderung wird mit Tests abgedeckt. Zuerst ohne eine Automatisierung.

Sind die Tests formuliert, sollte nun über die Tests gesprochen werden oder sie sollten zumindest den Anfordernden zum Review vorgelegt werden. Damit stellen wir sicher, dass die Entwicklerinnen die Anforderung richtig verstanden haben und nicht viel Zeit in einen möglicherweise »falschen« Weg investieren. Dafür ist es notwendig, dass diese Tests auf einem fachlichen Niveau geschrieben und dadurch für die Anfordernden verständlich sind. Komponententests in Java würden hier absolut keinen Mehrwert für das gemeinsame Verständnis und Vertrauen schaffen.

Da man BDT Lesbarkeit und Verständlichkeit zuschreibt, wird es hier gerne verwendet. Der Nachteil von Behavior-Driven Testing gegenüber Keyword-Driven Testing ist hierbei, dass bei BDT die Teilsätze auf diesem hohen fachlichen Level so gut wie nie in bereits implementierter Form vorliegen. Daher ist wieder eine Entwicklerin zur Automatisierung notwendig, denn bei BDT kommt ja unterhalb der Satzbausteine direkt der Automatisierungscode in der entsprechenden Programmiersprache.

Bei Keyword-Driven Testing hingegen besteht aufgrund der Modularisierung eine größere Chance, dass in fertiggestellten Teilen der Software komplett automatisierte Keywords bereits vorhanden sind und diese auch verwendet werden können.

8.4.3 Keywords und Acceptance Test-Driven Development

Wenn Keyword-Driven Testing etabliert ist, kann bei ATDD oft auf bereits bestehende Keywords zurückgegriffen werden. Selbst wenn für einen konkreten fachlichen Fall noch kein Keyword existiert, sind aber oft bereits dessen technischen Bausteine als Keywords vorhanden und automatisiert. Dann ist es einfach, das neue fachliche Keyword für diesen Test aus dem vorhandenen Material zu erstellen.

Für die neuen Funktionalitäten können nun, auch bei fehlenden technischen Keywords, neue fachliche Keywords erzeugt werden. Diese werden im Anschluss ähnlich wie bei BDT von einem Testautomatisierer oder einer Entwicklerin implementiert, wobei wiederum neue technische Keywords entstehen, die wieder in weiteren Tests derselben Anforderung wiederverwendet werden können.

Bis hier unterscheiden sich Behavior-Driven Testing und Keyword-Driven Testing für ATDD kaum. KDT kann den Vorteil haben, aufgrund der Modularisierung zu einer häufigeren Wiederverwendung von Bausteinen zu führen. Ein möglicher Nachteil gegenüber BDT ist wiederum eine unterschiedliche Formulierung, falls die Akzeptanzkriterien auch in Gherkin-Syntax mit `Angenommen`, `Wenn` & `Dann` formuliert sind.

Der für uns in der Praxis bestechendste Vorteil ist jedoch, dass die Lesbarkeit der Tests eben nicht auf der fachlichen Ebene aufhört. Eine interessierte Person kann sich bei Keyword-Driven Testing durchaus ansehen, wie ein fachliches Keyword aus technischen Schritten zusammengesetzt ist. Dadurch entsteht unserer Erfahrung nach viel schneller das Vertrauen in die Testautomatisierung als bei reinem Behavior-Driven Testing, wo die ganze »Magie« dem Beobachter verborgen bleibt.

Doch je nach Werkzeug muss nicht entschieden werden, ob vollständig auf KDT oder doch eher auf BDT gesetzt werden soll. Robot Framework, als Open-Source-Lösung, beherrscht sowohl Keyword-Driven Testing als auch Behavior-Driven Testing und kann somit mit beiden Vorteilen aufwarten. Tests können in Gherkin-Syntax mit formuliert werden und die Satzbausteine können dennoch aus technischen Keywords zusammengesetzt sein.

8.5 System Test-Driven Development

Auch wenn »System Test-Driven Development« kein fester Begriff ist, möchten wir die dahinter stehende Idee hier vorstellen. Sie ist nämlich der logische Schritt, eine Lücke zu schließen, wenn wir auf allen anderen Teststufen bereits testgetrieben vorgegangen sind.

Akzeptanztests finden in der Regel auf der gleichen Integrationsstufe wie der Systemtest statt, also an demselben Testobjekt, jedoch zeitlich nach dem Systemtest. Nachdem andere Teststufen sich vor allem durch die Integrationsstufe und das Testobjekt voneinander abgrenzen, stellt sich die Frage, worin dann der Unterschied zwischen Akzeptanztests und den »normalen« Systemtests besteht? Vereinfacht liegt die Antwort darin, welche Frage die Tests denn beantworten sollen:

Akzeptanztests entstehen durch die Frage des Teams an die Product Owner oder die Kunden, was diese getestet haben möchten, um die entwickelte Software abzunehmen. Es handelt sich meist um funktionale Tests, durch die mehrwertstiftende Funktionen überprüft werden, und seltener um Negativtests oder nicht funktionale Tests, wie Performance- oder Security-Tests.

Systemtests entstehen durch die Frage an das Team selbst, was sie testen sollten, um sich sicher zu sein, dass die Software von guter Qualität ist. Gerne greift man hier auf vorhandene Akzeptanztests zurück, ergänzt diese aber noch typischerweise um risikobasierte Tests oder um systematisch abgeleitete Varianten, um eine angestrebte Testabdeckung zu erreichen. Oft kennt das Team die Schwachstellen der eigenen Lösung und sichert mögliche Risiken mit weiteren Systemtests ab.

Wenn wir basierend auf diesen beiden Fragen nun den Vergleich heranziehen zu der Idee hinter ATDD, wird deutlich, dass wir mit System Test-Driven Development hauptsächlich die Kommunikation zwischen Testdesignern und Entwicklerinnen steigern wollen.

Die Idee hinter System Test-Driven Development besteht darin, in einem agilen Team als Testdesigner zeitlich parallel mit der Entwicklerin an einem Task zu arbeiten und bereits zu Beginn der Arbeiten damit zu starten, die Tests zu schreiben. Es hat sich bewährt, in agilen Teams auch reine Systemtesterinnen zu haben, die sich mit dem zu entwickelnden Produkt als Ganzes sehr gut auskennen. Diese Teammitglieder sollten entsprechend auch gleichmäßig ausgelastet werden und nicht erst am Ende der Iteration testen.

Wir alle wissen, hoffentlich, dass es eine hervorragende Idee ist, den Entwicklerinnen bereits vor der Implementierung der neuen Funktionen alle Tests zu erläutern, die wir planen. Dadurch bekommen die Entwicklerinnen einen guten Eindruck, wo und was wir testen werden. Im besten Fall machen sie dann in diesen Bereichen auch tatsächlich keine Fehler mehr, und wir alle sind schneller durch mit den Tests. Das Zeigen der Tests und das Reden über diese vor der Implementierung hat auch den Vorteil, dass Entwicklerinnen uns Verbesserungsvorschläge geben können, weitere Testideen unterbreiten oder sogar Tests abnehmen, da sie ggf. auf Komponententestebene besser aufgehoben sind.

Keyword-Driven Testing hat zwei maßgebliche Vorteile bei der Erstellung von Systemtests vor der Fertigstellung der Software:

Funktionale Keywords: Aufgrund der hohen Abstraktion von funktionalen Keywords, die losgelöst von der konkreten technischen Umsetzung bereits klar definieren, was zu testen ist, können Tests bereits vor der Lieferung der Software geschrieben werden. Wird die Software geliefert und ist in dem Zuge auch klar, wie die konkrete Umsetzung aussieht, können die abstrakten fachlichen Keywords durch konkrete technische Keywords implementiert werden.

Wiederverwendung: Unserer Erfahrung nach ist es in einem laufenden Projekt, das Keyword-Driven Testing wirklich aktiv nutzt, keine Seltenheit, dass 70 % - 90 % der verwendeten Keywords für den Test einer neuen Funktionalität bereits vollständig fertig implementiert sind.

Nehmen wir an, wir müssen in unserem Onlineshop eine »Merken«-Funktion implementieren. Damit soll es möglich sein, Artikel zu markieren und später im eigenen Profil auf der »Merkliste« zu sehen. Wir müssten nur das Klicken auf den »Merken«-Knopf neu implementieren und das Aufrufen der Merkliste mit der Überprüfung der Inhalte. Das Suchen und Aufrufen von Artikeln, das Anmelden am System, das Navigieren zum Profil des Nutzers und das Schließen, das sind alles bereits fertige Keywords aus vergangenen Tests. Somit haben wir, bereits bevor die eigentliche Software fertig ist, einen Teil der Automatisierung fertiggestellt.

Je nach Reifegrad der Teamarbeit und bei sehr guter Kommunikation zwischen Testautomatisierern und Entwicklerinnen haben wir es in Projekten auch geschafft, vollständig implementierte Systemtests auf Basis von Keyword-Driven Testing fertig zu haben, als die Entwicklerinnen ihre Funktion vom Continuous Integration System testen ließen.

Fehlernachtests

Es gibt eine Testart, die sich hervorragend dazu eignet, den automatisierten Test vor der eigentlichen Entwicklung vollständig automatisiert fertig zu haben. Bei den Fehlernachtests wissen wir bereits bei Erstellung des Fehlerberichts, wie die Software funktioniert, wie der Fehler zu reproduzieren ist und was wir eigentlich als »erwartetes Verhalten« als Soll in unseren Tests prüfen können.

Diese automatisierten Fehlernachtests sollten den Entwicklerinnen zur Verfügung gestellt werden, damit sie ein unmittelbares Feedback erhalten, ob der Fehler korrekt behoben ist. In diesem Zusammenhang lohnt es sich oft, auch die Abdeckung durch Regressionstests in dem vom Fehler beeinflussbaren Bereichs zu erhöhen, da wir ja keine neuen Fehler einbauen lassen wollen.

Auch wenn System Test-Driven Development vielleicht mehr als Gedankenanstoß denn als wirkliches Vorgehensmodell zu verstehen ist, lohnt es sich schon, darüber nachzudenken, die Erstellung der meisten Systemtests zeitlich erheblich nach vorne zu schieben. Daraus können sich durchaus mehr Vorteile ergeben, als erwartet!

8.6 Spezialanwendungen

Wir befassen uns jetzt mit einem düsteren Kapitel. Denn laut Titel dieses Buches geht es darin um »Keyword-Driven Testing«. Hier aber werden wir die Keywords zu anderen Zwecken als zum Testen verwenden oder missbrauchen.

Nachdem das eingestanden ist, können wir uns ja entspannt auf die Verwendung von Keywords zur Lösung von Aufgaben außerhalb des eigentlichen Themenkomplexes »Testen« einlassen: Wenn Keywords nun mal vorhanden sind – und setzen wir voraus, sie sind bereits automatisiert –, dann kann man mit ihrer Verwendung auch anderweitig viel Arbeit sparen.

In manchen Fällen sind es gar nicht die für den Test vorbereiteten Keywords, sondern es ist das dafür eingerichtete Framework, das zusammen mit speziell für das Thema erstellten Keywords genutzt werden kann, vielleicht sogar mit einem eigenen Automaten, der für den Test alleine nicht gebraucht würde.

Vier Beispiele für solche Spezialanwendungen werden hier beleuchtet: Erstellung von Testdaten, Pflege von Produktivdaten, Deployment und Robotic Process Automation.

8.6.1 Keywords und Erstellung von Testdaten

Mit der Verwendung von Keywords zur Erstellung von Testdaten bewegt man sich noch im Umfeld Test.

Jeder kennt die Situation: Nach dem Aufsetzen eines frischen Testsystems mit der neuen Version des Testobjektes müssen für die meisten Tests noch Daten eingespielt werden, damit sie durchführbar sind. Dafür gibt es verschiedene Wege, die je nach Zielsetzung ihre eigenen Vorteile haben.

Eine Möglichkeit ist, einen Testdatenbestand vorzuhalten, der von Version zu Version unseres Testobjektes migriert wird. Vorteil: Die Migration müssen wir ohnehin testen. Ein klarer Nachteil ist aber, dass Daten für neue Funktionen natürlich nicht vorhanden sind. Ein weiterer Nachteil besteht darin, dass wir diese Migration dann *jedes Mal* laufen lassen müssen, wenn wir einen neuen Testzyklus starten.

Die andere Möglichkeit ist, die Daten jedes Mal frisch anzulegen. Ein Vorteil davon ist, dass man stets frische Daten hat. Also weiß man auch ganz genau, *was* man hat. Nachteile hierbei sind der Aufwand, sie zu erzeugen, und die Tatsache, dass diese Daten keine Geschichte

(Historie) haben. Mit Daten, die »altern« – die beispielsweise nach einer gewissen Zeit ihren Status ändern –, tut man sich schwer.[2]

Im Rahmen dieser zweiten Möglichkeit kann man verschiedene Wege gehen: direkte Anlage der Daten über die Datenbank via Skript etwa oder die manuelle Anlage der Daten. Da hier keine Abhandlung über Testdatenmanagement entstehen soll (hierzu sei viel mehr auf die Literatur, beispielsweise auf [1] und die darin zitierten Quellen, verwiesen), diskutieren wir die Vor- und Nachteile hier nicht weiter.

Dass aber die manuelle Erfassung von Testdaten langfristig unerfreulich ist, liegt auf der Hand. Mit den vorhandenen Keywords und der zugehörigen Automatisierung wird es wesentlich erfreulicher.

In unserem Beispiel, dem Onlineshop, benötigen wir zum Testen unter anderem Anbieterdaten zu einigen exemplarischen Kunsthandwerkern und auf jeden Fall einige Artikel mit Preisinformationen, die bei den Anbietern erworben werden können. Weil sowohl das Anlegen von Anbietern als auch das Anlegen von Artikeln Thema von bestehenden Tests ist, sind die entsprechenden Keywords bereits verfügbar.

Damit lassen sich für das Anlegen von Testdaten Sequenzen erstellen, die in unserem Framework wie Testfälle aussehen, aber streng genommen keine sind. Ein Beispiel findet sich in Tabelle 8-1. Mit nur zwei Keywords **`Erzeuge-Anbieter`** und **`Erzeuge-Produkt`** kann hier eine Menge bewegt werden.

Zu den Vorteilen einer solchen Lösung zählt sicher das einfache Aufsetzen und die Nutzung vorhandener Infrastruktur, einschließlich einer möglichen Einbindung in den Build-Prozess. Diese Keyword-Sequenz kann den regulären Testfällen einfach vorangestellt werden.

Ein möglicher Nachteil soll nicht verschwiegen werden, und zwar die Laufzeit: Abhängig von der verwendeten Execution Engine kann das Anlegen der Daten so zwar sehr schnell gehen, aber bei langsameren Automaten und vielen Daten auch erheblich Zeit in Anspruch nehmen.

[2] Das ist aber ein generelles Problem – hier sind die Daten immer »neu«, bei der Migration von Testdaten sind die Daten tendenziell alle »alt«. Um ein Konzept für »Zeitreisen« kommt man in solchen Fällen kaum herum.

Tabelle 8-1
Anlegen von Anbietern

Keyword	Parameter			
	Name	Kategorie	Ort	...
`Erzeuge-Anbieter`	*Drechsel-Paula*	*Holzprodukte*	*Hamburg*	...
`Erzeuge-Anbieter`	*Knitwear*	*Kleidung*	*Wunsiedel*	
`Erzeuge-Anbieter`	*Stollerei*	*Nahrung*	*Dresden*	
`Erzeuge-Anbieter`	*Filz Frank*	*Kleidung*	*Reutlingen*	
`Erzeuge-Anbieter`	*Spiel mit Holz*	*Holzprodukte*	*Olbernhau*	
	Artikel	Anbieter	Preis	...
`Erzeuge-Produkt`	*Norweger-Pulli*	*Knitwear*	*137,00*	...
`Erzeuge-Produkt`	*Maxi-Schal*	*Knitwear*	*39,00*	
`Erzeuge-Produkt`	*Weste*	*Filz Frank*	*87,50*	
`Erzeuge-Produkt`	*Schale*	*Drechsel-Paula*	*55,00*	
...				

8.6.2 Keywords und Produktivdatenpflege

Wenn, wie in Abschnitt 8.6.1 beschrieben, mit Keywords Daten für den Test erfasst werden können, warum dann nicht auch für den Produktivbetrieb?

Praxisbeispiel

Als Beispiel hierfür greifen wir ausnahmsweise auf ein reales Projekt zurück, das allerdings schon einige Jahre zurückliegt.

Für einen Kunden sollten wir als externe Berater ein Framework zur Testautomatisierung aufsetzen.

Das Szenario war etwas speziell: Die Anwendung lief auf einem Host, und das Benutzerinterface – damals noch eine rein auf Text basierende Natural-Anwendung – lief in einem VT100-Terminalfenster. Doch, immerhin schon unter Windows. So lange ist es nun auch wieder nicht her.

Das Automatisierungswerkzeug, das damals zum Einsatz kam, war nicht in der Lage, unmittelbar auf die Elemente der Eingabemasken zuzugreifen. Ein Teil der Aufgabe bestand also darin, die Zugangsmöglichkeit hierfür zu schaffen und künftig auf benannte »Objekte« zugreifen zu können. Diese Aufgabe wurde gelöst, und so entstanden Keywords wie:

```
setzte_Wert (Objektname)
lese_Wert (Objektname)
bestätige_Maske (Maskenname)
```

Obgleich diese Keywords sehr einfach gestrickt waren, versetzten sie uns in die Lage, damit datengetriebene Tests (vgl. Abschnitt 2.3) zu erstellen.

Die Aufgabe war technisch herausfordernd, die Lösung war gelungen und gut benutzbar, und so beendeten wir das Projekt zufrieden.

Als wir einige Monate später den Kunden wieder einmal besuchten, erkundigten wir uns nach dem Stand der Testautomatisierung — und staunten nicht schlecht:

Zum Testen wurde das Framework so gut wie gar nicht verwendet. Aber man war sehr glücklich damit, denn man konnte mit dem Framework die aktualisierten Daten für das Produktivsystem – es handelte sich um Produktnamen, Mengen und Preise – sehr einfach von einem System in das andere übertragen. Das war bislang immer im mühsamer Handarbeit gemacht worden, und die Daten mussten alle paar Wochen aktualisiert werden.

Was ist die Lektion daraus? Sicher, als Tester sind wir in diesem speziellen Fall etwas unglücklich, wurde doch das Testsystem nicht zum Testen eingesetzt. Das ist es aber nicht, worauf wir hier hinaus wollen. Denn wenn man eine gute technische Lösung hat, die funktioniert und effizient benutzbar ist – da wir über Keywords reden, auf Basis von Keywords –, und damit abseits von der eigentlichen Zielrichtung Nutzen erzeugen kann, dann soll man es tun! Niemandem ist geholfen mit *»Aber … aber … aber es war doch zum Testen gedacht!«*

8.6.3 Keywords und Deployment

Bewegen wir uns wieder mehr in die Nähe des Themas »Testen«. Häufige Aufgaben, die wir hier immer wieder zu bewältigen haben, sind die Vorbereitung von Testsystemen, das Deployment der Software auf die Testsysteme und das Aufsetzen von Datenbanken mit Testdaten (Berührungspunkte mit Abschnitt 8.6.1 sind vorhanden, es kann sich aber genauso gut um das dort verschmähte Einspielen ganzer Datenbanken, einschließlich Migration, handeln). Für diese Aufgaben werden wir voraussichtlich keine passenden Keywords in der Schublade liegen haben.

Aber immer, wenn ein neuer Testzyklus gestartet wird, werden diese Aufgaben aufs Neue zu erledigen sein, und somit ist es eine gute Idee, sie zu automatisieren und entweder den Tests als Präambel beizufügen oder sie innerhalb des CI-Systems zu verankern, gemeinsam mit den automatisiert durchzuführenden Testfällen. Dafür kann ein eingeschwungenes Keyword-Driven Testing Framework das richtige Werkzeug sein.

Spezifische Keywords werden benötigt und müssen einmal angelegt werden. Zudem wird meist zumindest für einen Teil dieser Keywords eine spezielle »Execution Engine« benötigt, beispielsweise für das Deployment von Docker Images.

8.6.4 Keywords und Robotic Process Automation

Robotic Process Automation, oder kurz RPA, ist ein weiterer Arbeitsbereich, der sich mit Automatisierung beschäftigt. Es geht hier jedoch nicht um das Automatisieren von Tests, sondern von Geschäftsprozessen oder anderen Aufgaben.

Die Grundidee ist es, repetitive Aufgaben zu automatisieren, um die Geschwindigkeit zu erhöhen und die »Fehlerquelle Mensch« zu entfernen.

Demnach könnte man jede Art von Programmierung eines Prozesses als RPA auffassen. RPA definiert sich aber dadurch, dass der Roboter oder »Bot« von außen an Schnittstellen der zu steuernden Programme oder Geräte andockt und diese kontrolliert. Denn häufig gibt es nur Schnittstellen für menschliche Eingaben, die GUI, und somit können für RPA dieselben Technologien zur GUI-Automatisierung eingesetzt werden wie für die Testautomatisierung – die hat schließlich dasselbe Problem.

Die frühste Form von RPA, die uns begegnet ist, waren Bots in Computerspielen. Diese Bots haben auch schon nach festen Mustern wiederholte Aufgaben erledigt. Heutzutage findet sich RPA in fast jeder größeren Firma. Der häufigste Grund dafür ist, dass manche eingesetzten Softwareprodukte nicht dafür entwickelt wurden, miteinander zu kommunizieren, aber so, wie sie eingesetzt werden, Kommunikation benötigt wird. RPA kann diese Lücke schließen.

So werden beispielsweise Einträge aus der einen Datenbank gelesen und mangels API über die Weboberfläche eines zweiten Tools eingegeben. Oder in einem anderen Beispiel werden Daten aus dem Internet von verschiedenen Portalen teils über ein HTTP-API (REST, SOAP o.Ä.), teils über die Webseite ausgelesen und in eine firmeninterne Datenbank geschrieben, um für interne Prozesse maschinenlesbar zur Verfügung zu stehen.

Konkret finden wir in unserem Unternehmen RPA im Bereich der Finanzbuchhaltung wieder. Hier muss mit unseren Mitarbeiterdatenbanken, mit den Stundenzetteln, dem Portal für die Reisekostenabrechnung, dem Finanzamt, der Bank und vielen anderen kommuniziert und vermittelt werden. Vor der Nutzung von RPA waren viele Arbeiten jeden Monat händisch zu tätigen. Beispielsweise mussten die Reisekostenanträge inhaltlich validiert und mit den Stundenzetteln der Mitarbeiter abgeglichen werden. Anschließend wurden die zu erstattenden Kosten in das Gehaltsabrechnungssystem eingetragen und je nach Projekt ebenfalls dem Kunden in Rechnung gestellt. Mit RPA und Keyword-Driven Testing war dies automatisierbar und auch nachvollziehbar. Sowohl die Mitarbeiter der Finanzbuchhaltung als auch das Controlling können den Ablauf überprüfen und bei Bedarf anpassen.

Wie man an diesen Beispielen sehen kann, werden für RPA verschiedenste Technologien gleichzeitig benötigt: Weboberfläche, Windows-Applikationen, SQL-Datenbankabfragen, HTTP-Schnittstellen, teils sogar Hardwareinteraktionen. Genau dieser Vorteil, dass nämlich mittels einer Spezifikationssprache unterschiedlichste Technologien angesprochen werden können, zeichnet Keyword-Driven Testing in der Testautomatisierung aus.

Üblicherweise wird RPA nicht von Entwicklerinnen umgesetzt, sondern von genau den Mitarbeiterinnen, die zuvor diese repetitiven Aufgaben erledigt haben. Die niederschwellige Zugänglichkeit von Keyword-Driven Testing ist da von Vorteil.

RPA kennt natürlich keine »Tests«. Stattdessen wird meist von »Tasks« gesprochen. Entsprechend möchte man auch keinen Testbericht, sondern einen Task- oder Aufgabenbericht haben.

RPA hat im Gegensatz zu Testautomatisierung ein paar weitere Besonderheiten bezüglich der Ablaufsteuerung und der Dokumentation. Bei RPA möchten wir nach einem Job ein Liste der bearbeiteten und der nicht bearbeitbaren Datensätze haben, denn möglicherweise muss händisch nachgearbeitet werden. Außerdem unterscheidet sich RPA etwas bezüglich der Anforderungen an Robustheit. Bei RPA-Aufgaben liegt die Priorität darin, die Aufgabe erfolgreich zu erledigen, wohingegen bei Testautomatisierung das Finden von Fehlern im Vordergrund steht.

Abschließend sei noch gesagt, dass auch in der Softwareentwicklung RPA für verschiedenste Tätigkeiten in Betracht kommt. Das Installieren (Deployment) des Testobjektes oder das Bereitstellen von Testdaten oder Testumgebungen sind Beispiele dieser Aufgaben, die außerhalb des eigentlichen Tests ausgeführt werden müssen und für die Keyword-Driven Testing ebenfalls sehr hilfreich sein kann.

9 Ausblick

Ist alles gesagt zum Thema Keyword-Driven Testing? Wir haben nach Kräften versucht, alle wesentlichen Aspekte zum Thema zusammenzufassen.

Manche haben wir vielleicht damit überrascht, dass das Thema doch so vielfältig ist und wie viel Überlegungen man auf Details verwenden kann (und vielleicht sollte). Es ging uns aber nicht darum, eine Raketen-Wissenschaft daraus zu machen.

Ganz im Gegenteil: Nach unserem Empfinden ist Keyword-Driven Testing etwas, das zum Handwerkszeug jeder Testerin gehören sollte und ohne nachzudenken eingesetzt wird – natürlich nicht blind, sondern dort, wo es als Werkzeug auch gut funktioniert.

Bislang ist das nämlich nicht so. Obwohl es die Grundideen schon länger gibt und so sehr sie sich auch mittlerweile verbreitet haben müssten – teils auch dank ISTQB®–, trotzdem arbeiten vielerorts Testerinnen ohne Keyword-Driven Testing oder mit einem unbefriedigenden Subset dessen, was möglich ist.

Woran liegt das?

Zwei mögliche Gründe sind:

1. Das Wissen über Keyword-Driven Testing ist nicht so verbreitet oder zumindest nicht so tief, wie man annehmen möchte.
2. Die verfügbaren Frameworks unterstützen die Testerinnen nicht so weit, dass der Einsatz von Keyword-Driven Testing damit attraktiv ist.

Falls der erste Punkt zutrifft, dann hoffen wir, mit diesem Buch etwas dagegen unternommen zu haben.

Was den zweiten Punkt angeht, so ist er leider nicht ganz von der Hand zu weisen. Es gibt schon Werkzeuge und Frameworks, die Testerinnen beim Keyword-Driven Testing unterstützen, wie wir in Kapitel 6 über Frameworks zeigen konnten. Dennoch ist nicht jedes Werkzeug, das mit dem Versprechen angepriesen wird, »natürlich« Keywords zu unterstützen, wirklich ein gutes Hilfsmittel für anspruchsvolles Keyword-Driven Testing.

Einige Schlagwörter der jüngeren Vergangenheit – agile, shift-left, BDT – haben zudem bei einigen Testerinnen den Eindruck entstehen lassen, Konzepte wie KDT wären überholt. Gerade BDT wird von einigen als Nachfolgekonzept missverstanden. In Abschnitt 8.3 haben wir das diskutiert und hoffentlich klargemacht – BDT und KDT haben einige Parallelen, aber wenn man überhaupt einen Zusammenhang findet, dann kann man KDT als Superset von BDT verstehen. Berechtigung haben definitiv beide Konzepte!

Was man in den vergangenen Jahren auch beobachten konnte, war eine zunehmende Abschottung einiger führender Hersteller ihrer Werkzeugketten gegen die Tools der Konkurrenz. Was aus wirtschaftlichen Interessen der Hersteller nachvollziehbar ist, schadet den Interessen der Anwender, sich in einem Best-of-Breed-Ansatz die optimale Suite selbst zusammenzustellen. Und Letzteres ist natürlich gerade das, was man als Anwender von Keyword-Driven Testing gerne tun möchte.

Dem sind wir aber nicht hilflos ausgeliefert: Die Hersteller reagieren auf die Nachfrage, die sie im Markt wahrnehmen. Frameworks wie das »Robot Framework« sind verfügbar und unterstützen Keyword-Driven Testing ganz ausgezeichnet. Zunehmend wird wieder mehr auf den Wunsch reagiert, dass Testautomaten von KDT-Frameworks getrieben werden können. Weitere Player im Bereich Testwerkzeuge erscheinen auf dem Markt und die Nachfrage, die wir erzeugen, wird erfüllt – wenn nicht von den etablierten Playern, dann von Neulingen.

Es liegt in unserer Hand! Nutzen Sie Keyword-Driven Testing, prüfen Sie die infrage kommenden Bestandteile Ihres Frameworks genau und suchen Sie sich zielgerichtet das aus, was Sie am besten unterstützt. Das können Sie zwar nach selbst ermittelten Kriterien tun, aber genau dafür gibt es ja Normen, konkret in Gestalt der ISO 29119-5 (siehe Abschnitt 4.2, [49]) – nutzen Sie solche Hilfen!

Es gibt wenig Gründe, auf Keyword-Driven Testing zu verzichten, aber dafür viele, es zu verwenden. Dazu gehören die bessere Struktur, Klarheit, Kommunikation, Arbeitsteiligkeit, mehr Spaß an der Arbeit und viele weitere.

Oder blicken wir doch ganz nüchtern und pragmatisch auf die Aufgaben, die zu bewältigen sind: Sie müssen als Testautomatisierer eine immer größere Anzahl automatisierter Tests in der gleichen Zeit durchführen und warten, während zur gleichen Zeit neue Tests benötigt werden. Das ist auf die Dauer kaum zu schaffen.

Mit Keyword-Driven Testing geht das aber, weil die Aufwände nicht mit der Anzahl der Tests skalieren, sondern nur mit der Anzahl der Keywords, die annähernd konstant ist! Wir dürfen dabei auch darauf bauen, dass sich die Werkzeuge für Keyword-Driven Testing weiterentwickeln. Warum sollen uns nicht gleich Keywords vorgeschlagen werden, die wahrscheinlich das tun, was wir im Testdesign brauchen? Das Gleiche können wir uns bei der Implementierung von Keywords vorstellen: Anhand von Keywords ähnlichen Namens kann eine AI ableiten, was wir ungefähr brauchen. Zukunftsmusik? Vielleicht, aber nicht unrealistisch.

Also werden wir auch in der Zukunft in der Lage sein, robuste Tests effizient zu realisieren. Statt uns daran aufzureiben, eine zunehmend unmögliche Arbeitslast zu tragen, behalten wir Kapazitäten für unsere eigentlichen Aufgaben: das Design von schlaueren Tests für immer anspruchsvollere Testaufgaben.

Abkürzungen

Ein umfassendes Glossar für Testbegriffe findet sich einerseits mit den Begriffen des ISTQB® unter [23], andererseits mit den Normbegriffen nach ISO, die auch für die ISO 29119 relevant sind, unter [28].

An dieser Stelle sind nur die Abkürzungen aufgeführt, die in diesem Buch verwendet werden.

Abkürzung	Begriff
AI	**A**rtificial **I**ntelligence
API	**A**pplication **P**rogramming **I**nterface
ATDD	**A**cceptance **T**est-**D**riven **D**evelopment
BDD	**B**ehavior-**D**riven **D**evelopment
BDT	**B**ehavior-**D**riven **T**esting
CI	**C**ontinuous **I**ntegration
CS	**C**loud **S**ervices
CTFL	**C**ertified **T**ester **F**oundation **L**evel
DDT	**D**ata-**D**riven **T**esting, englisch für »datengetriebener Test«
DIN	**D**eutsches **I**nstitut für **N**ormung
DOM	**D**ocument **O**bject **M**odel
DSL	**D**omain **S**pecific **L**anguage
GPL	**G**eneral **P**ublic **L**icense
gTTA	generic **T**est **A**utomation **A**rchitecture (nach ISTQB®)
GUI	**G**raphical **U**ser **I**nterface
HiL	**H**ardware **i**n the **L**oop
IEC	**I**nternational **E**lectrotechnical **C**ommission
IEEE	**I**nstitute of **E**lectrical and **E**lectronics **E**ngineers
ISO	**I**nternational **O**rganization for **St**andardization
ISTQB	**I**nternational **S**oftware **T**esting **Q**ualifications **B**oard

→

Abkürzung	Begriff
KDT	**K**eyword-**D**riven **T**esting, englisch für »schlüsselwortbasierter Test«
KI	**K**ünstliche **I**ntelligenz
LGPL	**L**esser **G**eneral **P**ublic **L**icense
MBT	**M**odel-**B**ased **T**esting, englisch für »modellbasierter Test«
PAM	**P**rocess **A**ssessment **M**odel
PMI	**P**roject **M**anagement **I**nstitute
PoC	**P**oint **o**f **C**ontrol
PoO	**P**oint **o**f **O**bservation
PRM	**P**rocess **R**eference **M**odel
QS	**Q**ualitäts**s**icherung
REST	**Re**presentational **S**tate **T**ransfer
RF	**R**obot **F**ramework
RPA	**R**obotic **P**rocess **A**utomation
SBT	**S**chlüsselwort**b**asierter **T**est
SDK	**S**oftware **D**evelopment **K**it
SLA	**S**ervice **L**evel **A**greement
SOA	**S**ervice **O**riented **A**rchitecture
SUT	**S**ubject **U**nder **T**est, auch: Software Under Test
TAN	**T**ransaktions**n**ummer
TDD	**T**est-**D**riven **D**evelopment
UI	**U**ser **I**nterface
UML	**U**nified **M**odeling **L**anguage
W3C	**W**orld **W**ide **W**eb **C**onsortium
XP	Extreme **P**rogramming

Literaturverzeichnis

Bücher und Artikel

[1] Janet Albrecht-Zölch. *Testdaten und Testdatenmanagement: Vorgehen, Methoden und Praxis.* dpunkt.verlag, Heidelberg, 2018.

[2] Kent Beck und Cynthia Andres. *Extreme Programming Explained: Embrace Change.* 2nd ed. Addison-Wesley Professional, Boston, Nov. 2004.

[3] John Lord Cambell. *The Lives of the Chief Justices of England.* 3rd ed. Vol. I. John Murray, 1874.

[4] Matthias Daigl und Rolf Glunz. *ISO 29119 – Die Softwaretest-Normen verstehen und anwenden.* dpunkt.verlag, Heidelberg, 2016.

[5] Martin Fowler. *Domain Specific Languages.* 1st ed. Addison-Wesley Professional, 2010.

[6] Tom Gilb, Dorothy Graham und Susannah Finzi. *Software Inspection.* Software engineering. Addison-Wesley, 1993.

[7] Robert C. Martin und James O. Coplien. *Clean code: a handbook of agile software craftsmanship.* Prentice Hall, Upper Saddle River, NJ [etc.], 2009.

[8] Stuart Reid. *ISO/IEC/IEEE 29119 Software Testing Standards – A Practitioner's Guide.* STA Testing Consulting, Wonil Kwon, 2017.

[9] Peter Rösler, Maud Schlich und Ralf Kneuper. *Reviews in der System- und Softwareentwicklung: Grundlagen, Praxis, kontinuierliche Verbesserung.* dpunkt.verlag, Heidelberg, 2013.

[10] Andreas Spillner et al. *Praxiswissen Softwaretest – Testmanagement: Aus- und Weiterbildung zum Certified Tester – Advanced Level nach ISTQB-Standard.* 4. Auflage, dpunkt.verlag, Heidelberg, 2014.

[11] Mario Winter et al. *Basiswissen modellbasierter Test.* 2. Auflage, dpunkt.verlag, Heidelberg, Sept. 2016.

Im Netz

Die folgenden Links wurden am 20.02.2022 auf Gültigkeit überprüft.

[12] Daniel Biehl. *RobotCode by Daniel Biehl.* `https://github.com/d-biehl/robotcode`.

[13] Matthias Daigl. *Trends in Testing 2010 – Testautomatisierung out-of-the-box! Vortrag 2: TA-Architektur.* `https://www.imbus.de/downloads`.

[14] *Editor für Robot Framework.* `https://github.com/robotframework/RIDE`.

[15] Michael Fagan. *Design and code inspections to reduce errors in program development.* `http://www.mfagan.com/pdfs/ibmfagan.pdf`.

[16] Python Software Foundation. *Python Package Index.* `https://pypi.org`.

[17] Robot Framework Foundation. *Robot Framework Foundation Website.* `https://robotframework.org/foundation/`.

[18] Robot Framework Foundation. *Robot Framework Manual.* `https://robotframework.org/robotframework/#user-guide`.

[19] Robot Framework Foundation. *Robot Framework Project.* `https://github.com/robotframework/robotframework`.

[20] Robot Framework Foundation. *Robot Framework Website.* `https://robotframework.org`.

[21] Martin Fowler. *DSL Guide.* `https://www.martinfowler.com/dsl.html`.

[22] Martin Fowler. *PageObject.* `https://martinfowler.com/bliki/PageObject.html`.

[23] imbus AG. *Glossar.* `http://www.imbus.de/glossar/`.

[24] imbus AG. *Kriterienkatalog zur Toolauswahl.* `https://www.imbus.de/downloads/basiswissen-softwaretest`.

[25] imbus AG. *QS-Tag 2008 Archiv.* `https://www.qs-tag.de/en/archiv/archiv-ansicht/qs-tag-2008`.

[26] RoboCorp Inc. *Robot Framework Language Server.* `https://marketplace.visualstudio.com/items?itemName=robocorp.robotframework-lsp`.

[27] Open Source Initiative. *Open Source Initiative – Open Source Definition.* `https://opensource.org/osd`.

[28] ISO/IEC/IEEE/PMI. *SE-VOCAB.* `http://pascal.computer.org/sev_display/index.action`.

[29] ISTQB®. *Foundation Level Model-Based Tester.* https://www.istqb.org/certification-path-root/model-based-tester.html.
[30] ISTQB®. *ISTQB® Certified Tester Advanced Level Syllabus.* http://www.istqb.org/downloads/syllabi/advanced-level-syllabus.html.
[31] ISTQB®. *ISTQB Certified Tester Advanced Level Test Automation Engineer Syllabus.* https://www.istqb.org/downloads/category/48-advanced-level-test-automation-engineer-documents.html.
[32] ISTQB®. *Online-Glossar des ISTQB®.* http://glossary.istqb.org.
[33] Pekka Klärck geb. Laukkanen. *Master's Thesis Pekka Laukkanen.* http://eliga.fi/Thesis-Pekka-Laukkanen.pdf.
[34] Microsoft. *Playwright Website.* https://playwright.dev/.
[35] Microsoft. *Visual Studio Code Website.* https://code.visualstudio.com.
[36] *Robot Framework Browser Library.* https://robotframework-browser.org.
[37] René Rohner. *Ressourcen zu Keyword-Driven Testing.* http://www.buch.keyword-driven.de.
[38] Beuth Verlag. *Webshop des Beuth Verlags.* https://www.beuth.de/de/norm/iso-iec-ieee-29119-5/266302684.
[39] W3C. *WebDriver Spezifikation bei W3C.* https://www.w3.org/TR/webdriver/. W3C.
[40] Wikipedia. *Wikipedia: Modell.* https://de.wikipedia.org/wiki/Modell.

Normen und Standards

[41] IEEE. *Standard for Software and System Test Documentation.* IEEE 829:2008. Institute of Electrical and Electronics Engineers, New York, USA, July 2008, pp. 1–150.
[42] IEEE. *Standard for Software Reviews and Audits.* IEEE 1028:2008. Institute of Electrical and Electronics Engineers, New York, USA, Aug. 2008, pp. 1–52.
[43] ISO/IEC. *Information technology – Process assessment – Process assessment model for software testing.* ISO/IEC 33063:2015.

International Organization for Standardization, Genf, Schweiz, July 2015.

[44] ISO/IEC. *Software and systems engineering – Software testing – Part 11: Guidelines on the testing of AI-based systems.* ISO/IEC/IEEE TR 29119-11:2020. International Organization for Standardization, Genf, Schweiz, Nov. 2020.

[45] ISO/IEC. *Software and systems engineering – Software testing – Part 6: Guidelines for the use of ISO/IEC/IEEE 29119 (all parts) in agile projects.* ISO/IEC/IEEE TR 29119-6:2021. International Organization for Standardization, Genf, Schweiz, July 2021.

[46] ISO/IEC. *Software and systems engineering – Work product reviews.* ISO/IEC 20246-2017. International Organization for Standardization, Genf, Schweiz, Feb. 2017.

[47] ISO/IEC/IEEE. *Software and systems engineering – Software testing – Part 3: Test documentation.* ISO/IEC/IEEE 29119-3:2021. International Organization for Standardization, Genf, Schweiz, Oct. 2021, pp. 1–84.

[48] ISO/IEC/IEEE. *Software and systems engineering – Software testing – Part 4: Test Techniques.* ISO/IEC/IEEE 29119-4:2021. International Organization for Standardization, Genf, Schweiz, Oct. 2021.

[49] ISO/IEC/IEEE. *Software and systems engineering – Software testing – Part 5: Keyword-Driven Testing.* ISO/IEC/IEEE 29119-5:2016. International Organization for Standardization, Genf, Schweiz, Nov. 2016.

[50] ISO/IEC/IEEE. *Systems and software engineering – Vocabulary.* ISO/IEC/IEEE 24765:2010. International Organization for Standardization, Genf, Schweiz, Dec. 2010, pp. 1–418.

[51] ISO/IEC/IEEE. *Software and systems engineering – Software testing – Part 1: Concepts and definitions.* ISO/IEC/IEEE 29119-1:2013. International Organization for Standardization, Genf, Schweiz, Sept. 2013, pp. 1–64.

[52] ISO/IEC/IEEE. *Software and systems engineering – Software testing – Part 2: Test processes.* ISO/IEC/IEEE 29119-2:2021. International Organization for Standardization, Genf, Schweiz, Oct. 2021, pp. 1–54.

Index

So essential did I consider an Index to be to every book, that I proposed to bring a Bill into parliament to deprive an author who publishes a book without an Index of the privilege of copyright ; and, moreover, to subject him, for his offence, to a pecuniary penalty.

Lord John Campbell [3]

Was dieses Zitat aussagt, möchten wir gerne vermeiden. Der folgende Index enthält wichtige Begriffe dieses Buches mit Angabe der jeweiligen Seitennummer. Falls mehrere Seitennummern angegeben sind, so verweist die **fett** gedruckte Seitennummer auf die zentrale Textstelle.

Matthias Daigl • Rolf Glunz

ISO 29119

Die Softwaretest-Normen verstehen und anwenden

2016
264 Seiten, Festeinband
€ 34,90 (D)

ISBN:
Print 978-3-86490-237-6
PDF 978-3-86491-772-1
ePub 978-3-86491-773-8
mobi 978-3-86491-774-5

Die ISO/IEC/IEEE 29119 stellt eine Normenreihe für Softwareprüfungen dar, die Vokabular, Prozesse, Dokumentation und Techniken für Softwaretesten beschreibt und mit dem Ziel entwickelt wurde, innerhalb jedes möglichen Softwareentwicklungs-Lebenszyklus verwendet werden zu können.

Dieses Buch gibt eine praxisorientierte Einführung und einen fundierten Überblick über diese Normen und zeigt insbesondere die Umsetzung der Anforderungen aus der ISO 29119 hinsichtlich der Testaktivitäten auf.

Im Anhang findet der Leser eine Zusammenstellung von Informationen zu besonders häufig gestellten Fragen zur ISO 29119, eine Übersetzung der englischen Begriffe sowie ausführliche Referenzen.

Das Buch richtet sich in erster Linie an Praktiker, die einen leichteren Einstieg in die Normenreihe und eine Hilfestellung für die Umsetzung der ISO 29119 in der Praxis suchen.

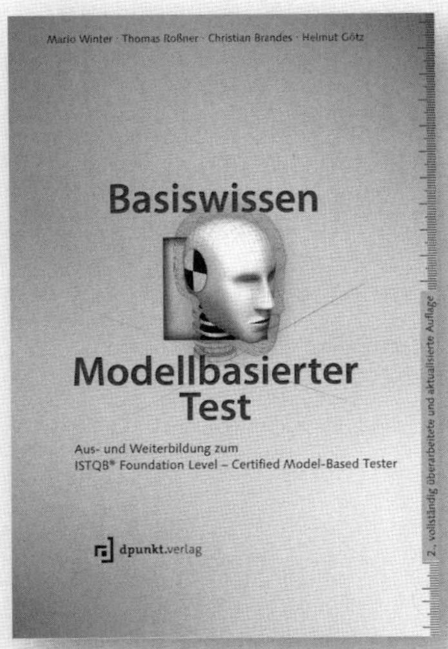

Mario Winter • Thomas Roßner • Christian Brandes • Helmut Götz

Basiswissen modellbasierter Test

Aus- und Weiterbildung zum ISTQB® Foundation Level – Certified Model-Based Tester

2., überarb. und akt. Auflage 2016
474 Seiten, Festeinband
€ 44,90 (D)

ISBN:
Print 978-3-86490-297-0
PDF 978-3-96088-005-9
ePub 978-3-96088-006-6
mobi 978-3-96088-007-3

Modellbasiertes Testen (MBT) hat zum Ziel, Prinzipien der modellbasierten Softwareentwicklung auf den Test zu übertragen. Es umfasst die Nutzung von Modellen für die Automatisierung von Testaktivitäten sowie die Modellierung von Artefakten im Testprozess.

Während MBT in den letzten Jahren eher als viel diskutiertes Schlagwort wahrgenommen wurde, findet es sich heute mit guten Resultaten in der praktischen industriellen Anwendung wieder.

Dieses Buch vermittelt die Grundlagen modellbasierten Testens und gibt einen fundierten Überblick über den modellbasierten Testprozess. Zahlreiche Beispiele auf Basis zweier durchgängiger Anwendungen erläutern die methodischen Grundlagen. Im Rahmen einer Fallstudie wird insbesondere auf die Qualitätsgewinne und Einsparpotenziale eingegangen, die MBT realisieren kann.

Die 2. Auflage wurde vollständig überarbeitet und ist konform zum ISTQB®-Lehrplan Foundation Level Extension »Model-Based Tester«.

»Das Buch überzeugt in seinem stilistisch wohlausgewogenen Herangehen an die Materie, die aus verschiedenen Perspektiven betrachtet und analysiert wird.«

Aus dem Geleitwort zur 1. Auflage von Prof. Dr. Ina Schieferdecker